OWN

独到的视角，独立的思想

本成果受语言资源高精尖创新中心、
首都国际服务贸易与文化贸易研究基地经费资助。

All rights reserved. The translation is published with permission of
Saint-Petersburg State University.

数字经济前沿丛书

数字经济中的劳动者

全新现实与社会挑战

ЧЕЛОВЕК ТРУДА В ЦИФРОВОЙ ЭКОНОМИКЕ
НОВЫЕ РЕАЛИИ И СОЦИАЛЬНЫЕ ВЫЗОВЫ

［俄］维·尼·米宁娜
　　　В. Н. Минина
［俄］鲁·瓦·卡拉佩强　　编著
　　　Р. В. Карапетян
［俄］奥·瓦·韦列久克
　　　О. В. Вередюк

刘淼 ———— 译

社会科学文献出版社
SOCIAL SCIENCES ACADEMIC PRESS (CHINA)

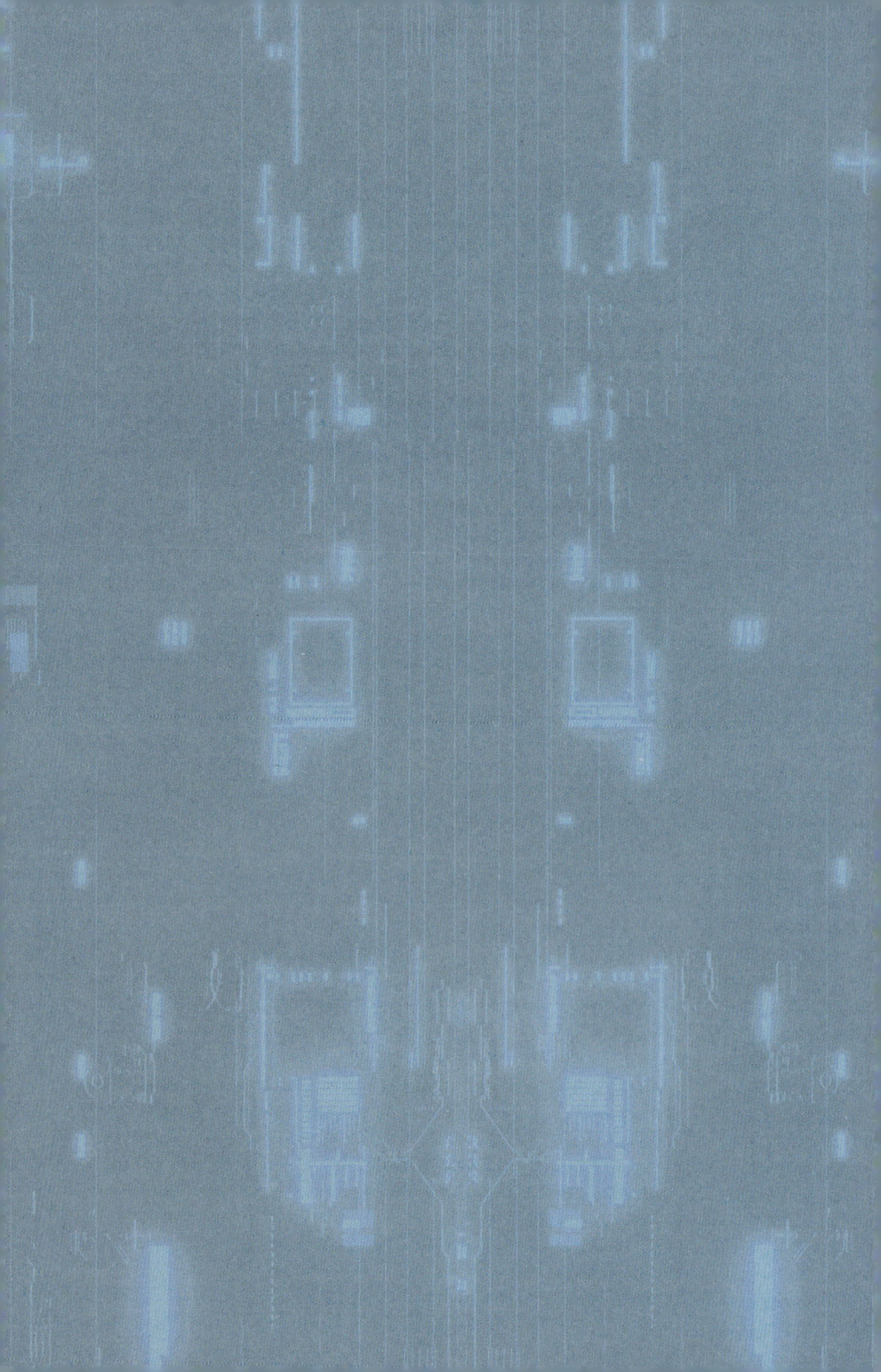

目 录

001　引　言

第一章　数字经济发展与社会转型

009　1.1　人力资源管理的数字化重塑

032　1.2　数字经济驱动的税制变革

051　1.3　数字经济时代下金融决策的应变之道

第二章　劳动世界的数字化重塑：影响与未来

073　2.1　现代经济中劳动的技术化

103　2.2　面向数字经济的劳资关系转型

121　2.3　劳动力市场的未来图景：生产率测量面临的新挑战

151　2.4　人力资源管理的数字化变革

第三章　数字经济中人力资源管理的新路径与新技术

173　3.1　数字经济时代的人力资源管理：全新挑战

193　3.2　人力资源管理数字化的趋势与隐患

216　3.3　构建职业教育生态系统：企业人力资源培育的新模式

第四章　塑造数智化管理人才：新方法与新技术

239　4.1　公务员工作内容转型研究：从行政走向管理

261　4.2　人力资源管理专业人才的高校培养：问题审视与出路探索

283　结　语

288　参考文献

317　作者信息

引 言

当今世界中,关于劳动及其社会组织、雇主和员工的相互关系以及职业活动的既定认知正被不断改变。在这个过程中,被积极引入生产和管理生活当中的数字技术发挥着重要的作用。数字化使劳动领域发生了变化,于是关于机器人时代已经到来的"神话"开始不绝于耳,如无人工厂兴起、传统职业消亡、人工智能和自动化将占据主导地位等。那么,这些"神话"在多大程度上反映了劳动和劳动关系的真实嬗变?

圣彼得堡国际劳动论坛对相关问题进行了积极的讨论,同时促成了《数字经济中的劳动者:全新现实与社会挑战》一书的出版。本书是基于社会学、经济学、法学等学科中关于数字化是如何影响劳动的一系列研究数据而形成的。这些数据解释了现代社会和经济生活中产生的矛盾,解释了这些矛盾对个人的影响,包括人们对职业活动的态度和其在组织中的地位和作用。笔者提出了当下有争议的问题，具体涉及如何将数字技术和解决方案整合到劳动、劳动关系和人力资源发展管理领域，同时也涉及如何妥善处理这些复杂甚至存在冲突的问题。研究结果表明，数字经济与劳动者相关问题具有很强的迫切性和尖锐性，需要同时运用新的方法和手段对其进行科学的解读。

第一章探讨了经济数字化转型给人和社会带来的主要变革。核心问题在于，尽管劳动者愿意完全适应其生活空间的变化，但是他们的人力资本是否足以接受、理解并有效利用经济发展中涌现的新技术和新产品。本书提出了一种观点，即通过整合政府、企业和科学技术力量，形成合作伙伴关系，建立一个可以对人力资本进行积极投资的制度环境。

经济的可持续发展不仅依赖于新技术的引入，还依赖于人们日常生活中对新技术的感知与应用能力。在这一过程中，为公民提供适当水平的金融服务尤为关键，尤其是对那些需要特别关注的弱势群体。因此，建立一个无障碍的环境，向低流动性人群提供金融产品和服务显得尤为重要。

同样重要的是针对商业活动实施数字化转型。并非所有国家都能在数字环境中有效地推进商业活动，由此引发了一个突出问题：缺少既符合当前法律法规又易懂、好操作的税务配套工具来确保企业的数字化经营活动。数字世界中的法律和经济空间不具备地域属性，因此需要跨国协调数字化经营活动。

第二章聚焦于生产数字化,这是劳动内容和社会劳动关系变革的基础。伴随新的劳动领域、类型和手段不断涌现,虚拟劳动力市场、虚拟就业和在线劳动环境应运而生。日常数字知识与职业数字能力相融合所产生的效应不断强化。与此同时,员工在数字素养、沟通能力、学习能力和自我组织能力方面所面临的要求也越来越高。

在此情境下,"雇主—员工"关系的蜕变显得顺理成章:关系愈加个性化,标准化程度降低,非正式互动日益频繁。为实现商业目标,雇主和员工在目标上的同步与协调变得至关重要,这需要双方拥有更高的灵活性。另一个值得关注的重点是,在现代社会中,雇主和员工权利义务的平等条件和对等地位理应受到国家的监管。与时俱进地制定契合数字经济的人力资源管理工具,成为当务之急。这需要革新统计方法,重塑国家统计架构。

最后一点关乎劳动生产率的衡量。笔者指出,由于劳动复杂性与日俱增,新兴岗位将难以适应当前的全职就业模式。在诸多方面,尤其是知识和技能传递、跨学科任务解决等,远程工作模式将得到更为广泛的应用。员工职能一方面趋于碎片化,另一方面其系统性将得到强化。鉴于种种因素,亟须构建多层次的劳动生产率测算方法,有意识地运用统计手段,包括测量和图示等方法。对于当代科学而言,探寻劳动生产率的替代衡量途径,已然成为一个紧迫课题。

经济和劳动领域的变革,源于数字化的浪潮,势必会对劳资关系的管理产生深远影响。第三章聚焦剖析人力资源管理的嬗变。笔者指出，数字化对个体的心理、认知、情感、行为和动机特质，对员工个人，对组织氛围，对工作过程中的互动准则，乃至对组织实践活动和人力资源管理技术本身，无不产生着重大影响。员工需要具备处理海量数据的本领、批判性分析事件及相关信息的能力、快速适应变化（包括职业的转变）的技能，以及在不确定性中果断决策的魄力等。

　　虚拟组织的迅速发展，要求我们创新反馈机制，探索增强员工组织认同感和工作责任感的新方法。数字环境和新的组织互动形态，将建设生态型组织、落实员工健康保护措施等问题提上日程。唯有立足全局，系统谋划人力资源管理工作，方能有效应对数字化带来的诸多挑战。

　　在管理数字化的大背景下，系统化的人力资源管理方法变得越来越重要。当前，市场上提供了各种数字化工具，可以应用于人力资源管理的关键流程，包括雇主品牌塑造、招聘、员工融入、绩效评估、培训、人事管理和内部沟通等。这使企业能够构建一个集成化的人力资源管理系统，让雇主、HR专业人士和员工通过互联网技术和HR机器人进行互动。不过，笔者也提醒，我们不应对数字技术和工具的潜力抱有不切实际的期望。我们必须留意数字化过程中可能遇到的问题，尤其是HR专业人士自身可能不愿意或没有做好准备去使用数字技术和工具的问题。数字化项目通常是长期而复杂的，需要跨部门合作，并且要评估其潜在的社会影响。数字时代为人力资源管理带来了新的机遇和挑战。一方面，创新技术为提高管理效率、改善工作体验提供了广阔的空间；另一方面，组织也要警惕盲目跟风、忽视人性关怀的倾向。只有在充分利用科技工具的同时，秉持开放、谦逊、审慎的态度，关注员工的真实需求，企业才能在数字化浪潮中稳健前行，实现先进理念与员工福祉的双赢。

在数字化转型的大背景下，从生态系统的角度来诠释组织，具有特殊的学术价值。本书以职业教育为例，阐述了生态系统视角下的组织方式演变。笔者通过分析具体案例，展示了这种方法如何形成一个高度整合、高效运作的人才培养体系，涵盖中等教育、中等职业教育、高等教育和继续职业教育等各个环节，构建起完整的人才培养链条。

第四部分，也就是最后一章，聚焦于管理者的培养问题，包括公务员和人力资源管理专业人才。笔者强调，必须协调管理工作内容转变与专业人才培养过程，以培养出能够适应新形势的专业人才。

通过研究现行的俄罗斯联邦国家公务员法律法规、公务员对自身工作的认知，以及"国家与市政管理"专业学生的期望，我们发现公务员应履行的职责与实际工作存在明显差距。这种状况无疑会影响相关专业毕业生进入公务员队伍后的工作积极性。

人力资源管理专业人才培养中也面临同样的问题。为弥合理论学习与实际工作需求的差距，笔者提出采用生态系统方法，将教育机构和雇主的力量整合起来，共同培养学生成为优秀的人力资源管理专业人才所需的能力。这一建议为化解高校教育与职场需求的矛盾提供了新思路。教育机构应加强与企业合作，调整完善人才培养方案；企业应参与人才培养，为学生提供实践机会。双方只有协同努力，方能培养出满足企业和社会需求的高素质人才，推动人力资源管理事业发展，为国家发展贡献力量。

  本书为第三届圣彼得堡国际劳动论坛的系列主题报告之一。本书第一章作者为玛·弗·马拉霍夫斯卡娅、利·瓦·科布泽娃、娜·弗·波克罗夫斯卡娅、阿·康·阿布拉穆希娜、阿·伊·伊万诺娃、娜·谢·奥尔洛娃；第二章作者为伊·列·西佐娃、马·亚·巴卡耶夫、鲁·瓦·卡拉佩强、叶·格·卡拉宾娜、伊·伊·叶利谢耶娃、伊·维·诺维科娃；第三章作者为娜·叶·沃多皮亚诺娃、奥·奥·戈夫曼、塔·米·日德基赫、弗·谢·米涅耶夫、维·尼·米宁娜、娜·谢·祖边科、斯·叶·叶杰姆斯卡娅、约·约·帕纳修克、米·本·弗莱克、叶·亚·乌格尼奇；第四章作者为叶·亚·瓦西里耶娃、奥·亚·尼基福罗娃、维·谢·马蒂金娜。

第一章　**数字经济发展与社会转型**

1.1 人力资源管理的数字化重塑

在数字化转型的浪潮下,劳动者不仅掌握了先进的资源转化工具,加强了生产过程对生态环境的技术影响,同时也引起了社会各界对劳动者人力资本社会化和结构的广泛关注。[1]人们参与生产系统的方式不断变革,劳动者在生产和社会分层中的地位也随之转变,社会分工过程的方法和工具得以拓展,但劳动面临诸多因素的挑战。[2]在当今时代,工作岗位往

---

[1] 对于人力资本而言,资本化过程被理解为在生产系统中运用人力要素,提取和增加净收益流的方式,这意味着劳动参与者之间需要有可复制的互动方式。资本化可以针对个人或总体人力要素,形成可转让或不可转让(组织)的净收益,进而提高资本化资源的后续估值。资本化条件可以包括参与生产(广义理解)实践的参与者的天然或后天获得的品质,如智力、教育状况、专业经验、学科能力、心理能力、社会关系、生理特征等,以及其他在社会分工体系中奠定或巩固个人或组织地位的品质。资本化必须以参与社会交换为前提,没有社会交换,任何资本化都是不可能的。与人力资本不同,人力潜能不一定要参与社会交换,它能够作为一种"储备"而存在,而不表现出其属性。运用"能力场"的隐喻来描述人力潜能,可以形成一种观念,即这些能力在个人(能力载体)的生命轨迹中变化的强度。因此,研究这个场域中不同点之间的潜力差异(尤其是在活动任务性质发生变化时)具有一定的意义。就潜力而言,从"能力场"中提取属性的可能性和相关性(正确的时间、地点和数量)很重要,因为人类活动的特点不同于自动化功能,它表现出人格的认知、动机、身体和其他品质的非恒定性。在资本化过程中,作为社会交换的结果,契约中预期并包含的技能的稳定性和完整性非常重要。

[2] 这种状况是由劳动分工过程中社会功能和技术功能同步发展造成的(Дюркгейм,1991:38)。在数字技术变革时期,员工之间互动规则和秩序的变化非常大,迫切需要提升员工在工作中的社交能力,员工既要适应组织内部生产协作方式的改变,也要适应组织外部各经济实体间的合作。这与工业时代的分散化劳动形成了鲜明对比:工人不再是机器的附属品,而是重新成为组织技术协作的主导者。这就要求工人能够识别并创建社交活动的规则和秩序。通过这种方式,人力资本的制度框架正在不断扩展——技术能力在提高的同时,制度能力也在提升。

往根据"现场工作"的质量和持续时间来划分,而劳动者可能同时参与多家企业的生产过程,尽管这些企业在地理位置上相距甚远,甚至可能存在竞争关系。相较于以往的技术时代,劳动者融入社会进程的重要性更加凸显。"多任务处理"[1]的神话与现实交织,"工作碎片化"[2]的现实与迷思并存。问题的关键不仅在于新职业和新工作的出现(这符合时间节约原则[3]),它们总是循环往复地出现、稳定、消失,最终淡出劳动力培养体系的视野,[4]还在于它们出现和消失的速度之快,远非传统的培训模式所能应对。

社会交换的制度框架确保人力要素从"储备"状态向"资本"状态的转化,[5]在俄罗斯国内实践中,这一过程至少包括以下几个方面:教育(包括职业培训)、社会化、职位和

---

[1] 研究发现,同时从事两个以上的活动会导致工作效率和质量下降,尽管也有实验证据表明,只有不到10%的人口是"数字原住民"——在数字技术繁荣时期长大的青少年,天生具有"超级任务执行者"才能(拥有在分散注意力的环境中扩大工作记忆的能力,而不是专注于一项不分散注意力的任务),能够同时处理多项任务。

[2] 数字化转型在淘汰一些旧有职业的同时,也催生了新的职业。这一转变如此迅速,甚至来不及为人们提供必要的培训,以帮助他们胜任新工作。变革的速度如此之快,以致在新兴行业很难建立起稳定的职业发展通道。以虚拟环境设计师为例,这个职业刚刚出现不久,就以极快的速度分化出多达27种专业方向。显然,传统的培养体系已无法及时、有效地应对这种新的职业细分趋势。

[3] Маркс К. Критика политической экономии // Маркс К., Энгельс Ф. Сочинения: в 50 т. 2-е изд. Т. 46, ч. 1. М., 1968. С. 116–117.

[4] 在消失的职业清单中,我们发现有些职业已经不可逆转地消失了[如计算员、配电站操作员(电话接线员)、点灯人、漂流工人等],而有些职业基于新技术执行活动而回归(例如烟囱清洁工)。

[5] 经济理论使用"储备"一词,是指一种具有潜在有用属性但由于过剩而未被使用的资源,而"资本"的属性是流动的,参与生产过程,不仅会增值,而且会磨损。

职业体系、空缺岗位、劳动合法化（包括劳动报酬体系）以及生产过程中安全保障的工具。在上一个技术革命期，通过B2B（企业对企业）、B2G（企业对政府）、B2U（企业对大学）和G2U（政府对大学）的隐性社会契约模式形成的社会分工正在发生变革。[1] 目前，企业与政府、大学之间在教育培训方面的合作契约，与企业为规范经济运行而制定的职位职业目录之间出现了明显的不协调现象。然而，我们可以推测，不仅是上文提到的契约模式（作为参与者之间分工的结果）的边界变化导致了这一现象，快速变化的数字世界也正在加速这一现象的发展。这表明有必要重新制定关键的劳动参与者（最广义的）互动原则。大学与企业之间契约关系的转变要求劳动者具有社会化（具有很强的协作技能）和整体化[2]（有良好的能力来维持劳动者活动的合理性及其对合作结果的贡献）的技能。然而，契约关系的变更并不会自动发生——所有参与者都需要为此做好准备，重新定义权利、义务和所有制制度，并以此作为获取资源的基础。然而，现有的技术差距、不同规模的经济主体、制度差异（特别是需要考虑全球或俄罗斯国内市场管辖权的特点）以及生产系统既有的行业特点，都阻碍了劳动者同步适应这种变化。每个破坏既定关系的因素以及它

---

1 隐性社会契约的组成部分为经济部门与其任务的相关性提供功能支持，转自英语的"B2G"（教育契约）、"B2U"（培训契约）、"B2G"（生产契约）、"B2B"（关联契约）（Урбан, 2018:57）。
2 整体主义对社会发展的理解基于这样一个假设，即存在对互动参与者具有现实意义的规范性人类实践（包括经济实践）模型。

们带来的影响，不但会使劳动者与现有的职业和职位渐行渐远，而且对生产系统本身会产生碎片化的影响。然而，所生产产品的复杂性、标准性及完成度的要求又会导致招聘过程中的职业中心化和生产活动的个体化。[1]

基于上述分析，我们应当注意到两个相互关联的进程正在同步发展：一方面，工作的宏观结构（包括职业、职位、专业、培训方向和授予的资格）正在受冲击；另一方面，工作的微观结构（包括规章制度、规范、要求、标准和指南，它们规定了具体生产系统条件下的能力要求、工作强度和压力水平）也在个人层面受到冲击，从收入和资本积累工具的来源、稳定性和充足性等方面影响着劳动者和家庭。在新一轮工业革命的生产体系中，劳动者地位的快速变化为他们提出了严苛的LEGO式技能要求，正是这些跨领域、多功能的技能组合，才能在就业市场（在求职应聘时）和职业发展通道（在单位内实现横向调动或纵向晋升时）中为劳动者提供稳定的竞争优势。这里讨论的核心问题已不再局限于传统的

---

[1] 在此过程中，员工在生产系统中地位的重大变化需要我们关注其工作和职业生活质量。同时，我们发现"人力资本"、"部分劳动"和"生活质量"等概念所描述的现象之间存在矛盾和联系。例如，"部分劳动"（处于技术链条中最基本的位置）使员工无法控制生产过程和产品创造，使其沦为所属生产系统技术模式下的机器"附属物"。"生活质量"已成为从社会学到狭义医学（如循证医学）等各领域使用的术语，但通常与参与生产过程的质量和从中获得的组织职能无关。在管理话语中，"人力资本"常被用来概括那些受个人管理、按最终用途分离、需要采取特殊行动纳入生产过程的各种条件。这导致围绕每个术语的讨论相互割裂，阻碍了在组织和个人层面创建"无缝"资本化管理技术的努力。

深化分工或扩大工作范围，而是要关注技能整合的速度本身。劳动者需要快速培养完成工作所需的关键能力，这可以通过个人努力，依托已有的知识技能储备来独立实现，也可以由用人单位提供再培训等方式予以保障。个体劳动者的职业稳定性、企业组织的市场竞争力乃至国民经济的整体实力，都取决于一个关键因素：能否顺利化解工作实践中通用性与专业性的矛盾冲突。[1]这一新的特性将在很大程度上影响和决定劳动者、企业、产业与国家的发展前景。

伴随生产系统和产品灵活性的跳跃式增长，新型专业资格版图和数字化生产现实正在形成。这一过程将先前独立的用户群体纳入国家教育体系的标准化进程中。[2]与此同时，在"企业对企业"（猎头）、"企业对政府"（制度化最新职业和经济活动类型）、"企业对大学"（教育质量与技术、应用科学）、"政府对大学"（社会化质量）等层面，都出现了很多值得思

---

[1] "在过去，开发工程师等待别人给他布置任务，然后坐下来写代码，最后由其他人检查代码并测试系统。但这一切都已成为过去式。今天的程序员必须理解开发主题，熟悉正在创建的产品，同时还要充当测试人员，洞悉所做事情的架构。没有这些技能，他们很难在先进的公司谋得一席之地。"俄罗斯联邦储蓄银行行长格列夫（Греф）如是说（《格列夫谈职业的数字化转型》，2018年11月22日，塔斯社，https://tass.ru/ekonomika/4749499，最后访问日期：2019年9月10日）。掌握适当形式的灵活生产架构，并通过改造劳动实践的物理环境为组织提供支撑的能力至关重要（《成千上万的Sberbank程序员搬进了新的敏捷之家办公室》，TAdviser，2017年5月12日，http://www.tadviser.ru/index，最后访问日期：2019年9月10日）。

[2] Малаховская М. В., Павлова И. А., Кобзева Л. В. Университетская инфраструктура инноваций: в поисках коллаборативных моделей // Университетское управление: практика и анализ. 2018. Т. 22, № 5 (117). С. 32–42.

考的问题。[1] 新型互动技术正在不断塑造和改变我们的物理环境，现代化的开放式办公空间就是一个典型例子。这种变化表明，员工和雇主都期望建立一种全新的互动方式，迫切需要形成新的社会契约。目前，劳资双方已有的明示或默示的协议与规则，构成了一个复杂的结构体系。一旦这个结构体系面临失控瓦解的风险，无论是对内部的生产系统，还是对外部环境，都会引发一种强烈的诉求：各方需要通过坦诚的对话和协商，在劳动就业领域达成一个新的社会契约，以取代原有的、存在隐患的劳资关系框架。[2] 与此同时，系统中各个职位相互渗透，可控性正在不断提高，员工在完成组织内部技术和业务流程时所承担的整体生产职能，正面临"碎片化"的可能。一旦员工具备 LEGO 式技能，其流动性就会提高。如果生产系统缺乏相应的灵活性，那么这种流动性反而会损害组织的稳定和竞争力。

因此，如何构建一个与企业工作流程和技术环节相适应

---

[1] 由"沸点"网络平台界定的"政府—企业—大学"的最新的交流模式，为不同身份和面临挑战的参与者创造了可行的合作环境，雇主与员工之间就协调利益（个人、企业、家庭、城市、地区、国家）进行对话，并制定伙伴关系战略，这些战略对实现新的发展至关重要。一旦员工具备 LEGO 式技能，就会提高其流动性。如果生产系统缺乏相应的灵活性，那么这种流动性反而会损害组织的稳定和竞争力（https://leader-id.ru/points/，最后访问日期：2019 年 9 月 10 日）。

[2] 在数字化转型时期，工作场所的社会结构变革呈现多元发展态势。一方面，越来越多人选择"横向职业发展"的实践；另一方面，"职业下沉者"群体扩大，他们期望在职业发展和生产环境之外寻找价值，而非传统的垂直晋升模式。研究表明，这些另辟蹊径的职业选择已成为一种稳定的生活方式（Овечкина，2016；Лисова，2008；Яковлева，2011；Ермакова，2012）。

的组织人力资源架构，成为一个重要课题。这不仅涉及员工的纵向职业发展通道，还涉及在不同职位、专业、地域间灵活调动和转换的机会。员工对自身角色的认知和定位，以及随之而来的由行业协会或专业组织认可的从业资格和培训体系，有助于在组建跨部门项目团队时实现成员间的无缝配合，从而有效应对不同难度的任务。在这个过程中，团队合作技能也非常重要，这些因素共同构成了"零摩擦组织"[1]的基础，决定了生产系统的超强适应性。

很明显，在经济发展的关键技术节点频繁出现、个人决策责任日益加重的大背景下，人力资本对当代社会发展提出了创建多重资本化机制这一挑战，我们必须正视这一挑战。俄罗斯未能跻身创新领先国家的前十名，沦为人力资本输出国，这一事实凸显了挑战的严峻性。由此引发的问题包括经济和社会缺乏创新接受能力，[2]以及研发成果难以实际应用等。组织互动层面创新链条的断裂，导致优秀科学家、工程师、开创性企业家的流失远超创新领先国家，俄罗斯对本国人力资本的投资最终促进了其他国家竞争力的提升。维持完整的经济结构，已成为事关国家安全的因素。俄罗斯经济发展支撑中心的相关项目意在发现、建立并维系地区经济社会系统

---

1 Z.Bauman, "Time and Class: New Dimensions of Stratification," *Sociologisk Rapportserie*, No. 7, 1998, pp. 2–3.

2 Владимирова О. Н., Малаховская М. В. Подход к определению инструментов управления инновационной деятельностью региона на основе рейтингов // Экономические стратегии. 2016. Т. 18, № 5 (139). С. 98–105.

在国内外的稳定合作。而打造全球知名中心，不仅需要金融和物质资本的集聚，更离不开雄厚的人力资本支撑。[1]

社会经济实践的变革需求源于第四次工业革命技术的渗透，即数字化的技术挑战。新型经济活动的技术链条要求改变生产合作的规模和方式，而所有经济体都没有做好充分的准备。俄罗斯的每个地区都在努力探索，寻找能够快速形成新经济的方法和途径。这些地区不仅需要发现和标识经济和社会实践的新方向和新领域，还要赋予它们"灯塔"的意义，以便围绕这些新方向和新领域，集中开展组织、管理、技术、行业等方面的系列经济活动。当颠覆性技术（disruptive technology）自发出现，并迅速而全面地改变知识结构和经济实践的演进路径时，我们不应期望回归稳定的结构。社会实践的组织形式和内容变革的速度，[2]与技术创新重塑生产结构和基础设施的速度同样惊人。[3]技术解决方案（包括建立和维护研究基础设施）的高昂成本，要求我们具备将研究成果应用于多个领域的能力；确保效率的提升，则需要我们改变原有

---

1 人力资本雄厚是指，在所有正在出现和即将出现的协作实践中，都有足够数量的员工进行比较和选拔。生产系统的人力要素结构应能够自发地使员工在此前接受培训投资时获得的符号、身体、智力等各种能力资本化。
2 Z.Bauman, *Identity: Conversations with Benedetto Vecchi*, Cambridge, 2004, pp. 12–13.
3 例如：具有特定性能的新一代聚合物膜消除了传统生产系统的技术环节，减少了工作岗位，改变了化学和制药行业在培养新员工和再培训待岗人员方面的原有布局。职业本身和培训技术都必须改变。然而，对于这些变革的源头，比如在哪里找到掌握新教学方法的教育工作者，尚无现成答案。

的合作模式。[1]

人力资本的社会组成部分日益重要，这一点得到了一个有力事实的印证：创新突破往往在那些注重协同行动的地区发生。国际三螺旋协会（Triple Helix，由 H. Etzkowitz 发起）的研究已经证实了这一点。[2]"三螺旋"理论更像是一种关于劳动分工和活动变革的新型组织管理理念，而非明确的行动指南。其实施机制因新经济展开的政治、经济、社会和文化语境的差异而有所不同。在俄罗斯，尚未形成可复制的"三螺旋"模式。当务之急是寻找一种组织管理方式，将"政府—企业—大学"这个"百慕大三角"转变为有效运转的"三螺旋"，这需要洞悉新型互动质量的内在规律。[3]在经济系统全面数字化时代，人力资本社会组成部分意义的凸显，让人联

---

[1] Хансен М. Коллаборация. Как перейти от соперничества к сотрудничеству. М., 2017.
[2] 2014 年在托木斯克举行了"三螺旋和基于经济增长的创新：新的前沿和解决方案的全球会议"（这是该协会第十二次年会，首次在俄罗斯举行）。三十多个国家的代表参加了会议（Михайлов, 2015）。
[3] 过去，在学术领域，研究能力、方向和任务的"组合"被视为突破性发现的重要前提条件。但现在，在产业部门和非工业经济部门，这种"组合"已经成为平移研究项目配置的常规要求。平移研究需要对经典学科进行再工程化和再定位，从中提取必要的内容。为了解决组织管理问题，首席研究员（principal investigator）这一角色应运而生。他们形成了一种专门的能力模式，成为连接不同社群成员的"边界人"（boundary person）。作为互动的参与者和推动者，首席研究员确保了不同领域之间的交流和合作。随着科学研究与实践应用之间的联系日益紧密，科研领导职位出现了分化。一部分领导者专注于创建研究项目和计划、进行组织设计（包括组织研究、组建工作组、安排工作、估算所需设备等）、筹集资金以及与成果用户互动，成为新型活动的首席组织者（principal investment）。在应用研究中，生产转移目标的设定变得越来越重要。研究人员需要具备与工程师和企业家有效沟通的能力，以促进研究成果的实际应用。同时，分析技术领域、将经济和市场需求转化为技术任务、将技术任务转化为研究课题的能力，成为科学有效指导实践的关键所在。

想到20世纪中叶科技建设管理实践中发现的那些行之有效的规律。

为了给经济系统创建一套可持续性技术发展机制，学者曾有一次成功的尝试，被称为"SABATO三角"（Triangulo de Sabato）。萨巴托[1]在加尔布雷思引入经济学的技术结构理论的基础上，提出了一个关于科学、工业和政府之间相互关系的模型。萨巴托给出了一个实用的解决方案，用于制定科技政策，[2]目的是确保考虑到经济系统中所有导致技术依赖的情况。该模型强调，有必要在以下三个主体之间建立长期稳固的联系：制定和实施政策的政府、提供技术支持的科技机构、应用技术的生产部门。[3]这为在实践中落实管理国家经济科技发展的各项工具指明了前提条件。该模型用一个三角形来表示。萨巴托的三角模型已经在拉丁美洲国家得到应用，影响了它们的科技政策制定，强化了国家在促进技术转移方面的职能。[4]不过，

---

1 萨巴托是一位阿根廷物理学家和冶金学家，在20世纪60—70年代是国家原子能委员会（CNEA，阿根廷政府负责管理该国核能发展的机构）成员，对拉丁美洲的科学政策形成产生了重大影响（Sabato Triangle, Wikipedia, https://en.wikipedia.org/wiki/Sabato_triangle, 最后访问日期：2019年9月10日）。

2 E. Adler, *The Power of Ideology: The Quest for Technological Autonomy in Argentina and Brazil*, Vol. 16, University of California Press, 1987, pp. 302-303.

3 此外，三角的每个顶点都需要在构成它的各种机构之间建立强有力的内部关系。例如，在政府内部，必须在"显性"与"隐性"政策之间、不同部委与自治组织之间建立一致性。另一个因素是三角形顶点与经济外部参与者的外部联系。三角被用来阐明技术依赖性。该模型预测，外部关系越强，内部关系和内部联系就越弱，甚至完全不复存在，这将延缓国家克服技术依赖性的进程。

4 E. Adler, *The Power of Ideology: The Quest for Technological Autonomy in Argentina and Brazil*, Vol. 16, University of California Press, 1987, pp. 302-303.

该模型尚未明确要求三角三个组成部分之间的联系必须保持稳定和不可或缺，而这种联系恰恰是确保它们在实施科技突破性政策时密不可分的关键所在。[1]

大约在同一时期，拉夫连季耶夫提出了一个表面上类似的科学组织转移概念，但苏联时期国家管理内植于所有类型的行政和经济决策中，因此它不可能包含与政府联系的组成部分。拉夫连季耶夫三角看起来像是"科学—人才—生产"。如今，在俄罗斯科学院西伯利亚分院，该理论被重新解读为："科学中心应具备综合性，并在所有基础科学的核心领域实现超前发展。要促进科学与教育的深度融合，在教学中充分利用学术机构的人力和物质资源。同时，还需建立一个多层次的体系，用于选拔、培养和持续输送西伯利亚地区科学、高等教育和工业领域的高级人才。此外，要积极推动科研成果的转化和应用，尤其是在西伯利亚地区，并与生产部门建立多种形式的合作联系。"[2]科研工作组织的一个重要原则是要求科学家具有高度流动性："新事物的成长总是需要割舍一些旧的东西，这是辩证法则。有机体不仅需要吸气，也需要呼气。因此，重组、裁员、组建新团队、将个别研究小组转移到相关机构或工业部门（在那里它们将发挥更大作用）都是

---

1 I.Bortagaray, S. Tiffin, *Innovation Clusters in Latin America*, Purdue University Press, 2005, p.273.
2 Добрецов Н. Принципы М. А. Лаврентьева по организации науки и образования и их реализация в Сибири // Наука в Сибири. № 47 (2283). 2000. 1 дек. URL: http://www.nsc.ru/HBC/hbc.phtml?5+121+1 (дата обращения: 10.09.2019).

适当的。"[1]

在探索创新三螺旋（triple helix of innovation）的新工具和社会设计时，我们发现，组织者角色出现了明显的分化。与此同时，"边界跨越者"（boundary spanner）或"边界人"（boundary person）这一新的职位应运而生。[2]数字化转型带来的社会管理挑战，恰恰在这个创新三螺旋模型中得到了充分体现。当这类"边界人"达到一定的集中度时，他们的行动将有助于提高新经济中创新结构的灵活性。

摒弃强制性调节经济空间的国家干预主义，不仅凸显了社会资本在再生产过程中的关键作用（表现为团结、采取共同行动增加社会福利的能力），也强调了能够形成新型认同和组织、有助于维持成就动机稳定性的资本储备的重要性。[3]因此，社会资本运作的基本要素——信任[4]、规范、社会互动网络

---

[1] Добрецов Н. Принципы М. А. Лаврентьева по организации науки и образования и их реализация в Сибири // Наука в Сибири. № 47 (2283). 2000. 1 дек. URL: http://www.nsc.ru/HBC/hbc.phtml?5+121+1 (дата обращения: 10.09.2019).

[2] C.Champenoisa, H.Etzkowitz, "From Boundary Line to Boundary Space: The Creation of Hybrid Organizations as a Triple Helix Micro-Foundation," *Triple Helix Journal*, Vol. 76–77, 2018, pp.31–33.

[3] 成就动机意味着个人能够承担掌握新事物所需的合理风险。相反，回避动机则表现为倾向于维持现状（status quo）。

[4] 在社会学中，信任在最一般意义上被视为社会秩序的前提，这一观点基于以下理论家的观点：N. Luhmann 认为，信任是对潜在合作伙伴可靠性的期望，而信任的语境是关键要素；K. Hart 认为，信任位于信念和确定性之间，与风险概念相关；E. Giddens 将"普遍信任"理解为信任在社会关系中的水平；G. Simmel 认为，信息是信任的基础，当信息完全充分时，信任就没有必要，但当信息完全缺失时，信任也无法产生，部分信息才是关键；P. Sztompka 认为，信任是对他人的一种导向方式，它意味着积极参与，且始终与实际行动相关。

结构，肩负着确保团结动机稳定、抵御组织原子化和原始化的重任。同时，这些因素之间存在明显的相互制约关系。社交网络的密度（即普通参与者的联系数量和质量）通过提供"可观察性"和准人格化（每个参与者"都像是与我直接联系的人"）形成信任，而信任则通过接受并遵守网络参与者公布的行为规范义务而得以维系。[1]

"沸点"集体工作空间是一个按照"三螺旋"理论建立的综合项目，它为有效的新型社会建设制度提供了成功范例。[2] 集体工作空间和实践活动的有效组织结构，能够帮助克服不同参与者之间的差异，充分利用企业、政府和大学在制度、职能和规模等方面的互补优势。这启示我们，要走出制度僵化的困境，关键是要找到能够降低交易成本的新规则，让原本缺乏灵活性的运作方式能够实现"可控的瓦解"。作为一种"集体中介"或"边界组织"，"沸点"集体工作空间为此前

---

[1] 在大多数欧洲国家，频繁使用互联网会提高公众（普遍）信任度。俄罗斯是样本中唯一一个互联网使用会降低信任水平的国家。参见《互联网降低了俄罗斯的公众信任度》，高等经济学院专家网站，http://www.opec.ru/1894037.html，最后访问日期：2019年9月10日。

[2] "沸点"是战略倡议署的一个项目，旨在打造一个便于协同工作的发展空间。任何人都可以在这里组织或参与独立、免费的教育活动。"沸点"不仅是一个物理空间，更是一种互动技术。在这里，"高密度的事件、领导者和人才的参与，使参与者能够快速测试自己的奇思妙想，组建项目团队，找到志同道合的人，学习和教学，改变大学、城市、地区、国家乃至世界，让生活变得更好"。"沸点"中开展的活动极其多样，能够满足参与者沟通和互动的需求，以确保活动充满实效。在"沸点"中，人们组织前瞻性讨论、黑客马拉松、会议、商业加速器、战略会议等。参见《集体工作空间》，https://leader-id.ru/points/，最后访问日期：2019年9月10日。

从未有过交流的参与者提供了一个平台，让他们能够在新的合作中互动交流，从而推动低效的社会或经济实践得到改革。但是，实践经验告诉我们，要形成这种持续、渐进、多方向、多样化的协作，其过程本身是无法完全按照预设的程序来运行的。托木斯克州的"沸点"集体工作空间是一次制度的尝试。它的运行效率在全俄排名第三，仅次于莫斯科和圣彼得堡的类似组织（2019年1月数据）。在这里，社区的文化多样性使多元联盟成为可能，但也带来了挑战。通过面对面交流，交易成本降低，拉近了权力的社会文化距离，为实质性对话创造了条件。此外，信任的建立和"边界人"密集沟通的环境，为协作提供了基本的安全保障，进而推动了制度结构的构建。公共关系结构的变革与集体工作空间本身的新结构和美学相得益彰。托木斯克州"沸点"集体工作空间的标志性地位为社会契约奠定了坚实基础，有助于吸引具有新思维方式的新一代参与解决生产系统问题。在工作实践中，人们不断探索协作技术，逐步找到了解决应对重大社会发展挑战能力不平衡的路径。[1]

托木斯克州社会环境的一个特点是，"沸点—托木斯克"交流机制的运作并非无迹可循。在"科学—商业—政府"直接沟通之前，托木斯克州已成功实施了一些长期项目。其中

---

[1]《沸点—托木斯克》，https://leader-id.ru/event/point/view/457/，最后访问日期：2019年9月10日。

值得一提的是U-NOVUS论坛[1]和"ИНО托木斯克"创新项目。该中心汇聚了先进的生产力、适合解决新问题的人力资源以及新的技术基础,以确保高质量的生活和研究新的经济增长模式。[2]

2018年,U-NOVUS论坛首次作为开放式创新模式试验的标志性协作空间而举办。它为中小型科技企业、大学科研团队和大公司提供了一个共同应对国民经济主导产业所面临的挑战的平台。[3] 这一系列旨在测试不同制度背景和专业能力的参与者共同行动的模式,实际上是在选择那些能够在长期合作中保持生产力的协作方式。大挑战被分解为一系列只有多方协调才能解决的任务,这迫使企业和大学改变科技创新和人才培养的模式,同时改变了政府参与新经济的模式(合作、试点和推广技术与社会创新成果的模式)。在这里,人们营造了相互信任的氛围,为开展制度层面的协作做好了准备。[4]

---

[1] 自1998年以来,托木斯克州的经济一直伴随着一个创新转型事件,该事件在2010年被命名为"新解决方案论坛U-NOVUS"(其重要性不断提升,首先是"西伯利亚全区",然后是"全俄罗斯",最后是"国际性"的——已经是U-NOVUS的继承者形式)。参见《U-NOVUS》,http://u-novus.ru/2019/,最后访问日期:2019年9月10日。

[2] 在托木斯克州建立"托木斯克创新中心"的构想于2015年1月14日获得俄罗斯联邦政府第22-p号法令的批准。参见《托木斯克创新中心》,https://ino-tomsk.ru/,最后访问日期:2019年9月10日。

[3] 《新解决方案论坛》,http://u-novus.ru/2019/,最后访问日期:2019年9月10日。

[4] Верховская О. Р., Александрова Е. А. Индекс мотивации предпринимательской активности и институциональная среда // Вестник Санкт-Петербург-ского университета. Экономика. 2018. Т. 34. Вып. 4. С. 514. https://doi.org/10.21638/spbu05.2018.

全球范围内提升"学术界—企业—政府"三方互动质量的经验表明，成功的关键在于利用好参与者组织边界的特点以及他们的职能定位。2018 年 U-NOVUS 论坛发起的"长期行动"的特点在于，协作实践的参与者开始使用相对新颖的方式来实现价值转化，如伞型组织[1]、网络组织[2]、转化研究[3]和开放式研究[4]。知识经济的形成可以被视为技术革命的日常展开

---

1 伞型组织的一个例子是美国国防部高级研究计划局（DARPA），其研发活动的过程被分解为多个单元，并且出现了专门的组织单元，在众多参与者之间协调原本不可分割的过程（同时根据技术链的原则确保有效合作）。例如，研发组件独立化的"伞型"结构源于大公司和大学同时（甚至是并行）参与研发的需要。制定"伞型"战略（包括规划、管理和控制）的必要性在于，当前研发在一种容易失控的环境中进行，成千上万的公司、大学研究中心和企业同时扮演着执行者网络、专家网络、目标设定网络和研究项目主题选择网络等多种角色。DARPA 是一个大规模集体思考前沿研究和开发方向的机构，负责组织这些方向，并为其提供资金。许多其他研究项目，包括欧洲的"地平线 2020"，都是按照类似原则构建的。

2 网络组织最著名的例子是人类基因组测序项目，其中每个"节点"专门负责解决相互联系的具体任务，如方法开发、仪器测量、验证等。确保完整性的主要工具是协议。资金可以是集中的，也可以是分散的（如众筹）。围绕项目形成了包括投资者和未来研究成果用户在内的生态系统。正是网络化提供了与对象复杂性相适应的组织活动形式。

3 转化研究致力于寻找组织和基础设施解决方案，以确保从早期应用研究到实际（技术、工程）实施的快速过渡。该过程朝两个方向发展：一是在早期阶段识别对实际应用具有潜在价值的基础研究，随后迅速纳入应用研究体系，进而纳入可扩展的技术项目；二是将市场和生产问题转化为研究议程，使研究人员和技术人员能够在设定研究任务阶段为企业利益服务。这种系统确保了持续灵活的合作，能够实施长期研究计划和特定的科技项目。转化研究的典型组织形式是联合基础研究和应用研究中心、工程公司和企业联盟。

4 开放式研究（类似于开放式创新的概念）和使用数字平台作为基础设施的平台解决方案的产生与应用，意味着工作的透明度得到提高，提高了创新项目生命周期各阶段（从概念阶段开始）的合作（研究、技术、业务）和沟通的可能性。不同的研究小组、技术开发人员和企业可以共享任务设置、拟定的解决方案、工作进展和计划的试验。这种方式加强了互动，为在规划和准备试验时考虑彼此的任务创造了条件。

和应用，通过实体经济和社会领域互动条件的同步转变，不断提升人力资本的质量。就该地区的地区生产总值而言，这种模式可能会产生直接或间接的影响。直接影响包括对新经济的直接投资（利用本地区的优势，并将其与其他地区的解决方案相结合，形成新型生产任务和新产品解决方案的技术链）。分散式劳动和网络化生产解决方案的设计提高了工作岗位的价值[1]，增加了复杂劳动的报酬，改变了附加值的性质。

托木斯克州以科研成果多而闻名。该地区在正式和非正式创新排名中的位置、在特定领域和跨学科知识生产领域的领先地位都说明了这一点。[2] 俄罗斯国内和全球的知名度使托木斯克州有责任主动识别和应对发展挑战。[3] 同时，人们发现一些解决方案，一方面是独特的，另一方面具有推广潜力：可以分解为可批量复制的解决方案，并根据需要与应用地区的具体特点相结合。以研发为导向、多功能且高度灵活的大

---

[1] 建立自动化程度高的机器人工作场所需要大量的资本投入和日常开支。当劳动分工发生变化时，无论是工厂内部、行业内部，还是跨地区，这些支出都会进一步增加。但工作岗位的价值不单由这些因素决定，从更广泛的角度来看，工作岗位的价值还应该包括以下两个方面的支出：一是设计和组织复杂技术链条所需的日益增长的管理成本；二是为保护技术秘密、确保生产安全而产生的费用。

[2] O. N.Vladimirova, M. V.Malakhovskaya, *The Dynamics of Innovative Susceptibility of the Siberian Federal District Regions in the Context of the Russian Federation Innovation Development Rating in 2000–2013* // Журнал Сибирского федерального университета. Серия: Гуманитарные науки. 2016. Т. 9, № 11. С. 2599–2615.

[3] 托木斯克州被列为实施《俄罗斯联邦科技发展战略》的试点地区之一（见《〈俄罗斯联邦科技发展战略〉将在新西伯利亚州和托木斯克州实施》，2018年3月13日，塔斯社，https://tass.ru/sibir-news/5025592，最后访问日期：2019年9月10日）。

公司联盟被视为实施科技发展战略的模式。因此，在托木斯克州试点阶段形成的独特联合行动组织方式，正在随着推广应用而成为可复制的模式。

　　托木斯克州为形成适合人力资本多元化的新型社会环境所做的努力，是建立在将科学长期融入日常实践的基础之上的。这些努力中最重要的一个方面，就是整合托木斯克各大学、企业、"沸点—托木斯克"空间和"量子园"科技园的资源，举办一系列 U-NOVUS 论坛的工作坊和设计会议，共同探讨应对数字化挑战的方案。这标志着该地区已经做好准备，携手应对全球发展的重大挑战。U-NOVUS 论坛的关键合作伙伴是那些致力于提高劳动力使用效率和质量的公司。随着直接投资的增加，互信也在同步形成，这是一个间接的结果，它为进一步扩大经济活动规模奠定了基础。随着伙伴关系的逐步建立和与新劳动实践相适应的社会分层形式的出现，这一过程得以推进。[1]

　　U-NOVUS 论坛不仅是一个进行试验和制作原型的空间，更应被视为一个可观察的机制，用于形成在新的社会分工阶段（专业化和协作）中，能够在组织和经济层面推广应用或独一无二的技术解决方案，从而显著改变经济活动的结果。论坛活动的集中性和同步性使大公司能够协调技术转型期间

1　Петрова А. Т., Малаховская М. В., Шершова Л. В., Владимирова О. Н. Гендерные аспекты (основания) экономического регулирования рынка труда и их реализация в территориальной политике. Красноярск, 2017.

面临的任务的规模和质量,并评估所找到的解决方案是否符合组织在区域、国家和全球经济层面运行的平台化需求。实际上,U-NOVUS论坛为"学术界—企业—政府"的互动界面制作原型以协调任务,并将它们整合到一个大规模的领域。与此同时,它还提供了一个"选择窗口",展示了现有的和所需的适当工具和方法,以解决共同商定的任务。

这一系列效应包括:为该地区中小企业提供提升技术能力和协作能力的机会,使它们能够共同承担应对复杂任务的责任;降低大公司"放眼未来"的成本,并在至少下一批技术解决方案中确定自身的技术独特性;为大学提供观察突破性解决方案所需的相关能力和在应对重大挑战的实际和潜在合作中转变自身的机会;为该地区开辟将人力资本持续转化为资本的可能性。

2019年U-NOVUS论坛的技术工作坊是根据技术发展浪潮的概念定位的。第一组工作坊(实际上是2018年U-NOVUS论坛突破性成果的延续)解决第一波技术浪潮(经济数字化)的任务。第二组工作坊制定了根据国家技术倡议[1]概念,在下一波技术浪潮中应该解决的任务。这种结构既确保了成果的连续性,也凸显了该地区应对全球挑战的形式的"展示"性质。第二组工作坊为该地区新经济的各个产业部门创建试验场,并为该地区阐明科技战略和社会经济战略的

---

[1] 《国家技术倡议》,https://nti2035.ru/nti/,最后访问日期:2019年9月10日。

轮廓。

　　人机互动的技术变革是工业革命的核心主题，在人工智能（AI）这一快速决策工具的影响下，技术变革正在发生显著变化。人工智能可用于制定战术决策和战略决策，引发了当前生产活动内容分工和秩序结构的一场革命。2018年U-NOVUS论坛和2019年U-NOVUS论坛不仅指出了常规劳动力失业或因劳动分工体系变化而失业的威胁，更强调了在理解"AI优先"概念时，迫切需要形成多方"三螺旋"协作。"AI优先"概念包括积极发展人工智能技术，并优先用于解决从技术和生产问题到设计问题的各类问题。[1]例如，该概念在农业技术领域得到应用。在2018年U-NOVUS论坛上，俄罗斯国内无人驾驶技术的领导者Cognitive Technologies集团得出结论，有必要与托木斯克州的主要农业企业签署协议，引进农业机械无人驾驶系统。[2]在2019年U-NOVUS论坛的"为西伯利亚地区开发精准农业的商业模式和技术架构"研讨会上，人们探讨了如何转变农业技术和劳动过程，包括数字化的田地轮廓、支持种植业管理决策的气象信息等，这些条件

---

[1] Боголюбов Л. Новое видение Microsoft: Mobile-first уходит, приходит AI-first// APPTRACTOR. 04.08.2017. URL:https://apptractor.ru/info/news/novoevidenie-microsoft-mobile-first-uhodit-prihodit-ai-first.html (дата обращения: 10.09.2019).

[2] Cognitive Technologies集团为智慧农业提供的计算机视觉系统解决方案，正在托木斯克州进行测试，用于监控牲畜状况、农作物生长、农作物出苗率、收割质量、杂草出现和去除等方面。合作领域包括：开展农业机械无人驾驶技术领域的研究和开发；在托木斯克州建立测试场地和试验场，用于开发农业机械无人驾驶系统；为农业企业的专业人员举办培训研讨会。

正在改变农业部门的劳动性质和质量。这些方法可以最大限度地减少农业生产各个阶段的损失，几年后就能制造完全自主的农业运输工具，[1]并应用"智能农业"解决方案。人工智能融入生产系统以及大数据在日常决策中的应用，表明人们正在快速适应瞬息万变的现实。[2]

在神经技术市场从事脑机交互研究的 NakedMinds Lab 公司，致力于开发支持团队协作的生态系统（集体智能增强系统），并研发一套实用场景来标记教育活动和小组项目工作的数字轨迹。

在"利用 RFID 技术实现'智能档案'项目"的研讨会上，西布尔控股公司（ПАО «СИБУР Холдинг»）提出了提高知识管理效率、提高公司已有知识资本化水平的相关任务。

创建"托木斯克创新中心"、"沸点—托木斯克"空间和 U-NOVUS 论坛的过程为"三螺旋"式合作模式的平稳转型以及减少现有规则对创业实践的阻碍奠定了成功协作的基础。"托木斯克创新中心"、"沸点—托木斯克"空间和 U-NOVUS 论坛这一综合体可以被定义为一个特殊空间，在这里，大公

---

[1] Cognitive Technologies 集团总裁乌斯科娃表示，托木斯克州是俄罗斯率先开始实际应用国产农业机械无人驾驶技术的地区之一。这些技术在世界市场上具有高度竞争力。其核心是针对农业技术任务改变的深度学习卷积神经网络。在具备单个摄像头和成熟的机器视觉系统的情况下，其系统优于知名国外品牌，且价格更低。参见《Cognitive Technologies 展示了无人驾驶联合收割机的运行情况》，http://www.tadviser.ru/index.php，最后访问日期：2019 年 9 月 10 日。

[2] Бауман З. Текучая современность. СПб., 2008.

司、大学、科研机构和科技企业通过合作，集中了行动方案，积累了克服文化惯性、构建混合制度的经验。这一经验清楚地表明，确保"边界人"的集聚至关重要，[1]他们能够利用结合型和桥接型社会资本，形成富有成效的协作。实践表明，生产系统数字化转型、新型技术分工格局形成的时期，比以往任何时候都更需要营造崭新的社会环境：建立提高信任水平、增强协同应对挑战意愿的制度，以及能够创造和利用创新红利的制度。

对于作为新经济生产力的科学社会化而言，"托木斯克创新中心"[2]项目长期大规模行动的经验意义不容小觑。该项目重点围绕经济现代化的优先领域，致力于在托木斯克州建立联邦级教育、研究和开发中心。项目概念本身及其实施工作组成为俄罗斯首个协调各部委、发展机构、科研教育组织、企业和国有公司行动的机制范例，以探索经济增长的新模式。[3]在"托木斯克创新中心"项目实施过程中，托木斯克州发展的"利益相关者"正在形成一种新的互动组织模式，以使该地区

---

1 C.Champenoisa, H.Etzkowitz, "From Boundary Line to Boundary Space: The Creation of Hybrid Organizations as a Triple Helix Micro-Foundation, " *Triple Helix Journal*, Vol. 76–77, 2018, pp.28–39.
2 《托木斯克创新中心》，https: //ino-tomsk.ru/，最后访问日期：2019 年 9 月 10 日。
3 "托木斯克创新中心"成功发挥了组织模式的潜力，成为一股外部驱动力，创造出组织形式和新角色定位的组合，发掘资源，实现经济增长。管理任务试图将科研生产活动参与者的代理人地位转变为主体地位，整合缺失的组织管理分工岗位，发掘额外资源。关注的重点是促使研究和技术团队聚焦该地区的问题，并营造有利于支持新领导者成长的环境。

融入全球议程。

因此，在数字化转型时代，超大信息量处理和超高速处理手段的应用已成为劳动工具领域的常态，基于此类信息的决策也日渐成为生产实践中司空见惯的背景。这使人的社会技能和制度技能的稳定性和成熟度成为人力资本的关键组成部分。然而，与最新技术革命阶段的劳动内容相适应的制度环境的形成并非一蹴而就，需要积极投资人力资本，进行制度创新，支持联合行动的各种形式。对"学术界—企业—政府"协作的制度环境更新尤为重要，因为俄罗斯应对全球发展挑战，需要在三者之间建立起全新的信任和伙伴关系。

1.2 数字经济驱动的税制变革

新技术的发展对经济和整个社会的发展产生了重大影响。经济数字化和转向互联网是企业创新推广、优化业务模式以及适应新商业环境的必然结果。数字业务的特殊性导致政府难以监管数字企业的经营活动。对这些公司而言，国界的概念较为模糊，因为组织生产过程无须受限于特定地点，劳动者可以分散在不同国家，而不会影响服务质量。跨国公司往往倾向于成立独立的数字技术部门（IT 部门），为集团内所有公司提供技术支持，其主要目的是优化业务模式，降低成本，并通过统筹税收来实现。

俄罗斯的数字经济发展步伐平稳，没有突破性的变革。俄罗斯拥有大量互联网用户，互联网覆盖面广。95% 的移动互联网用户都能访问 3G 网络。然而，首都莫斯科与地区之间存在差距：首都莫斯科使用政府互联网服务的比例是地区的 5 倍。[1]

中国的经验表明，全面的技术变革是在国际舞台上保持经济竞争力的关键因素。[2] 俄罗斯的数字经济已具备发展基础，

---

1 Гнездова Ю. В. Развитие цифровой экономики России как фактора повышения глобальной конкурентоспособности // Интеллект. Инновации. Инвестиции. 2017. № 5. С. 16–19.

2 Финансовая система Китая / под ред. В. В. Иванова. М., 2018.

有望在全球市场的这一领域占据优势,[1]但需要政府和企业共同努力。商界必须意识到,在不远的将来,数字化转型将成为净化市场的有力工具。由于数字化在市场上的竞争力和影响力,大部分企业对数字化转型充满兴趣。鉴于法律变更和政府支持需要时间,企业应当主动采取行动。

  俄罗斯发展数字经济面临以下问题。首先,一些俄罗斯企业管理者认为信息技术会威胁到传统业务的运作方式,这种心态成为数字化发展的阻碍;[2]其次,俄罗斯企业非常依赖外国市场,俄罗斯国内信息通信领域人才严重短缺;最后,不利的经济形势影响了企业对固定资产的投资,[3]包括新技术的采购和应用,[4]企业没有充分利用直接和间接的政府激励措施,包括税收手段。[5]

---

[1] Махалин В. Н., Махалина О. М. Роль государства и бизнеса в проведении цифровой трансформации в России // Научный форум: экономика и менеджмент. М., 2017. С. 135–144.

[2] Львова Н. А., Покровская Н. В., Воронова Н. С. Концепция финансовых парадоксов: предпосылки становления и траектории развития // ЭКО. 2017. № 6. С. 164–177.

[3] Иванов В. В. Развитие институциональных основ кредитно-финансовых систем Российской Федерации и Республики Беларусь. СПб., 2016; Золотарева О. А. Реформирование институтов финансово-кредитных систем стран с формирующимися рынками. Пинск, 2017.

[4] Махалин В. Н., Махалина О. М. Роль государства и бизнеса в проведении цифровой трансформации в России // Научный форум: экономика и менеджмент. М., 2017. С. 135–144.

[5] Иванов В. В., Бушуева Н. В. Внешние источники финансирования российских предприятий: реалии и перспективы // Вестник Санкт-Петербургского университета. Экономика. 2007. № 1. С. 96–107; Викторова Н. Г., Вылкова Е. С., Покровская Н. В. Налоговое стимулирование НИОКР малого и среднего бизнеса // Финансы и кредит. 2019. № 2. С. 409–425.

政府应通过法律监管和支持，帮助企业实现数字化转型。法律监管意味着建立符合当前现实的法律框架，为数据和知识产权提供可靠保护，防范网络威胁。对不断发展的商业模式进行适当立法监管，既可使政府有机会实施管控和支持性财政政策，又可以缩小传统企业与新技术企业在经营条件方面的差距。

同时，数字业务建立在最新技术之上，主要存在于互联网空间。因此，传统税收制度对高科技企业的效力往往有限。

数字经济的特点为逃税、将利润转移到低税收管辖区以及激进避税提供了很大的空间。[1] 尖端企业可以轻而易举地规避现有税制，且不触犯法律。传统税收制度的不完善导致传统经济部门与高科技行业的地位差。这就是为何数字经济中的税收和税务管理已经引起了学界特别的关注。[2]

让我们着重分析数字经济给传统税收带来的主要挑战，以及欧盟和美国在超国家税收监管方面的解决思路。第一类问题涉及确定税基和计算各种税费的复杂性，第二类问题源于确定数字空间交易是否拥有税收管辖权的复杂性。

在数字业务中，确定增值税、关税、企业所得税和个人所得税的税基至关重要。增值税的征税对象是商品、工程和

---

[1] Теневая экономика и уклонение от уплаты налогов / под ред. А. П. Киреенко, Д. Ю. Федотова. Иркутск, 2017.

[2] Налоги в цифровой экономике. Теория и методология / под ред. И. А. Майбурова, Ю. Б. Иванова. М., 2019.

服务。同时，增值税属于地区税，对在征税国消费的商品、工程和服务征收。此外，在特定情况下，税务代理人可能会代替纳税人履行纳税义务。基于上述情况，数字经济下的增值税面临以下难题。

首先，数字服务和数字平台兴起，出现了商品、工程和服务的提供方在一国，而消费者在另一国的情况。如果消费者是个人，那么增值税的缴纳在程序上无法实现，因为提供方未在消费者所在国税务机关登记，消费者本人也无法缴纳，因为其不具有税务代理人资格。这在跨境商品购买方面也许不太棘手，但如果涉及服务，如流媒体订阅、网游消费等，问题就来了。

其次，电子商品征税遇到障碍，因为它们无实物形态。[1] 由于某些商品、工程和服务变得无形，税务机关很难掌握其购买和消费的事实。这使企业更容易找到新的增值税逃税办法。

最后，当销售方位于甲国而购买方位于乙国时，如果后者未在甲国税务机关登记，那么前者将成为后者的增值税代理人。在这种情况下，购买方将被迫以自有资金缴纳增值税（正如俄罗斯联邦税法第161条"税务代理人确定税基的特点"所规定的那样）。

关税征收也遇到了困境，其主要问题在于，商品虽然跨

---

[1] Данилькевич М. А. Налогообложение электронной коммерции // Финансовый журнал. 2013. № 1. С. 151–158.

境，但以无形的电子方式跨境。此外，对于大量来自不同国家和地区的国际邮寄商品，海关难以逐件估价征收关税和增值税，导致俄罗斯国内生产商处于不利地位，而通过互联网销售的外国供应商对消费者更具吸引力。

数字经济的发展不仅对间接税进行调整，对直接税而言，也存在一些棘手的问题。通常，企业所得税在注册地缴纳，与创收地无关。[1] 外国公司如在某国设立常设机构，也要在该国缴纳所得税。如无常设机构，其所得将在来源地征税。在新经济条件下，企业可在全球任何地方注册，通过网络直接与交易方开展业务。在数字经济下，企业可以通过网络开展跨境销售，无须在客户所在地设立机构或派驻人员。根据现行税收规则，这种"纯贸易"通常无常设机构（俄罗斯联邦税法第309条），销售商品和服务的企业无须在客户所在国纳税。而要求其在注册地纳税也很困难，因为难以追踪和证实上述业务的发生。

在征收企业所得税时，确定收入性质也是一个难题。如果买方仅获得将商品用于自身需求的权利，卖方就要就销售额缴纳所得税；如果产品可在市场上再分销，交易所得就属特许权使用费，由买方代扣代缴卖方的税款。[2]

---

[1] Покровская Н. В., Романова М. Е. Налогообложение прибыли в налоговых системах развитых стран // Финансовый мир. Вып. 5. М., 2014. С. 8–23.

[2] T. A.Petechel, A. S.Rekeda, *Tax Problems of E-commerce: International Experience and Russian Practical Activity, International Conference on Recent Trends in Marketing, Accounting, Business, Economics and Tourism*, Smashwords, 2017, pp. 25–34.

经济数字化对个人所得税的影响，部分源于互联网的发展催生了远程办公、非全日制员工等灵活用工形式。当他们进行跨国工作时，税务机关很难掌握此类人员的收入状况，这使确定个人所得税税额变得棘手。直接税和间接税的区别在于，前者比后者更容易在新形势下完善征管制度。调整直接税，关键是创新税基和税款计征方法。而改进间接税，会遇到确定税基和征税的技术和程序难题，特别是针对无形商品或服务。

另外，挑战涉及确定各项税收的管辖权。随着某些商品电子化，买卖双方无须当面交易，税收管辖权的认定成为一个问题。

面对日益复杂的跨国税收议题，大多数国家秉持合作互让的精神，积极开展税收磋商，并不断加强税务信息的交流与共享。与此同时，越来越多的国家签署双边税收协定，以消除双重征税现象，形成公平合理的跨境税收秩序。近年来，国家间的税务信息交流已实现数字化，极大缩短了应询提供纳税人资料的时间。然而，仍有相当多的国家对此持谨慎态度。这些国家往往实行低税率，因而成为逃税者的"避风港"。因此，打击逃税行为是国际税收合作的重点。

免双重征税协定也有其局限。某些所得及征税权的归属仍存在争议。

由此可见，科技进步与经济模式转型密不可分，催生了企业税收的新难题。破解良方在于创新税制，使其适应现代商业流程。

面对全球性税收难题和深入发展的经济全球化，经济合作与发展组织（OECD）正在探讨包括跨国税收治理在内的各种解决方案。经合组织重点研究数字企业的税收问题，将其作为"应对税基侵蚀和利润转移"（BEPS）综合行动计划的一部分。经合组织自1998年起持续分析BEPS问题，而数字经济的崛起、数字化转型进程以及与之密切相关的税收新难题，在2014年的报告中均有详细阐述。这份报告由经合组织与G20国家联合撰写。2014年的报告提出了15项行动，旨在提高税收效率、遏制税基流失和利润转移。报告第一章"行动1：应对数字经济的税收挑战"专门探讨数字经济的税收问题。

行动1倡议深入剖析各类商业模式和价值链，并在此基础上制定数字经济税收举措，通过发现将现行国际税收规则适用于数字经济公司的主要障碍来探索破解之策，统筹兼顾直接税与间接税。BEPS计划的行动1涵盖以下议题。

（1）数字业务导致某些跨国公司通过"隐形常设机构"逃避纳税。

（2）量化数字产品销售和服务提供过程中的信息价值。

（3）判定新商业模式下的收入来源。

（4）确保数字商品和服务的国际贸易环节的增值税和营业税的有效征收。[1]

---

1 Шелепов А. В. Проект BEPS: глобальное сотрудничество в сфере налогообложения // Вестник международных организаций. 2016. Т. 11, № 4. С. 36–59.

经合组织专家指出，数字经济极大地增加了 BEPS 的难度。经过公开讨论数字经济引发的税收难题及其应对之策，经合组织发布了报告《行动 1: 应对数字经济的税收挑战》。虽然完成了行动 1 的既定任务，但考虑到有必要持续追踪数字经济演变及其对利润转移的潜在影响，这一领域的工作将持续到 2020 年。

让我们深入剖析经合组织为应对数字经济特点、降低直接税和间接税领域 BEPS 风险而提出的一系列方案。

经合组织将直接税领域的 BEPS 风险归纳为四类。第一类旨在消除或降低企业在市场所在地的税负，主要途径包括规避当地纳税人身份、最小化运营环节所得、最大限度扣除当地费用等。数字时代赋予企业远程连接消费者的能力，使卖方可将其运营活动布局于他国，而不在买方所在地设置常设机构，从而无须就主营业务所得在当地纳税。此外，跨国公司还可通过合同约定，将资产与风险配置在税负最低的国家，利用子公司或常设机构提供营销、技术支持等无形服务，并向母公司支付高额款项，进一步侵蚀东道国的税基。虽然数字经济与这一避税手法的直接联系尚不明确，但经合组织的报告已经揭示了这一问题的严重性。

第二类风险涉及滥用税收协定、逃避预提所得税。跨国公司借助不同国家税收协定的差异进行纳税筹划，设计复杂的跨境架构，以规避特定税收。

在数字经济中，无形资产创造了最大价值，而这些资产往往集中于低税负国家，导致跨国公司与本土企业之间的税收待遇失衡。这构成了第三类风险，即中间国的税基被侵蚀。

最后一类直接税风险，是母公司所在国税收的流失。事实上，上述降低税基、转移利润的种种手段，同样可被母公司所在国的跨国企业利用。

数字经济引发或加剧的间接税 BEPS 风险，主要与增值税的属地性原则有关。跨国公司可能在异地布局数字设备，借此规避核心业务，利用东道国对数字产业的优惠政策逃避税收，或者将企业的 IT 职能外包至低税负国家，由当地机构承担。

为降低上述风险，经合组织提出了一揽子 BEPS 措施，涵盖防止协定滥用、人为规避常设机构、遏制利用国家税制差异进行避税的行为、限制利息扣除、打击有害税收实践、确保转让定价合理、加强纳税信息披露等诸多方面。

由此可见，经合组织 BEPS 计划多管齐下，重点关注数字经济对传统税制的冲击，为各国税务机关指明风险所在。各国参照 BEPS 措施修订本国税法，推动全球税制趋同。同时，经合组织为财税改革提供总体方向，而非制定细则，这为成员国因地制宜地完善税收治理体系留出回旋余地。

欧盟委员会肩负研究数字税收政策的重任。该机构参照欧盟经济现状提出区域性方案，大体与经合组织路线图保持一致。可以说，经合组织倡议是塑造欧盟税收政策的主导范式。

在直接税领域，欧盟判定常设机构时通常遵循经合组织税收协定范本，[1]但会因应数字经济中出现的新情况，对个别条款进行修订。

在数字税收方面，一个主要争议是企业通过网站开展业务是否构成常设机构。经合组织认为，仅此一项不构成常设机构，除非纳税人在东道国还拥有网店运营所需的专用设备。这一观点不无争议，因为设备配置有时只是出于节约成本，利润实则来自他国。虽然如此，但是欧盟委员会正着手修订常设机构的定义。[2]欧盟委员会主张，在判定常设机构时，应重点考察企业与东道国的经济联系。短期而言，欧盟委员会建议对以下交易征税：居民向非居民企业支付的在线购买款项、数字活动和服务收入，以及与数据收集、价值创造前期环节相关的数字交易。这些措施可并行实施。平衡税就是权宜之计的一个例证，即对在本国开展业务的数字企业征收固定金额。

与此同时，也有观点指出，征收平衡税可能引发域外国家不满，给欧盟成员国的对外关系和国际义务带来麻烦。[3]此外，平衡税在实施中可能遭遇技术难题。目前，学界似乎更

---

[1] Митин Д. А. Налогообложение электронной коммерции: российский и европейский опыт // Налоги. 2018. № 6. C. 36–39.

[2] Воловик Е. Цифровой налог. Существует ли цифровая экономика // Финансовая газета. 2018. № 6.

[3] Воловик Е. Налогообложение цифровой экономики. Какие проблемы влечет цифровизация // Финансовая газета. 2017. № 48.

倾向于重新定义数字经济语境下的常设机构概念，以破解税收困局。

面对数字浪潮的冲击，欧盟各国也在探索因国施策的解决方案。意大利和英国已率先修订税法，对数字企业开征专门税种。意大利于 2017 年 12 月立法，自 2019 年起对境内数字交易征税；英国的数字服务税则从 2020 年 4 月起生效。这些新政的成效如何，还有待时间检验。

在间接税方面，欧盟自 2002 年起将数字领域发生的所有交易视为服务，依照消费地原则征收增值税。对于"企业对企业"（B2B）的跨境供应，在客户营业地或固定营业地征税。对于"企业对消费者"（B2C）的供应，以客户永久居住地为准。目的地原则意味着，供应和开票要求运用客户所在国的增值税法。[1] 欧盟内的 B2B 跨境供应采用反向征收机制，即由客户承担纳税义务，供应商开具不含税发票，客户在其增值税申报表中体现销项税额。

为便利纳税，欧盟推出了"小型一站式服务"（MOSS）。纳税人在任一成员国完成申报，即可畅通无阻地在欧元区从事跨境贸易。遗憾的是，由于 MOSS 不具强制性，加之成员国择取不一，该机制尚未完全实现既定目标。

除上述难题外，欧盟在数字税收领域还面临双重征税的风险。究其原因，是欧盟内部尚未统一税务审计规则，两地

---

[1] Митин Д. А. Налогообложение электронной коммерции: российский и европейский опыт // Налоги. 2018. № 6. C. 36–39.

税务机关在税审中对特定条款的理解可能存在分歧。

数字税收监管的另一痛点，是如何定性数字交易收入。如果纳税人向最终消费者提供数字商品或服务，卖方取得销售收入，应缴纳所得税。如果买方将所购数字商品或服务用于商业用途，那么相关收入则可被视为特许权使用费，纳税义务转移至买方。对此，欧盟专门成立的收入定性技术咨询组给出了答案。该组在报告中列举了28类电子交易，认为其中3类的付款可视为特许权使用费，其余应视为应税销售收入。[1]

欧盟委员会仍在不懈探索数字税收的长、短期方案，并为此接续推出了一系列举措。虽然这些举措体现了 BEPS 计划的精神，但经合组织的建议被普遍认为不足以根本破解数字税收困局。根源在于，BEPS 行动 1 并未给出明确方案，参与国需要在总体框架下因地制宜，这无疑给成员国的税制改革平添难度。

为回应数字税收挑战，欧盟委员会拿出了一套切实可行的行动方案，[2]提出分两步走：制定权宜之计作为过渡，同时着眼长远，擘画蓝图。

短期可考虑对以下领域征收专门税种。

---

[1] Митин Д. А. Налогообложение электронной коммерции: российский и европейский опыт // Налоги. 2018. № 6. С. 36–39.
[2] Воловик Е. Налогообложение цифровой экономики. Какие проблемы влечет цифровизация // Финансовая газета. 2017. № 48.

（1）数字活动收入。

（2）对与本国消费者开展大量数字交易、建立了实质性经济联系的跨国企业的相关收入征税。

（3）通过互联网购买非居民企业商品和服务的相关付款（预提征收）。

（4）价值创造初期阶段的数字交易。

（5）其他。

长期方案则可能包括以下内容。

（1）参照改进后的共同合并企业所得税税基（CCCTB）概念，在成员国之间分配利润。[1]

（2）重新定义常设机构，制定新规则，明确数字活动利润的归属，出台专门的欧盟指令。

（3）改变传统的税收管辖权划分规则，将消费者所在国界定为企业应纳税地，而非企业实体机构所在国。

（4）按各国收入占企业全球总收入的比重，向数字企业征收全球利润份额税。

（5）制订综合征税方案：利润虽在常设机构所在地申报纳税，但采用涉及国家的平均税率。

2017年春，欧盟委员会出台了针对"数字足迹"显著

---

[1] N. E.Aktaev, K. A.Bannova, A. S.Balandina et al., "Optimization Criteria for Entry into the Consolidated Group of Taxpayers in order to Create an Effective Tax Mechanism and Improve the Social, Economic Development of Regions in the Russian Federation," *Procedia-Social and Behavioral Sciences*, Vol. 166, 2015,pp.30–35.

的企业的征税新规。根据这一规定，判定企业是否具有显著"数字足迹"需综合考虑以下因素。

（1）企业的主营业务全部或主要通过数字接口开展。

（2）来自欧盟单一成员国用户的此类业务收入超过700万欧元。

（3）在欧盟单一成员国的数字服务用户超过10万人。

（4）与欧盟用户签订的数字服务合同在一个财年内超过3000份。

这些措施被视为权宜之计，在推出长效机制前暂予采用。欧盟主张，数字经济的最优税制应是"应税尽税"：在利润实现地登记纳税或设立常设机构。[1]

面对数字经济的税收挑战，俄罗斯着手改革现行直接税与间接税制度，重点涉及增值税、企业所得税和个人所得税等税种。这些举措与欧盟数字税改革路线总体一致，但也呈现鲜明的本国特色。

在俄罗斯，电子服务和网络销售是否需要缴纳增值税已无悬念。原则上，所有与俄罗斯存在经济联系的交易都要缴纳增值税。[2] 真正的难题在于，如何对外国企业向俄罗斯法人和自然人提供的服务与商品征税。由于缺乏成熟的外企纳税机制，它们得以压低价格，在价格战中占尽优势。为扭转这

---

[1] Копин Д. В. Налог на доходы, полученные от деятельности в сети интернет, опыт Евросоюза и Италии // Налоги. 2018. № 14. С. 1–5.

[2] Пепеляев С. Г. Правовые основы косвенного налогообложения. М., 2015.

一局面，俄罗斯自 2017 年起修订税法，新增第 174.2 条，明确需要缴纳增值税的电子服务清单以及外企纳税程序，同时完善第 148 条，将电子服务交易地定义为消费者所在地。

简言之，外国企业向位于俄罗斯的消费者提供电子服务，需在俄缴纳增值税。判定服务提供地是否在俄罗斯，要看是否满足以下标准。[1]

（1）买家住所位于俄罗斯。

（2）结算银行账户或电子支付运营商位于俄罗斯境内。

（3）购买服务时使用的 IP 地址归属俄罗斯。

（4）购买或支付使用的电话号码归俄罗斯所有。

这一做法并非尽善尽美。[2] 上述标准并不总能准确判定最终消费地，与增值税目的地原则并不完全吻合。设想这样一种情形：俄罗斯公民网购国外服务，随即出国深造或长期出差，实际消费地并非俄罗斯，但严格按照第 148 条的规定，这笔交易需要在俄罗斯缴纳增值税。

2019 年 1 月 1 日之前，俄罗斯的增值税政策并未要求外国供应商必须在俄税务局登记。[3] 具体而言，有这样三种情形。

---

1 Ем А. В. Налог на добавленную стоимость при оказании иностранными организациями услуг в электронной форме: проблемы администрирования// Налоги. 2017а. № 6. С. 7–12.

2 Ем А. В. Определение места оказания услуги в сфере электронной коммерции для целей НДС: анализ законодательных новелл // Законодательство. 2017б. № 12. С. 36–42.

3 A. V.Tikhonova, "Google Tax: How to Avoid Stepping Back in the Near Future?" *Digest Finance*, Vol. 23，2018，pp.411–418.

一是外企仅面向俄罗斯法人，由后者代扣代缴增值税。二是外企仅服务于俄罗斯自然人，需主动办理税务登记并依法纳税。三是外企客户涵盖个人与企业，需就个人客户业务自行申报，而企业客户业务则由俄方合作伙伴代缴增值税。这项政策实施两年来，亚马逊、谷歌、Netflix、eBay、Airbnb、任天堂、三星、苹果、微软等204家外企完成了税务登记。

然而这种政策并没有持续太久，2019年，俄罗斯联邦税法再迎新变，外企无论面向个人还是企业，一律办理税务登记，就其全部应税服务收入独立申报，俄罗斯企业不再充当外企的"税务二传手"。[1]

这一新政无疑加重了跨国集团的税收负担。对很多企业而言，IT职能向来由境外总部等高度集中的机构统筹，为集团各下属公司提供服务。过去，这些机构仅面向集团内部，无须向俄申报缴纳增值税。如今，它们也被纳入俄罗斯的征税范围，必须办理税务登记并履行纳税义务，无疑提高了在俄经商的门槛。

值得一提的是，《俄罗斯联邦税法》第149.2条第26款为高新技术企业提供了增值税优惠。根据该条款，在俄境内销售、转让、使用以下智力成果的专有权，以及基于许可协议行使相关权利，可免征增值税：发明、实用新型、工业品外

---

[1] Дружкин М. Налоговый агент по НДС при заключении сделок с иностранными контрагентами // Административное право. 2018. № 3. URL: https://www.top-personal.ru/adminlawissue.html?526 (дата обращения: 10.09.2019).

观设计、计算机程序、数据库、集成电路布图设计、商业机密（技术诀窍）。

然而，这项优惠的适用也有些许细节需要注意。比如，如果在购买计算机程序或数据库的打包副本时，相关许可协议尚未通过订立合同而生效（即计算机程序或数据库尚未投入实际使用），那么销售打包副本时转让的权利仍需缴纳增值税。

可见，俄罗斯对外国企业征收增值税的制度总体是中性的，旨在为内外资企业提供公平的竞争环境。但在税务登记、申报以及部分推动数字经济发展的税收优惠方面，增值税管理机制仍有完善空间。

外企在俄设立常设机构并据此缴纳企业所得税的问题，主要由税法第306条加以规范。该条第14款明确指出，提供第174.2条列举的电子服务的企业不设立常设机构，开展准备性或辅助性活动（如采购、签约、营销等）的企业也不设立常设机构（第306条第4款）。由此可见，俄罗斯联邦税法中的常设机构概念实际上与外企的数字业务关联度不大，因为在绝大多数情况下，这些业务并不会导致常设机构的产生。

互联网的发展催生了新的就业形态。越来越多的俄罗斯居民成为自由职业者，而他们往往不缴纳个人所得税和社会保险费。为引导这一群体依法纳税，俄罗斯近年来开展了职业所得税改革试点，即大家熟知的"自雇人士税"。2019年，该试点率先在莫斯科州、卡卢加州和鞑靼斯坦共和国三地展开，2020 年进一步扩展至另外 19 个联邦主体。这项改革计划持续到 2028 年底。纳税人可自愿办理税务登记，旨在使部分服务领域回归正规，尤其是数字经济的一些关键领域，如营销、软件开发、设计等。此举为企业与自由职业者（自然人）之间的服务合同提供了法律保障。[1] 当然，鉴于试点实施时间尚短，评估其成效还为时尚早。

当前，俄罗斯数字税收改革的主基调，是为本土企业提供政策支持，营造对内外资企业一视同仁的营商环境。

考虑到全球数字经济的领军企业多为美国公司，而这些公司在海外市场常常面临征税压力，美国政府一直主张最大限度减免其境外所得税。然而，2017 年底的税改浪潮席卷美国，常设机构的定义也随之发生变化。改革后，常设机构产生的判定依据不再重要。按照新规，与无形资产相关的利润将一律征税，而这部分利润的创造地在美国税法的制定者眼中已无足轻重。简而言之，注册地或常设机构所在地在美国的企业，其全球无形资产所得都将在美国完税。[2]

鉴于欧盟在数字税收改革上的强硬立场，不难预见，美国跨国数字企业恐将面临全球利润的双重征税。而困扰它们的是，届时它们将无法援引现行避免双重征税协定。原因在

---

1 Спицына Т. В. Налог для самозанятых граждан, или экспериментальный НПД // Актуальные вопросы бухгалтерского учета и налогообложения. 2019. № 1.
2 Воловик Е. Цифровой налог. Существует ли цифровая экономика // Финансовая газета. 2018. № 6.

于，数字经济所得是国际税收领域的新生事物，针对性的征管规则尚未出台。各国还需要在这一领域深入磋商，完善现有税收协定。

当前，美、欧在数字税收改革问题上可谓针锋相对，双方的主张都流露出一定的财政诉求。这并不难理解，毕竟税收的首要职能就是筹集财政收入。在数字税收领域，纷争的焦点是跨国数字巨头的利润分配。一方面，作为这些企业的东道国和最大单一市场，美国希望对其全球利润一揽子征税，不论其利润来自何方；另一方面，欧盟坚持对这些企业在欧洲市场创造的价值按份额征税。

面对美、欧博弈，跨国数字企业无疑难以避免地面临双重征税的威胁。为避免税收成本居高不下、利润大幅缩水，国际社会亟须达成共识，完善税收协定。

毋庸讳言，数字经济对税收制度的挑战才刚刚开始，未来还将不断演变。各国要破解税收困局，唯有秉持合作共赢的理念，在平等互利的基础上建立数字税收利益分配的国际规则。国际社会在这一进程中已迈出了坚实的一步，经合组织发挥了重要的引领作用。经合组织倡议不仅得到了成员国的积极响应，也得到了包括俄罗斯在内的更多国家的广泛支持。各国将经合组织倡议付诸实践、因地制宜地推进税制改革，也必将为全球税收治理变革提供宝贵的经验。

1.3 数字经济时代下金融决策的应变之道

数字化浪潮正在深刻重塑世界经济格局，成为几十年来全球经济增长的核心驱动力之一。然而，经济能否实现可持续发展，不仅取决于新技术的广泛应用，更考验着全社会拥抱创新、融入数字化生活的能力。在这一背景下，让所有人都能平等便捷地获得金融服务，尤其是帮助弱势群体跨越"数字鸿沟"，显得尤为紧迫而重要。

根据世界银行和世界卫生组织的研究，当前全球有超过10亿残障人士，他们是数量最庞大的少数群体，也面临着获取金融服务的最大障碍。[1] 平均而言，几乎每8个人中就有一个人无法与常人一样享用各类银行产品和服务。俄罗斯的情况略有不同：官方统计显示，截至2019年初，俄罗斯约有1200万残障人士。[2] 但除他们之外，行动不便者、老年人、无法上网的群体也在使用银行服务时频频碰壁。大多数人司空见惯的操作，却是这些弱势群体难以逾越的鸿沟。提升金融可得性，让发展成果惠及每一个人，是一项长期而艰巨的任务，需要从国家层面到市场主体共同努力。

1　World Report on Disability, 2011, http://www.who.int/disabilities/world_report/2011/report.pdf.
2　《残障人士总数（按残障等级划分）》，俄罗斯联邦国家统计局，https://rosstat.gov.ru/folder/13964，最后访问日期：2020年12月15日。

为厘清研究主题，我们提出了一系列问题：老年人和残障人士在获取金融服务时有哪些特殊需求？当前金融基础设施能否有效满足这些需求？国家层面是否有提升金融可得性的专项规划？在提升金融可得性的道路上有哪些关卡和障碍？我们应该如何攻坚克难？金融机构应该怎么做？

事实上，早在2010年，俄罗斯就加入了G20"全球金融普惠伙伴关系"计划，[1]承诺提高金融可得性，并着手制订国家行动方案。[2]作为积极践行者，俄罗斯央行于2014年成为汇聚全球95家金融监管机构的"普惠金融联盟"的正式成员。该联盟给金融普惠下了一个务实的定义：让所有劳动年龄人口，包括尚未被金融服务覆盖的人口，都能切实获得基础金融服务。[3]

俄罗斯央行在此基础上丰富了金融可得性的内涵。在新定义下，金融可得性意味着这样一种金融市场状态：全国所有具有行为能力的公民和中小企业主体，都能顺利获取基本金融服务。同时，俄罗斯央行从多维度审视金融可得性，不

---

1 《二十国集团首尔峰会领导人宣言》，2010年，www.g20.utoronto.ca/2010/g20seoul.pdf，最后访问日期：2019年9月10日。
2 基本金融服务由G20全球伙伴关系界定，包括保险、信贷、储蓄和支付服务。如有必要，基本金融服务范围可扩展至其他类型的金融服务（Advancing National Strategies for Financial Education: Joint Publication by Russia's G20 Presidency and the OECD, https://www.oecd.org/finance/financial-education/G20_OECD_NSFinancialEducation.pdf）。
3 与G20全球伙伴关系界定的基本金融服务范围相一致。参见《金融可得性》，俄罗斯中央银行，https://www.cbr.ru/develop/development_affor/，最后访问日期：2019年9月10日。

仅关注物理可及性，还兼顾价格可负担性、心理可接受度、服务多样性，以及金融服务的终极效用和安全性。

作为金融可得性的"关键绩效指标"，俄罗斯央行还研发了一套指标体系，每年测算并在官网公示，同时搭建了一套科学完整的评估体系。在海量数据的支撑下，俄罗斯央行于2015年发布了首份金融可得性现状评估报告，[1]并于2018年前瞻性地制定了《2018—2020年俄罗斯联邦金融可得性提升战略》。[2]这个战略的核心目标是要使那些尚无法充分享受金融服务的特殊群体都能用得上、用得起、用得好基本的金融服务。

为了更深入地研究残障人士和老年人在金融服务市场上的行为特征，我们有必要绘制他们的行为画像。根据全俄金融研究分析中心（НАФИ）2018年的调查数据，[3]在残障人士中，使用银行账户和存款者的比例高于全国平均水平（见图1）。大多数残障人士也使用支付卡，但信贷产品的使用率比全国平均水平低约1/3。

因此，虽然存在各种物理和沟通障碍，阻碍残障人士平等、充分、有效地参与社会生活，但他们仍是金融服务的积极

---

[1] 《2015年俄罗斯联邦金融可得性概况》，俄罗斯中央银行，http://www.cbr.ru/StaticHtml/File/44096/rev_fin_20161110.pdf，最后访问日期：2019年9月10日。

[2] 《2018—2020年俄罗斯联邦金融可得性提升战略》，俄罗斯中央银行，https://www.cbr.ru/Content/Document/File/84497/str_30032018.pdf，最后访问日期：2019年9月10日。

[3] 《2018年提高残障人士金融服务可得性成果总结》，НАФИ，https://nafi.ru/analytics/povyshenie-dostupnosti-finansovykh-uslug-dlya-lyudey-s-invalidnostyu-itogi-2018-goda/，最后访问日期：2019年9月10日。

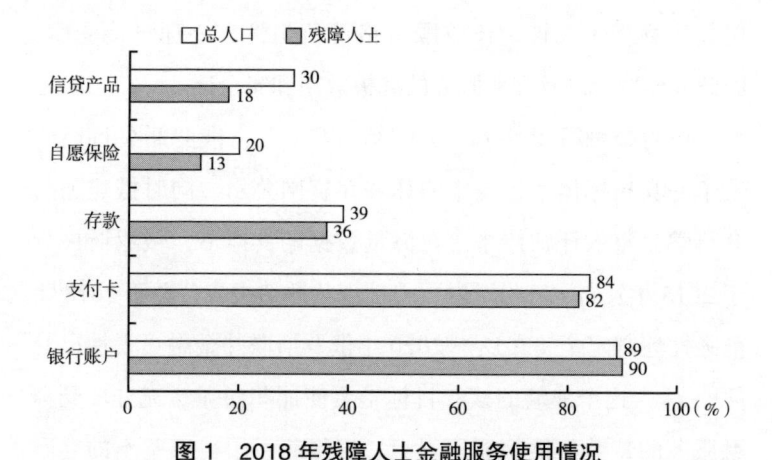

	总人口	残障人士
信贷产品	30	18
自愿保险	20	13
存款	39	36
支付卡	84	82
银行账户	89	90

图 1 2018 年残障人士金融服务使用情况

资料来源：《2018 年提高残障人士金融服务可得性成果总结》，НАФИ，https：//nafi.ru/analytics/povyshenie-dostupnosti-finansovykh-uslug-dlya-lyudey-s-invalidnostyu-itogi-2018-goda/，最后访问日期：2019 年 9 月 10 日。

用户。在与金融机构互动时，这一消费群体倾向于选择面对面服务，以便与工作人员直接沟通，获得个性化咨询服务。相比之下，残障人士不倾向于使用远程服务渠道，原因是用户对这些渠道的可靠性和安全性存在疑虑，同时也担心金融服务的复杂性。

老年人是另一个行动不便群体，被认为是金融排斥程度最高的群体。根据 НАФИ 2016 年 6 月的调查，总体而言，老年人在不使用金融服务的群体中占很大比例。[1] 但更准确的做

---

[1] Финансовое поведение Т. А. Аймалетдинов, С. С. Антонян, Л. Р. Баймуратова, Г. Р. Имаева, О. В. Томилова, О. А. Шарова. *Финансовое поведение пожилых людей в контексте дигитализации*. М.: НАФИ, 2017.

法是将他们分为 70 岁以下和 70 岁及以上两个年龄段，因为后一组人确实属于金融排斥程度最高的群体，这与他们的身体局限性和学习新技术的困难有关。70 岁以下的人仍处于社会活跃期，能够使用互联网、智能手机和金融服务，如果消除某些障碍（包括心理障碍），那么他们完全有能力以更自信、更频繁的方式使用金融服务（见图 2）。

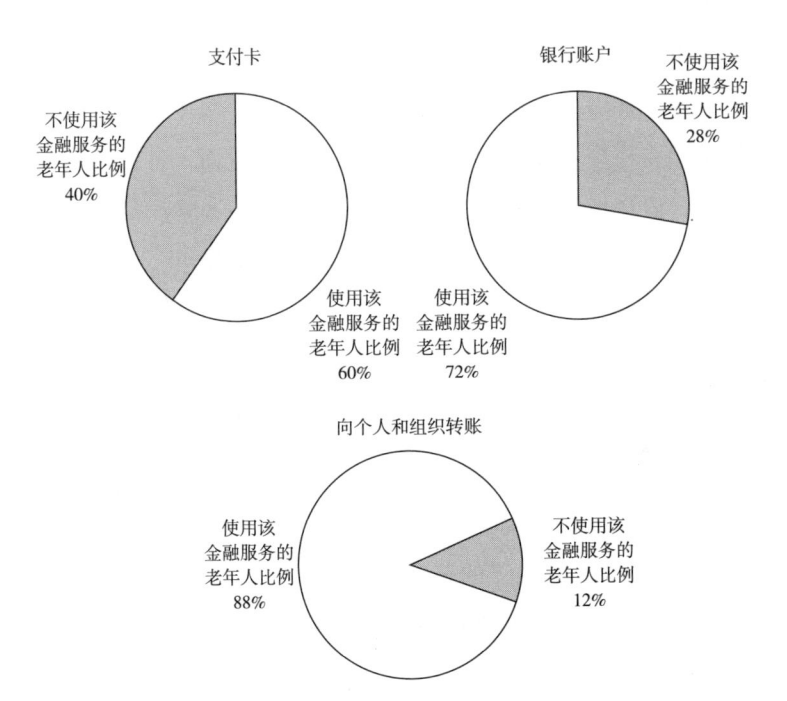

支付卡

不使用该金融服务的老年人比例 40%

使用该金融服务的老年人比例 60%

银行账户

不使用该金融服务的老年人比例 28%

使用该金融服务的老年人比例 72%

向个人和组织转账

使用该金融服务的老年人比例 88%

不使用该金融服务的老年人比例 12%

图 2 2016 年老年人使用金融服务情况

资料来源：Финансовое поведение Т. А. Аймалетдинов, С. С. Антонян, Л. Р. Баймуратова, Г. Р. Имаева, О. В. Томилова, О. А. Шарова. *Финансовое поведение пожилых людей в контексте дигитализации*. М.: НАФИ, 2017.

俄罗斯有一项针对残障人士无障碍银行服务的评级，[1]该评级从听力、视力、静态和动态控制能力障碍者的需求出发，评估了俄罗斯20家最大银行的网站、呼叫中心和莫斯科网点的无障碍表现。例如，银行网点要评估物理可及性；银行官网要检查是否提供弱视者模式、网上银行服务、在线客服聊天功能，以及是否兼容屏幕阅读软件。研究人员在呼叫中心尝试获取有关为不同残障人士提供服务的网点信息，并检查是否可以要求银行员工上门服务。研究结果表明，俄罗斯银行整体上能够为残障人士提供满意的无障碍服务。令人欣慰的是，在物理可及性和残障人士服务信息方面，各银行表现良好。但详细结果显示，银行在为残障人士调整产品方面并不积极，残障人士出于保守心理和对欺诈的恐惧，也不太使用金融服务。

要清除俄罗斯金融市场上残障人士和老年人在获取金融服务时遇到的障碍，并找到最佳方法营造无障碍环境，可以从以下五个方面入手，涵盖物理、价格和心理等问题。

（1）物理无障碍。

（2）金融机构员工的态度。

（3）金融服务价格虚高或因残疾、年龄限制而被拒绝服务。

---

[1]《俄罗斯银行对残障人士的可及性评级》，NAFI 分析中心，www.nafi.ru/projects/finansy/reyting-bankov-po-dostupnosti-dlya-grazhdan-s-invalidnostyu/，最后访问日期：2019年9月10日。

（4）理解金融服务的本质和风险。

（5）获取和处理数字信息。

物理无障碍问题。乍一看，物理无障碍问题似乎最容易解决，尤其是从残障人士和老年人无障碍设施和服务的角度来看。

目前已有一系列为残障人士营造无障碍环境的通用要求和建议，涵盖机构入口区域、停车场、公共区域设施、服务区域人体工程学和照明、网站无障碍、文档展示等方面。[1] 近年来，这方面的改善有目共睹。

然而，金融服务的物理无障碍并不限于上述问题。金融领域还存在一些特殊问题，即使在针对残障人士和老年人需求改造的金融机构，这些问题也会妨碍他们获得必要的服务。

首先是视力或智力障碍者在阅读合同时遇到的困难或不便。解决办法包括提供盲文版、大字版、音频版等替代格式的信息。此外，应为这类客户设计简化版文件，使用简洁的文字表述和简单明了的非文字元素，如图片、图表、流程图等。为确保残障人士和老年人在签署文件时不会遇到问题，建议金融机构提供电子签名（如使用支付卡＋密码授权）。

---

[1] 载于1995年11月24日第181条联邦法"关于俄罗斯联邦残疾人社会保障"（已修订）、国际标准和国内 ГОСТ。

表1 金融机构为适应产品和服务渠道而提供的解决方案

问题	解决方案	描述
与客户的远程互动	电话银行	通过短信、银行聊天工具和聊天机器人（虚拟助手，可自动回答客户的常见问题并用于发送相关新闻），与客户交流信息
	视频银行	通过平板电脑、智能手机或台式电脑，与银行专家进行视频咨询。这减少了客户等待时间，简化了金融服务流程。例如：英国巴克莱银行在其分行采用视频咨询
	文字转语音服务	对于语言和听力受限人士，文字转语音服务是一种解决方案。用户将个人应用程序与其呼叫使用的电话号码关联，同时连接到文字转语音服务。因此，转换器在双方之间充当中介，将用户输入的文本转换为语音消息传达给客服，反之亦然。过去使用所谓的"文本电话"，但现在已被平板电脑、智能手机或台式电脑的专用应用程序取代。例如：Text Relay、Typetalk 等应用程序目前尚未与俄罗斯中央银行关联
身份验证问题	远程身份验证	统一的多因素远程身份验证和个人身份认证服务，用于获取金融和非金融服务，包括使用生物特征个人数据。例如：俄罗斯中央银行开发的远程身份认证项目
	全渠道身份识别	该技术使用全渠道标识符交换客户数据，可用于向相关机构和组织提供各类客户信息，包括为其提供金融服务
适应远程银行服务的能力	网上银行（网站）	要求： 1. 大号字体 2. 界面无小细节 3. 简化的配色方案 4. 全渠道服务的发展（ATM 软件界面与手机或网上银行界面相同） 5. 开发不同复杂程度的远程服务
	移动应用程序	
商品和服务支付操作	非接触式支付	使用支持非接触式支付方式（如近场通信——NFC）的支付卡和电话
	指纹支付	使用手机应用程序通过指纹进行支付，无需输入 PIN 码和卡信息
	特殊标识	为弱视者提供带特殊标识的支付卡（如卡边的点状标记）

续表

问题	解决方案	描述
商品和服务支付操作	二维码	要支付票据和凭证，只需用手机扫描二维码，客户就会直接进入支付页面，无须输入支付信息
	无须携带卡的物品	使用带 NFC 芯片的设备（如手表、手环、戒指等）的非接触式支付技术进行商品和服务支付。例如："Мир"支付系统的创建者正在开发专门的手环，其中嵌入了非接触式微处理器，用于访问各类社会补助金的转账账户

资料来源：《国际监管创新经验：为残疾人和行动不便群体服务。各国在提高金融可得性方面的做法》，俄罗斯中央银行，https://www.cbr.ru/Content/Document/File/44094/review_jan_2918.pdf，最后访问日期：2019 年 9 月 10 日。

其次，与自助设备的物理可及性有关，目前很多金融服务都通过自助设备提供。例如，为方便视障人士使用 ATM，可在键盘 5 字键上添加凸点或在每个按键上标注盲文，并用颜色区分"确认"和"取消"键。屏幕应支持大字体、高对比度显示，并可选背景色（反色）。ATM 还应配备音频和耳机接口，使客户不看屏幕就能完成操作。当然，ATM 的人体工程学设计要考虑到肌肉骨骼障碍者，包括轮椅使用者。此外要确保使用安全，如将 ATM 设置在封闭隔间内，避免第三方窥视。

如果客户因健康状况无法前往金融机构或使用自助设备，可安排专人上门开户或发放银行卡。一些银行已开始提供此类服务。金融服务还可通过远程方式获取，尤其是随着统一生物识别系统的推广，这一方式变得更加可行。

金融机构员工的态度问题。为残障人士和老年人提供金融服务，除了物理环境和设施要无障碍、舒适、友好，员工的针对性支持也至关重要。残障人士和老年人常常觉得获取金融服务的过程过于复杂，对陌生和烦琐的程序感到恐惧和不信任，担心被骗。笔者认为，解决这一问题有两个思路：一是由金融机构自发参与为残障人士和老年人营造无障碍环境的社会项目，将其纳入内部战略；二是由国家制定相关客户服务质量标准和要求。

无论是金融机构自发行动，还是国家强制要求，某些具体措施可以帮助营造获取金融服务的友好氛围，如指定管理人员负责提高残障人士和老年人服务的可得性；制定相关内部文件；将与这些群体沟通的技巧和道德规范，以及帮助他们克服心理和生理障碍的方法纳入员工培训。

提高金融机构员工与残障人士和老年人沟通能力的另一个有效途径，是聘用残障人士。他们可以很好地为相关客户群体提供金融服务，而且有助于提高其他员工的同理心。

金融服务价格虚高或因残疾、年龄限制而被拒绝服务的问题。诚然，为残障人士和老年人改造金融机构网点、为他们提供就业岗位和开展专门培训，是营造无障碍环境的有效手段，但在商业战略中为这类客户预留位置的机构寥寥无几。

这不难理解——金融机构在设计产品和服务时采取风险导向方法，据此确定不同类型客户的价格。由于金融机构作为法人有权自行确定客户服务标准和收费标准，残障人士和老年人往往被视为高风险群体，要么无法获得某些金融服务，要么支付高额费用。许多经济学家长期以来关注这一问题，认为那些金融可得性受限的个人在定义上就没有金融历史（金融个人档案）。[1]

近年来，金融服务市场在老年人服务方面有所"回暖"，[2]但对残障人士的关注仍然不够。

这在信贷和保险领域尤为突出，因为在提供服务前，每位客户都要接受严格的评估。例如，人寿保险和自愿医疗保险投保人评估的主要标准包括年龄和健康状况。信贷产品除上述标准外，还要求有稳定工作或社会福利以外的收入来源。众所周知，申请抵押贷款需要人寿保险单，由此形成了一个恶性循环！

这一点得到了俄罗斯财政部的数据支持。该部发起了一项保险服务可及性调查，结果显示，在俄罗斯20家最大银行中，有15家认为任何程度的残疾都会影响人寿和健康保险的决策，进而影响以优惠条件获得贷款的机会。[3]

如何解决这个问题？这是一个非常棘手的问题。我们认为，监管手段在这里不太适用，尽管现在已有一些金融服务立法监管的正面案例，如要求向所有司机提供强制第三方责

---

[1] A.Mehrotra, J.Yetman, "Financial Inclusion — Issues for Central Banks," *BIS Quarterly Review Special Features Series*, 2015, pp.83–96.
[2] 《为老年人提供优惠贷款开办企业》，Финмаркет，www.cbr.ru/press/event/?id=792，最后访问日期：2019年9月10日。
[3] 《俄罗斯保险服务市场消费者权益和利益保护状况》，http://www.fbk.ru/upload/medialibrary/bfc/17.Yanin.pdf，最后访问日期：2019年9月10日。

任险（ОСАГО）而不论其客户状况如何，要求向领取养老金和预算拨款的公民免费发放"Мир"支付卡。

理解金融服务的本质和风险的问题。2018 年，在第 27 届国际金融大会（Международный финансовый конгресс，在俄罗斯圣彼得堡举办）的小组会议上，俄罗斯银行消费者权益保护和小股东事务局局长马穆达表示："没有金融普惠，金融素养就是无用的知识，因为无处可用；而没有金融素养，金融普惠就是一种危险的可能，会给个人财务带来额外风险。消费者权益保护是一种平衡机制，确保消费者在使用服务并与金融机构互动遇到困难时得到保障。"[1]的确，金融普惠与金融素养密切相关，不能脱节。近年来，俄罗斯金融市场上每引入一项新服务或新产品，都会出现新的欺诈手段。

此外，金融产品和服务日益复杂，可通过多种渠道获得，包括非金融机构提供商。人们越来越难以在琳琅满目的选择中做出决策，进行储蓄和投资。同时，错误的产品和服务信息传递方式可能误导消费者做出不理想的选择，侵犯他们的权益。

这些因素预示着提高俄罗斯民众金融素养的必要性。金融素养旨在帮助民众建立对金融领域运作的整体认知，掌握有效使用支付和其他金融工具的技能，学会管理个人资金，警惕过度负债和欺诈风险。对弱势群体如残障人士和老年人开展普及

---

1 《三大发展战略：金融市场、信息技术、金融普惠》，2018 年第 27 届国际金融大会，https://roscongress.org/sessions/tri-strategii-razvitiya-finansovyy-rynok-informatsionnye-tekhnologii-finansovaya-dostupnost/translation/，最后访问日期：2020 年 12 月 15 日。

教育尤为重要，因为受年龄和行为特点影响，他们易受网络诈骗的侵害，难以改变既有的支付习惯和行为模式。

俄罗斯银行和财政部制定的《2017—2023年俄罗斯联邦金融素养提升战略》包含多项旨在扩大公民金融教育覆盖面和提高质量的国家政策，[1]今天已初见成效，主要体现在以下项目中。

信息门户网站。Fincult.info 和 Vashifinancy.ru 网站发布使用各类金融工具相关风险的最新信息，以及如何正确、安全地使用这些工具的说明。所有材料都以直观和通俗的文字、新颖的视频、有趣的测试和游戏的形式呈现，无疑可以吸引用户的注意力。教师和志愿者可以在网站上找到丰富多样的各种年龄层的教学资料和演示文稿，用于在教育机构开展主题课程和组织居民知识普及活动。此外，还有专门面向老年人的网站，如 Baba-deda.ru。

公共活动。《2017—2023年俄罗斯联邦金融素养提升战略》参与方制定了一套金融素养课程，涵盖金融市场运作的所有主要领域。除教师和专家外，金融普及志愿者也参与课程的组织和实施，包括线上课程。任何有兴趣的公民都可以通过考试成为志愿者。此外，还会举办"全俄金融素养周""全俄金融考试""网络知识考试"等大型活动，用于评

---

[1]《2017—2023年俄罗斯联邦金融素养提升战略》，经2017年9月25日第2039-p号俄罗斯联邦政府令批准，https://www.garant.ru/products/ipo/prime/doc/71675558，最后访问日期：2019年9月10日。

估金融素养水平。

支持民间和公共倡议。2019年5月,俄罗斯中央银行与金融市场专业参与者共同成立了金融素养发展协会,其主要活动方向包括:为俄罗斯民众在金融素养领域的民间和公共倡议提供财务和组织支持;推广成功经验;协调和发展金融普及志愿者运动,包括与全国高校和志愿者组织合作。因此,该协会将成为民众和公共组织开展具有社会意义的倡议活动的中心协调机构。

同时,除了增加金融知识,我们还需要激励民众将所学技能运用到实践中,尤其是残障人士和老年人。帮助他们克服使用金融工具的心理障碍非常重要,如克服犯错误、出洋相的恐惧。此外,根据民意基金会的研究,令人遗憾的是,残障人士和老年人恰恰是金融知识普及活动覆盖最少的群体。因此,最有效的解决方案可能是在多功能中心、社会保障部门、俄罗斯邮政等机构组织专门的培训课程,分发操作手册,让学员多次练习使用ATM的操作步骤。

目前,俄罗斯银行的"Marketplace"项目正处于测试阶段,该项目是一个在线助手,可以为用户过滤金融领域中所有可疑的报价。[1] 该平台将为客户提供搜索和便捷获取金融服务的机会,所有市场参与者都可使用该平台,包括聊天机器人和智能顾问。预计该平台将整合金融生态系统参与者的报

---

1 《2018—2020年金融技术发展主要方向》,俄罗斯中央银行,http://www.cbr.ru/StaticHtml/File/36231/ON_FinTex_2017.pdf,最后访问日期:2019年9月10日。

价数据，分析客户需求并为其提供个性化服务。

俄罗斯中央银行金融服务消费者权益和小股东权益保护局与金融技术协会意识到数字金融大有前景，但也伴随着高风险，因此发起制定统一的消费者权益保护规则，在不久的将来纳入所有金融服务标准。这是培养金融市场参与者社会责任意识的重要一步。

我们相信，上述项目将有益于残障人士和老年人，帮助他们克服心理障碍和恐惧，成为金融产品和服务的合格用户。

获取和处理数字信息的问题。现代技术的飞速发展引发了全面数字化，对金融产品和服务领域也产生了重大影响。当前，数字化被理解为在信息技术影响下以及在相应的商业模式转型背景下发生的社会和经济变革。

根据《2018—2020年金融技术发展主要方向》，到2019年底，俄罗斯计划实现"面向个人客户的远程销售渠道产品和服务比重"这一指标达到90%（2017年为66%）。然而，虽然数字化银行和其他服务的发展路线图令人欣喜，但在金融普惠的背景下，俄罗斯的优质互联网的普及率仍然较低，这个问题不容忽视。当互联网接入受限、成本过高或根本无法实现时，无论在远程服务开发上投入多少资金和精力，对民众而言都将无关紧要。值得一提的是，在国家倡议下，俄罗斯在这方面取得了积极进展，而且其发展理念具有全局性和概念性。2017年通过的《"俄罗斯联邦数字经济"规划》涉及现代数字技术在主要经济部门的应用，包括五个方面：法规、教育和人力资源开发、网络安全、研发能力建设和 IT 基础设施建设。[1] 该规划的目标之一是刺激信息和电信技术行业发展，计划到 2024 年使接入宽带互联网（100 Mbps）的家庭比例提高到 97%。实现规划目标将使绝大多数居民在俄罗斯几乎所有地区都能使用远程金融服务。

要全面有效地使用数字金融服务，除了物理可及性，用户还需要具备相应的技能和使用意愿。最近出现了"数字素养"的概念，反映了人们使用计算机和数字信息的水平，以及在生活中正确、安全地使用各种创新技术和设备的能力。"数字素养"这一概念涵盖了个人在数字环境中的综合能力，包括认知层面的因素，如对创新的接纳度、信息获取能力、媒体解读能力等，也包括操作层面的因素，如运用数字技术解决实际问题的技能，例如电脑操作、软件应用、网络使用等。

根据 НАФИ 的"面向未来经济的数字素养"研究，俄罗斯居民的数字素养指数处于中等水平，为 51.6 分（满分 100 分），不同年龄组差异显著。[2] 例如，18—24 岁人群的数字素养指数是 55 岁及以上老年人的 2.75 倍。此外，莫斯科、圣彼得堡以及其他百万人口城市的数字素养指数高于农村地区（见图 3、图 4）。

---

[1] 《"俄罗斯联邦数字经济"规划》，经 2017 年 7 月 28 日第 1632-p 号俄罗斯联邦政府令批准，http://static.government.ru/media/files/9gFM4FHj4PsB79I5v7yLVuPgu4bvR7M0.pdf，最后访问日期：2019 年 9 月 10 日。

[2] Л. Р. Баймуратова, О. А. Долгова, Г. Р. Имаева, В. И. Гриценко, К. В. Смирнов, Т. А. Аймалетдинов. Цифровая грамотность для экономики будущего. М.: НАФИ, 2018.

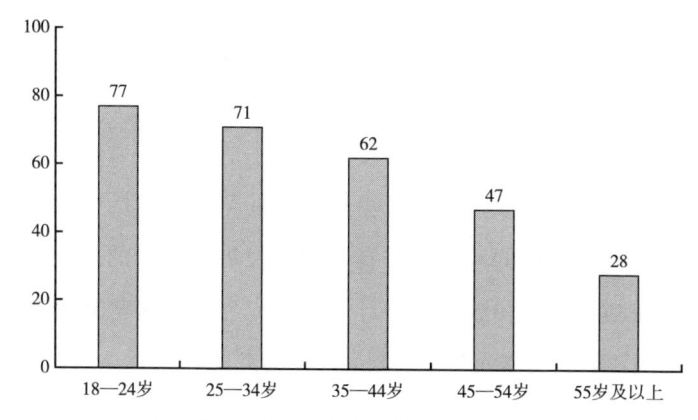

图 3 俄罗斯各年龄段人群的数字素养指数

资料来源：Л. Р. Баймуратова, О. А. Долгова, Г. Р. Имаева, В. И. Гриценко, К. В. Смирнов, Т. А. Аймалетдинов. Цифровая грамотность для экономики будущего. М.: НАФИ, 2018.

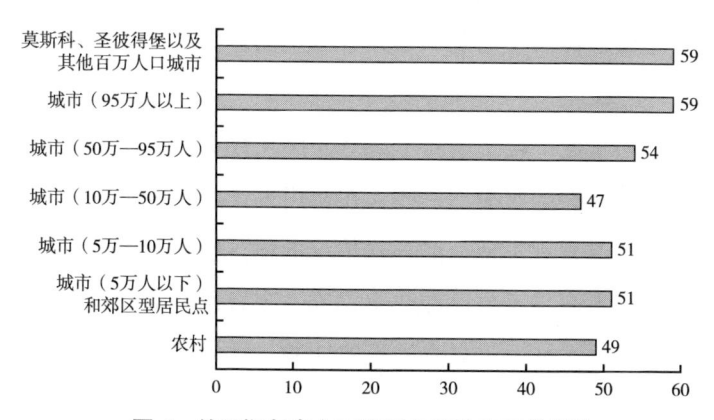

图 4 俄罗斯各类人口聚居点的数字素养指数

资料来源：Л. Р. Баймуратова, О. А. Долгова, Г. Р. Имаева, В. И. Гриценко, К. В. Смирнов, Т. А. Аймалетдинов. Цифровая грамотность для экономики будущего. М.: НАФИ, 2018.

该研究还指出，虽然俄罗斯数字经济基础设施发展迅速，教育水平与发达国家相当，但目前民众在计算机素养和信息技术应用方面仍然落后。

笔者认为，数字技术在日常生活中的渗透是通过吸引新群体实现的，而那些金融可得性受限的群体，包括因年龄和身体局限而受限的人，无法自主充分发展这方面的技能。因此，在制订金融和数字素养计划时，应考虑到这些群体在发展中因年龄、身体或其他限制而产生的差距。

就民众的数字素养而言，另一个重要方面是适应数字环境中的信息交互，包括信息交换的正确性、安全使用以及正确选择信息来源。由于信息交换的来源和平台多种多样，无论是媒体还是金融信息，在不断变化和进步的数字环境中，行动不便群体由于信息和媒体素养不高，仍然最容易受到欺诈行为的影响。

总的来说，数字素养不高对公民在数字金融环境中的行为产生了复杂的影响。一些人在使用现代数字金融服务进行金融操作时感到不适，更喜欢传统的银行服务。同时，另一些人主观上高估了自己的数字素养，表现得过于草率，落入欺诈陷阱，并且由于自身的失败体验，日后可能会尽量避免使用数字金融服务。

鉴于这些事实，政府机构和银行要实现提高金融普惠水平的战略目标，必须在民众与数字信息之间搭建牢固的桥梁。同时，要特别关注金融和数字素养最低的群体，包括行动不便群体。

本研究评估和分析了金融服务对特定消费群体（残障人士和老年人）的可及性，旨在确定营造包容性金融环境、消除俄罗斯金融市场准入壁垒的方向。

研究发现，虽然残障人士和老年人在获取金融服务时的行为存在差异（前者积极，后者被排斥在外），但这两个群体都存在一些障碍，妨碍他们充分利用金融服务。

为消除俄罗斯金融市场现有的金融可得性障碍，笔者从物理无障碍，金融机构员工的态度，金融服务价格虚高或因残疾、年龄限制而被拒绝服务，理解金融服务的本质和风险以及获取和处理数字信息等问题入手，探索和分析了相关对策。

研究结果表明，目前俄罗斯金融机构正朝着提升残障人士和老年人金融可得性的方向发展。这一过程在监管机构的悉心指导下进行，并考虑了残障人士和老年人的意见。

在《2018—2020年俄罗斯联邦金融可得性提升战略》中，俄罗斯中央银行将人民利益放在首位，将公民对金融产品和服务的满意度视为衡量市场发展质量的主要指标。笔者希望金融机构秉持类似立场，为提升残障人士和老年人金融可得性所做的工作不要流于形式，而要切实造福民众。那时，我们就能畅享一个无障碍的环境，让每一位金融服务消费者都感到舒适自在。

第二章 **劳动世界的数字化重塑：影响与未来**

2.1 现代经济中劳动的技术化*

数字化工作模式的崛起与网络就业新时代

数字化浪潮正以前所未有的广度和深度席卷劳动世界的各个角落。这场变革带来的影响若隐若现,或触手可及,或蕴藏深处,呈现综合性和碎片化的特点(Сизова, Григорьева, 2019)。

在信息通信技术(ICT)的推动下,一种全新的劳动和就业范式正在数字空间中兴起。ICT引领着数字技术环境(网站、平台、资源)的飞速变化和广泛普及。这一环境构建了独特的基础设施和游戏规则,数字内容乃至各类商品和服务的生产与销售都在其中展开。在这一范式下,劳动力市场由遵循数字平台规则行事的客户和自由工作者构成。

这些数字化劳动力市场呈现全球化、灵活多变、创新驱动的发展态势。这里,崭新的业务形态、数字化知识和技能备受青睐。在数字化市场中,企业营收和从业者收入动辄数十亿美元,参与人数更是呈几何级增长。当前,工作订单主

---

* 本研究获得了俄罗斯基础研究基金会(RFBR)和白俄罗斯共和国基础研究基金(BRFFR)在第 20-51-000011 号科研项目框架内的财政支持。

要来自美国、德国等发达国家,而发展中国家则成为订单执行者的主要输出地。据世界银行测算,2013年全球已有145个平台,注册自由工作者达4800万人,创收20亿美元。他们多数居住在美国、印度和菲律宾。知名平台Freelancer在2017年吸引了2280万自由工作者。这些工作的客户通常是可口可乐、微软、奥迪等私企巨头(Schoenefeld et al.,2017)。

各类接口、服务商和数字中介(数字代理、社交网络)纷纷布局,通过众包(crowdsourcing)、众工(crowdworking)、零工(gig jobs)等创新模式,吸引企业家和劳动者在各行各业踊跃担当新的经济角色(Clement, 2015; Prass, 2015)。2014年的一项调查显示,在接受调研的220家德企中,已有19%使用了远程工作者的服务(Schoenefeld et al.,2017)。通过梳理互联网公开资料不难发现,将业务流程部分转移至云端,借助外部人力资源力量,正成为包括国企在内的普通公司竞相追逐的风口。这在很大程度上降低了交易成本,实现了更快更优的工作成果。对于社交网络等组织而言,吸纳外部人员生产用户内容、放大网络效应,更是价值创造和数字业务发展的关键一环(Сизова, Хусяинов, 2017a)。

数字技术的迅猛发展和个体寻求组织外灵活就业的意愿,共同催生了形形色色的新型劳动和就业方式。软件开发、服务提供、家教中介、远程教育、共享资产、经营博客,不过是大潮中的涓滴。研究者以众包、零工等名之(Hensel et al., 2015; Hoßfeld et al., 2012)。在线任务工作者(clickworker)、众包工人（crowdworker）、零工工人（gigworker），这些新的劳动群体应运而生，根据工作任务的复杂程度和用途而具备不同的名称。同时，这些工作收入微薄，多为兼职。

除收入外，工作兴趣（获取信息、构思、经验）、闲暇时光、专业追求、利他情怀、认可渴求等，亦是重要驱动。技术基础无非是在在线资源提供商处注册，再备好电脑或智能手机、相关软件和网络即可。技术门槛之低，使互联网工作不仅吸引着年轻群体，更唤醒了家庭主妇、退休人士等的参与热情，他们可以借助微任务、出租资产等方式贴补家用。程序员、网页设计师等无须现场办公、工作成果以数字形式交付的群体，更是踊跃投身其中。

数字经济正在颠覆人们对传统就业者和非就业者的刻板印象。经合组织在数字经济报告中指出，新型工作形态方兴未艾，正倒逼各国政府修订劳动和税收法规。[1]该组织还专门建立了"就业技能全球指标"（WISE）数据库。[2]诸多跨国研究无不强调，虽然数字平台岗位近年呈现爆发式增长，但在经合组织国家中，投身这个领域的人口比例仍然很小。[3]除了需要大幅调整专业知识和技能，更需革新工作观念。程序员

---

[1] 经济合作与发展组织：《数字经济展望》，2017年，https://www.oecd.org/sti/oecd-digital-economy-outlook-2017-9789264276284-en.htm，最后访问日期：2019年9月29日。

[2] 参见 https://www.oecd.org/els/emp/skills-for-employment-indicators.htm，最后访问日期：2019年9月29日。

[3] 经济合作与发展组织：《数字经济展望》，2017年，https://www.oecd.org/sti/oecd-digital-economy-outlook-2017-9789264276284-en.htm，最后访问日期：2019年9月29日。

或可称为这一转变的急先锋。他们通过项目管理系统获取任务，雇主则凭借版本控制系统掌控最终交付，并提供工时统计软件供程序员使用。程序员须每日在开发环境中工作一定时长，而在同事间、上下级间，Skype 是唯一的沟通协作渠道。引人瞩目的，还有那些组织管理新型工作流程的在线平台及服务商、网站。当下，数字劳动力市场正朝着全球化、灵活性、创新性的方向迅猛发展，其服务形态之繁复，尚无法一览无余。

综观当下，数字基础设施的主要类型如下。

1. 专门的在线平台，为交易各方创造条件并提供工作的形式/支付方式。

目前已经形成了几个领先的此类在线平台。其中包括 AppJobber、Workhub、Clickworker、CastingWords、Crowdtap、Amazon Mechanical Turk、Streetspotr、CloudCrowd、Gigwalk、ShopScout、Online Micro Jobs、Microworkers、Crowdtask。2014 年，Freelancer 平台上注册了 150 万用户。[1] 根据研究数据，这些平台会对交易进行审核把关，确定工作进程和最终交付形式的规则和条件，产生网络效应并监控用户。[2]

---

[1] Стребков Д. О., Шевчук А. В., Спирина М. О. Развитие русскоязычного рынка удаленной работы, 2009–2014 гг. (по результатам переписи фрилансеров) // Аналитика ЛЭСИ. № 16. М., 2015.

[2] B.Caillaud, B.Jullien, "Chicken & Egg: Competition among Intermediation Service Providers," *Rand Journal of Economics*, Vol. 34, No. 2, 2003, pp.309–328.

2. 非专业的数字在线平台，其目的是充当用户之间商品或服务交换的中介。[1]

最著名的包括 Uber（出租车服务）、Helpling（清洁服务）、Airbnb（房屋租赁）。它们以新型经济模式运作——按需（on-demand）经济或共享经济。

3. 数字业务，例如社交网络，为用户提供金钱或非金钱补偿，以换取数据或内容。

非金钱补偿可以通过托管数据、吸引客户、电子邮件服务或数字娱乐的形式提供。用户与工作委托人之间的互动是一种交易，可能需要缴纳所得税，目前的所得税制度主要针对货币报酬（现金支付）的情况，[2]对于非金钱补偿（如易货交换等）的交易形式，税收归属处理较为模糊。

在线劳动力市场的繁荣发展有赖于平台良好的中介作用，能有效连接供需双方。要实现可持续盈利，关键在于吸引大量终端用户加入，让用户活跃于该平台，从而形成规模效应。数字平台能够实现显著规模增长的关键点在于它们可以采用灵活多样的定价政策，向不同使用群体收取不同的使用费用。[3]

---

1 A.Aslam, A.Shah, "Taxation and the Peer-to-Peer Economy," *MF Working Paper*, No.187, 2017, https://www.imf.org/en/Publications/WP/Issues/2017/08/08/Taxation-and-the-Peer-to-Peer-Economy-45157, 最后访问日期：2019 年 9 月 29 日。
2 经济合作与发展组织：《数字化带来的税收挑战——中期报告》，2018, https://www.oecd.org/tax/tax-challenges-arising-from-digitalisation-interim-report-9789264293083-en.htm, 最后访问日期：2019 年 9 月 29 日。
3 A.Lambrecht et al., "How do Firms Make Money Selling Digital Goods Online?" *Marketing Letters*, No. 25, 2014, pp.331–341.

它们的一个重要特征是为委托人和承包人提供了直接联系的便利条件。[1] 在这个数字化时代，网络就业无疑展现出令人难以抗拒的吸引力。欧洲研究人员指出，在线工作模式打破了传统工作的地域限制，参与者能够在任意地点办公，灵活掌控工作时间的安排。这一自由自在的工作方式，无形中降低了传统就业岗位的价值。与此同时，进入数字劳动力市场的门槛较低，加之社交网络的广泛运用，导致这一市场高度集中于拥有多边平台的大型企业。由此产生的网络效应和涟漪效应对劳资关系产生了不可忽视的影响。除了这些数字化龙头企业外，一些实体公司也希冀借助互联网的力量，实现自主外包，从而创造数字化产品。总的来说，数字劳动力市场正以前所未有的方式重塑我们的就业生态。

起初，数字劳动力市场被视为全球化的市场，旨在打造无国界的就业新领域。然而，当前这一趋势正经历着本土化、区域化转向。数字劳动力市场重点逐渐聚焦国内生产和商品交换，对专门技能（如英语知识）的要求逐渐降低。取而代之的是对能够及时亲临特定地点并完成拍照、观察、收集信息、提供资源等工作的员工的需求与日俱增。同时，使用母语来撰写文本、描述产品、表达观点的工作人员也备受青睐。

在俄语数字劳动力市场，全球性平台（如 Uber、Airbnb、

---

1 A.Hagiu, J.Wright, "Multi-Sided Platforms," *International Journal of Industrial Organization*, No. 43, 2015, pp.162–174.

Freelancer）与本土平台并存。作为俄罗斯国民经济的新兴组成部分，俄语数字劳动力市场的细分领域仍鲜为人知。有些在线平台根据众包原则开展业务，完全面向俄罗斯市场（如Citycelebrity.ru、Witology.com）。俄罗斯专业化平台的发展相对滞后，除了广为人知的Fl.ru和Freelance.ru外，最近出现了更专业、更符合国际标准的俄语众包平台（如Youdo.com、Workle.ru、Profi.ru），以及一些专业领域平台（如Dogsy.ru）。这些创新能否真正覆盖大众劳动者尚待观察，但其运营理念如任务划分、工人评估和管理机制，未来可以辐射到实体经济等其他领域。总的来说，俄语数字劳动力市场正拥抱多元化发展之路。

互联网数字化劳动或工作蕴藏着巨大潜力。在某些情况下，这种工作模式已经实现规模化，人们用"Uber化""亚马逊化"等新词来形容它。除了打破标准劳动关系下的雇佣和相应社会保障外，劳动活动本身也在发生根本性的转变，尤其体现在任务细分、频繁交替和持续更新上。职业的定义变得模糊不清，作为工业时代的产物，它正在失去核心意义。劳动的自动化和机器人化催生出新型劳动活动，同时也导致另一些活动的消亡。[1]这带来的主要负面影响是，一方面技术性失业预期增长，另一方面能够胜任现代劳动任务的人才供

1　C. B.Frey, M. A.Osborne, "The Future of Employment: How Susceptible are Jobs to Computerisation?" *Technological Forecasting and Social Change*, Vol.114，2017，http://www.oxfordmartin.ox.ac.uk/downloads/academic/The_Future_of_Employment.pdf.

不应求。在新的互联网劳动分类基础上,[1] 评判标准不再以职业为导向，而是转向执行劳动任务的复杂程度（见表2）。

表2　世界银行对互联网工作的分类

劳动活动类别	员工资质	劳动任务示例	平台示例
常规工作	没有实质性知识、经验、技能	视频评估，吸引其他用户到特定互联网页面，手动输入文本	Mechanical Turk (Amazon)
复杂任务	资质不适用	内容生成，如论坛文本或博客、评论、产品评论	Wikipedia
创造性任务	资质不适用	软件开发、解决复杂问题和科学问题、创意推广	Innocentive

资料来源：D.Schoenefeld et al., Jobs fur die Crowds. Werkstattbericht zu einem neuen Forschungsfeld. Interdisziplinares Forschungsprojekt: "Koordination Selbststandiger Unselbststandigkeit. Erwerbsarbeit jenseits der Organisation im Internetzeitalter". Frankfurt (Oder), 2017, p. 9.

　　表2未涵盖员工执行复杂和创造性任务所需的资质。从业者可能拥有完全非系统化的教育背景，或是集多领域知识于一身。[2] 总的来说，资质越高，职业活动的边界就越模糊，它往往形成于不同知识和技能的交叉点上。值得注意的是，这些趋势也适用于现实中的劳动和就业。越来越多的工作要求

1　D.Schoenefeld et al., Jobs fur die Crowds. Werkstattbericht zu einem neuen Forschungsfeld. Interdisziplinares Forschungsprojekt: "Koordination Selbststandiger Unselbststandigkeit. Erwerbsarbeit jenseits der Organisation im Internetzeitalter". Frankfurt (Oder), 2017, p. 9. URL: www.borders-in-motion.de．

2　关于这一点的更多详情，请参见 Атлас новых профессий. М.: Агентство стратегических инициатив и Сколково, 2015．

履行多种职责，员工需要拥有广博的知识面，在不同类型和形式的劳动活动之间频繁"跳跃"和"转换"。人们用"工作切换"[1]或劳动"混合化"[2]等新概念来描述这一现象。随着专业界限日益模糊，还出现了所谓的"边界工作"，即在不同资质水平上执行劳动任务，[3]以及伴随主要工作但没有报酬的关系型工作。[4]

数字经济中劳动与职位的技术化

推动劳动和就业转型的主要因素，可以概括为"劳动环境技术化"。这一概念至少包含两个关键组成部分：一是多任务并行成为主流，不同任务组合构成了劳动活动的全貌；二是数字技术在劳动过程中得到广泛应用。

接下来，笔者将通过本章内容，来揭示这些变化的细节。首先是关于当代雇主利用劳动力资源策略的研究。相关数据

---

1 Welskop-Defaa E. M. Erwerbsverlaufe digitaler Nomaden Hybridisierung der Beschaftigungsmuster in der digitalen Transformation // Hybride Erwerbsformen. Springer Fachmedien. Wiesbaden, 2018. S. 107–129.
2 Bögenhold D., Fachinger U. Berufliche Selbststandigkeit. Springer Fachmedien. Wiesbaden, 2016. S. 1–3. https://doi.org/10.1007/978-3-658-13283-5_1.
3 Von Rottkay K. Arbeiten 4.0: Mehr Eigenverantwortung wagen // Das demokratische Unternehmen. Neue Arbeits- und Fuhrungskulturen im Zeitalter digitaler Wirtschaft. Freiburg, 2015. S. 253; Faßauer G., Geithner S. Entgrenzung und Grenzarbeit in Co-Konfiguration: Eine tätigkeitstheoretische Perspektive // Industrielle Beziehungen. 2016. No. 23 (2). S. 92–112. https://doi.org/10.1688/IndB-2016-02-Fassauer.
4 Сизова И. Л. Прекаризация трудовой сферы России // Петербургская социология сегодня. СПб., 2015. С. 122–158.

来自对招聘网站 HeadHunter（Hh.ru）、Trud vsem（全俄罗斯职位数据库，Trudvsem.ru）、Zarplata（Zarplata.ru）上发布的空缺职位的非自动化抓取和自然语言处理。对劳动力市场监测到的每个领域（如"行政人员""银行、投资、租赁""高层管理人员、主管"等），研究人员选取了15个截至2018年12月初发布的职位，共计1359个。研究人员通过梳理这些数据，力图完成两个主要研究任务。①筛选和将劳动任务类型系统化。②将任务类型与特定数字手段相关联。所考察的空缺职位位于西伯利亚联邦区（主要是新西伯利亚州），该地区经济较为复杂，知识密集型程度高。[1]

分析空缺职位的第一步，是提取描述劳动任务的信息。研究人员在所需资质的背景下解读这些任务，并据此进行分类。最终，西佐娃和巴卡耶夫得到了一个由四个资质等级组成的矩阵，每个等级都对应一组劳动任务。有趣的是，劳动任务的内容与雇主声明的具体职业关联度不高。

表3 资质等级及相应特点

资质等级	特点
初级资质（无资质）	不需要专业培训和学习，员工可在短时间内完成每项任务
工人资质	需要一定的专业知识和技能，会影响工人的工作表现

---

[1] 样本内容请参见 http://sai.vgroup.su/tmp/exampleVacanciesData.php，最后访问日期：2019年9月29日。

续表

资质等级	特点
中级资质	主要培养常见职业领域的专业技能，满足大部分基层工作岗位的需求
高级资质	需要复杂的专业培训和知识

资料来源：根据西佐娃和巴卡耶夫未发表的研究结果制成。

不过，这种资质等级划分也存在一些局限。首先，职位描述中列出的一些任务仅需短期培训（如专业课程或研讨会）即可胜任，从这个意义上说，它们介于"初级资质（无资质）"和"中级资质"之间。其次，职位要求的教育背景，并不总是与实际职责相匹配。比如，要求拥有不限专业的高等教育背景，很可能意味着雇主更看重应聘者的通用技能（soft skills），如学习能力、专注力、责任心、沟通能力等。虽然这些技能在大学学习过程中能够获得一定提升，但在研究人员看来，它们更接近中级资质，因为多种资质意味着能够胜任需要长期、深入专业训练（如医生、程序员、工程师等）的工作。

拥有复杂技能的人员的通用技能同样抢手，但对雇主而言，它们更多是锦上添花，并非刚需。雇主通常默认应聘者已具备这些技能，将其视为从事咨询、谈判、文书等工作的"标配"。

在俄罗斯的劳动力市场上，有很多热门工作。这些工作分布在不同的职位类型和资质等级中，由相应专业领域的人士承担。

西佐娃和巴卡耶夫基于员工的不同资质等级，总结出了俄罗斯组织中最需要的劳动任务组合。

表4　基于不同资质等级的劳动任务组合

资质等级	职位类型
初级资质（无资质）	服务类工作：保洁、安保、帮工、护理
工人资质	技术维护和修理机器设备；服务
中级资质	开发；产品设计；网站、视频编辑；咨询；会计；法律服务；产品经理；销售；采购；物流；兽医；美容师；消防员
高级资质	分析、评估和专业知识；会计；法律咨询；设计；编程；管理；生态学；行政工作；开发；科研；医疗援助；创建文本和内容；招标；经济学；行政管理；外部经济活动；科学研究；法律工作；技术活动；建设；规划工程；初创公司；科学教育工作

资料来源：根据西佐娃和巴卡耶夫未发表的研究结果制成。

对这些人员的需求并不均衡。在初级资质（无资质）人员中，最抢手的是提供服务，协助高级资质人员，从事护理、安保和清洁工作的人。在工人资质人员中，市场主要需要从事机器维护与修理、设备维护、通信、特定对象服务、机床操作、特种车辆驾驶、工厂作业、畜牧养殖，以及装配、铺设、包装和装卸的人员。在中级资质人员中，市场的要求更加多样化，比如需要懂网站运营、谈判、咨询、文书、操作服务、客户合作、销售等。通过分析职位不难发现，劳动"混合化"已成为新趋势。

"混合化"主要体现在两个方面。首先，一个职位通常要求同时完成多项不同的任务；其次，在同一职位范围内，雇主往往期望员工能够胜任不同资质等级的工作。换言之，同一职位的工作内容涵盖了多种不同的活动，这在要求复杂技能的岗位中尤为普遍。员工经常需要参与人力资源管理、客户工作，进行分析研究、组织管理，处理行政事务，写文案，维修各类设施，开展培训辅导，参与谈判，了解财会知识，还要负责销售和商品管理。考虑到高级资质职位供给的持续增多，这种多元化的工作内容为"混合型"或"多任务型"劳动的普及创造了条件。

"混合化"在职位名称中也有所体现。在当代俄罗斯劳动力市场，职业命名较为随意，缺乏规范。如果雇主在招聘"多面手"，那么职位名称往往显得含混不清。譬如，经济分析师、财务控制员、执行董事、设计师兼编辑、首席专家、评估师助理等头衔的持有者，通常都需要在所任职位内完成分析、评估和专业知识输出等多项任务。

如今，多任务并行已成为劳动技术变革的基本特征，即便在传统的工人群体中也是如此，如装配工往往还要负责铺设和装卸。有时，多任务属性直接体现在职位名称中，如"维修工兼司机"。当代劳动力市场的另一个特点是，使用同一术语（如行政、谈判、咨询等）指代需要不同层次知识和技能的工作。久而久之，就出现了非常独特的"跨界"现象：普通工人从事高级资质的工作，高技能专业人员从事中级资质的工作。多任务也呈现不同的类型。对某些职业而言，始终存在一项主要任务，其他任务是次要的；而在另一些行业，同时执行多项任务是工作的常态。

在职位分析的下一阶段，研究人员重点关注雇主对员工在工作中使用数字化劳动工具的要求。所谓数字化劳动工具，是指借助数字设备和技术来完成工作任务的手段。如今，在招聘广告中，雇主对此类信息的要求日益增多。

本研究对数字化劳动工具进行了系统梳理。首先，将数字化劳动工具与劳动任务和所需资质关联起来。其次，根据复杂程度区分不同的工具类型。最后，进行分类汇总。表5反映了不同资质等级的劳动者使用数字化劳动工具的情况。

表5 按资质等级划分的劳动任务分布

单位：个

项目	初级资质（无资质）	工人资质	中级资质	高级资质
劳动任务的数量	11	11	21	29
要求/不要求数字技能的劳动任务数量	4/10	7/5	3/35	3/61

资料来源：根据西佐娃和巴卡耶夫未发表的研究结果编制，原书数据如此。

表5的数据揭示了几个事实。首先，数字化劳动工具在俄罗斯企业组织中得到广泛应用。其次，资质等级越高，工作中使用数字化劳动工具的密度越大。在体力劳动和技能工

种领域，数字化程度还比较低，但从中级资质起，数字化劳动工具的需求就明显增大。总的来说，不同资质等级的差异表明，资质等级高低越来越取决于员工对数字化劳动工具的掌握程度。本研究根据复杂程度，将数字化劳动工具分为三类（见表6）。

表6　数字化劳动工具分类

复杂程度	特点	示例
初级	用于各种日常目的的技术和设备	设备（电脑、扫描仪、打印机、手机）、软件（Word）和互联网（互联网接入、社交网络页面、电子邮件操作）
中级	专业技术和软件，通常用于工作，用于完成特定任务；常用设备和程序的高级使用方式	会计软件、企业管理软件、照片处理软件。Office中的Word、Excel可根据任务在多个层次上使用
高级	能够发展数字技术和设备本身的工具	编程、搭建网络、创建计算机安全系统

资料来源：根据西佐娃和巴卡耶夫未发表的研究结果编制。

数字化劳动工具在不同资质等级的劳动任务中发挥不同的作用。如表7所示，初级资质（无资质）和工人资质人员无须或很少借助数字化劳动工具；而从中级资质起，各类复杂程度的数字化劳动工具开始频繁出现；对于拥有高级资质的人员来说，数字化劳动工具的应用已经成为工作的重要组成部分。目前，有一半的工作要求从业者精通数字设备和技术。由此可见，当前俄罗斯经济的发展，正以劳动活动技术结构日益复杂为基础。这不仅与对高级资质人员的需求增大有关,也与复杂数字化劳动工具在工作中的广泛应用密不可分。当前,只有借助这些工具,员工才能更好地完成手头的工作。在执行复杂任务的过程中,基础的数字化劳动工具已经是必备条件。但更值得关注的是,专业化程度高、技术含量高的设备和技术,正在劳动实践中发挥越来越重要的作用。

表7 不同复杂程度的数字化劳动工具在各资质等级的分布情况

单位:个

数字化劳动工具掌握程度	初级资质(无资质)	工人资质	中级资质	高级资质
不要求	4	7	3	3
初级技能和知识	7	3	18	26
专业技能和知识	3	2	14	24
复杂技能和知识	—	—	3	11

资料来源:根据西佐娃和巴卡耶夫未发表的研究结果编制。

西佐娃和巴卡耶夫对俄罗斯企业中使用的数字设备和技术进行了分类。

1. 小工具和附件:个人电脑、办公设备、头戴式耳机、相机、基于 iOS/Android 的移动设备、笔记本电脑、打印机、扫描仪、平板电脑、导航仪。

2. 办公软件:MS Excel、MS Word、PowerPoint、Outlook、Skype、MS Visio、MS Project、Spotlight。

3. 社交网络和即时通信软件:Instagram、Facebook、VK、

WhatsApp、Viber。

4. 数据和信息源：参考法律系统、Compass 电子数据库、Consultant+、Garant。

5. 技术：语音信息传输、电子邮件群发。

6. 多媒体设计程序：Adobe After Effects、Adobe Illustrator、Adobe Flash、Adobe Lightroom、InDesign、Photoshop、CorelDraw、SVG、3D MAX、V-Ray、Corona、Sony Vegas、Sketch、Zeplin、InVision、Figma、MESA。

7. 游戏：动作类游戏、卡牌类游戏、策略类游戏、角色扮演类游戏。

8. 电子商务：非接触式技术、转账、电子商务、X-Pay 钱包、社交媒体营销。

9. 企业管理软件：1C、MS Dynamics、AutoGRAPH、ATI、CRM、ERP、Mercury、EGAIS、SAP、Hyperion System、Project Expert、SBIS、Diadoc、Bitrix、URM AS "BUDGET"、Lotus Notes、Lotus Domino、ASD "Soyuztekhnokom"、PerCo、Manufacturing Execution System (MES)、BP、UT、ZUP。

10. 工艺软件和自动化设计系统："Compass-Electric" CAD、Compass、SolidWorks、AutoCAD、ArchiCAD、NanoCAD、PRO100、Surpac、IIKO、IRBIS、RadExPro、ERA 软件包、Bars、Micromine (Gemcom、Datamine)、SCAD、APCS、MapInfo。

11. IT 和网络管理：Windows、Linux、CentOS、VMware、Helpdesk、ServiceDesk、SLA、ITIL/ITSM、WinDBG、

Sysinternals、WPP、Xperf、API Monitor、IDA Pro、局域网工作原理、远程管理、局域网构建、组策略、访问权限、软件安装／更新服务、1C 的安装和配置（安装、数据库迁移、管理）。

12. 云服务：Yandex.Metrica、Google Analytics、Yandex.Direct、Yandex.Market、Google AdWords、Bitrix。

13. Web 技术：HTML、Websockets、CSS3、FlexBox、SEO、Joomla、Bootstrap、SASS/LESS、PHP、JavaScript、js.jQuery、Webpack、Redux、Angular、ES6+、TypeScript、响应式网页设计、Nginx、Terraform、Stackdriver、BEM 语法、CMS、自适应布局、语义布局、Web 和移动用户界面、大型网站运营、高竞争度关键词、高频查询、大型语义核心、在 Yandex 和 Google 中排名和推广、搜索引擎过滤。

14. 应用和系统编程：API、C++、C、STL、Boost、OOP、微服务架构、重构、函数式编程、SQL、NoSQL、MySQL、Google Cloud SQL、PostgreSQL、MS Access、MongoDB、Docker、Kubernetes、Rancher、MVC、HYDRA、Win32/NT API、x64、IPC、iOS、Android、MVP、DDD、GraphQL、MobX、REST、XML、JSON、Spring Boot、Hibernate、Java、Kotlin、JPA、GIT、Gitflow、ELK、AMQP、Ruby、Redis、Jenkins、WildFly、JBoss、Golang、CI/CD、Prometheus、Grafana、模块测试、网络信息技术、语音信息传输技术、信令协议。

15. 嵌入式系统编程：SIMATIC 控制器、SCADA、WinCC 和 PCS7 系统、TIA Portal 环境、SIMOREG/MICROMASTER/SIMOVERT MASTERDRIVES/SINAMICS 驱动技术。

16. 计算机安全：ASZI、安全模型、服务、注入、函数拦截和隐藏的功能。

上述分类全面展示了俄罗斯企业中数字化劳动工具的三大类别：基础型、专业型和复杂型。由此可见，主流数字设备和技术已在俄罗斯经济中得到广泛应用。然而，与高度发达国家相比，俄罗斯在某些领域的工作流程数字化以及相关人才培养方面仍存在一定差距。但在新兴行业，无论劳动任务的复杂程度如何，数字化劳动工具已经成为不可或缺的组成部分。劳动过程中使用的数字化劳动工具更新迭代频繁，这就要求员工与时俱进、不断学习。俄罗斯企业采用了种类繁多、版本各异的软件，定制开发也十分普遍。此外，完成不同技能水平的劳动任务所需的设备和技术，在复杂程度上也存在显著差异。这些现象都印证了一点：数字化劳动工具在俄罗斯职场的应用已经非常广泛，但不同行业和企业的数字化水平参差不齐。

通过分析俄罗斯劳动力市场的空缺职位，我们可以得出几点结论。首先，俄罗斯经济正经历着劳动过程的技术变革，由此呈现现代市场经济的主要特征，其中最突出的表现就是现代劳动正在向多任务并行的方向发展。这就要求当代劳动者掌握全面的技能，具备广博的知识，并能够持续学习、与时俱进。其次，人们逐渐摒弃了将工作视为单一职业的观念，转而强调工作所需的实时技能组合。这催生了一种善于适应变化的新型员工。多任务工作、混合工种、灵活用工等新趋势的出现，往往伴随着员工在不同技能层级间频繁跳跃的现象。最后，在当前形势下，工作越来越离不开数字化劳动工具的运用。这一趋势在中高端技能岗位和新兴行业中尤为明显。虽然数字化劳动工具已在俄罗斯经济中得到普及，但不同行业、不同企业的数字化水平仍存在差异。

劳动者的数字化能力[1]

当前，创新的核心驱动力是数字化转型，因此，配备与之相匹配的人才队伍，确保人才供给，显得尤为紧迫。目前关于人才短缺的讨论，主要集中在新型高端人才上。这些人才需要能够开发、部署和维护复杂的数字系统。然而，从长远来看，更为严峻的问题在于，大多数普通劳动者的知识和技能正面临快速过时的风险。这一问题在一定程度上可以通过吸纳年轻劳动力来缓解。这些年轻人通常能够更快地适应和掌握数字技术，他们构成了现在被称为"Y世代"的劳动群体。

在数字化时代，员工必须具备相应的数字能力，这为传统的技能评估体系敲响了警钟。按照普遍的看法，当今的劳

---

[1] 本节内容基于圣彼得堡国立大学科学园区"社会学与网络研究中心"的研究成果撰写。

动者可以分为三类：数字局外人（Digital Outsiders）、数字移民（Digital Immigrants）和数字原住民（Digital Natives）。数字局外人要么完全不使用互联网，要么对网络的必要性和自身的应用能力缺乏信心。数字移民则有选择性地学习数字知识，仅限于工作或社交所需，他们对数字化持怀疑态度，担心隐私和安全问题。最年轻的一代数字原住民正步入职场，对他们而言，数字知识和技能已经融入生活的方方面面。[1]在他们眼中，数字空间的拓展意味着更多的机遇和可能。[2]

激发员工自主学习、终身学习的积极性，是推动数字化发展的关键。如今，雇主在招聘时更青睐那些积累了专业知识和实践经验的现成人才。员工必须自觉把握市场需求，主动规划和更新自己的技能库。因此，以能力为导向的教育理念备受推崇。很多企业也开始根据员工的实际表现来划分人才梯队。雇主往往希望塑造一种"理想员工"的形象，员工需要根据企业的不同需要，展现并提升与之匹配的品质。总之，对职场关键能力的预测在不断更新，近年来，人们尤其看重运用数字设备和技术的能力，统称为"数字职业资本"。[3]

---

1 Johns H. Digitalisierung der Arbeit und die Generation Y // Personal und Diversitat. Schriftenreihe zur interdisziplinaren Arbeitswissenschaft / A. Haunschild, G. Vedder (Hg.). Munchen u. Mering 2016. Bd. 5. S. 81–91.

2 Kaczorowski W. Die smarte Stadt—Den digitalen Wandel intelligent gestalten. Handlungsfelder Herausforderungen Strategien. Stuttgart, 2014. S. 28–30.

3 B. L.Berkelaar, P. M.Buzzanell, "Online Employment Screening and Digital Career Capital: Exploring Employers' Use of Online Information for Personnel Selection," *Management Communication Quarterly*, Vol. 29, No. 1, 2015, pp.84–113.

综上所述，要在职场立于不败之地，员工需要具备四种核心能力：专业能力、沟通能力、信息能力和数字能力。[1] 其中，数字能力越来越受到学者的关注。[2] 有学者指出，在数字经济的激烈竞争中，知识、技能和从业经历是决定职业发展的关键。[3]

员工在日常工作中使用数字技术已经是非常普遍的现象。但少数研究表明，在俄罗斯，员工的数字技能培养要么通过日常生活中的随机习得，要么通过专业教育的系统训练。与此同时，俄罗斯在核心能力，尤其是数字能力的提升速度上，明显落后于经合组织国家。此外，俄罗斯尚未建立成年人能力的监测机制。[4]

笔者分析了第 24 次"俄罗斯国民经济状况与健康监测"[5]

---

1 Сизова И. Л., Хусяинов Т. М. Труд и занятость в цифровой экономике: проблемы российского рынка труда // Вестник СПбГУ. Социология. 2017б. Т. 10, вып. 4. С. 376–396. https://doi.org/10.21638/11701/spbu12.2017.401

2 Кобяков А. Вызовы XXI века: как меняет мир четвертая промышленная революция. РБК. 12.02.2016. URL: http://www.rbc.ru/opinions/economics/12/02/2016/56bd9a4a9a79474ca8d33733 (дата обращения: 29.09.2019).

3 Сухомлин В. А. Открытая система ИТ-образования как инструмент формирования цифровых навыков человека // Стратегические приоритеты. 2017. № 1 (11). С. 70–81.

4 Рылько Е. Д. Насколько компетентны сегодня взрослые россияне // Результаты Программы международной оценки компетенций взрослых (PIAAC) в РФ. М., 2015. 另请参见其他俄罗斯研究（Gimpelson et al., 2016），不过这些研究属于纯综述性质。

5 俄罗斯国民经济状况与健康监测（RLMS HSE），由国立研究型高等经济大学、Demoscope 有限责任公司联合开展，北卡罗来纳大学教堂山分校人口中心和俄罗斯科学院联邦社会学研究中心社会学研究所参与（《俄罗斯国民经济状况与健康监测》，http://www.hse.ru/rlms，最后访问日期：2019 年 9 月 29 日）。

的数据，发现大多数俄罗斯成年人并不热衷于提升自身能力，因为这与收入水平关联不大。[1] 其他研究也得出了类似的结论。[2]

以下是笔者对圣彼得堡就业人员的电话调查结果。[3] 调查旨在了解受访者在工作中使用数字设备和技术的情况。本次调查采用分层抽样（按性别、年龄、居住地划分，N=1000），于 2019 年 2 月展开。受访者回答了是否愿意提升数字能力、原因何在以及如何提升的问题。换言之，调查涉及提升数字能力的途径、形式和领域。另外还设置了一组关于职位现代化的问题。在 1000 名受访者中，68% 的受访者正在工作。他们的性别和年龄分布与全市劳动年龄人口总体结构相符：51% 的受访者为男性，49% 的受访者为女性；28% 的受访者的年龄在 18 岁至 29 岁，23% 的受访者的年龄在 30 岁至 39 岁，20% 的受访者的年龄在 40 岁至 49 岁，18% 的受访者的年龄在 50 岁至 59 岁，11% 的受访者的年龄在 60 岁及以上。在就业人员中，54% 的受访者拥有高等教育背景，25% 的受访者拥有中等职业教育背景，13% 的受访者拥有中等教育或初等职业教育背景，8% 的受访者拥有初等教育、未完成的中等教育或未完成的高等教育背景。

在受访者中，大多数人就职于以下经济领域：服务业

---

1 Сизова И. Л., Хусяинов Т. М. Труд и занятость в цифровой экономике: проблемы российского рынка труда // Вестник СПбГУ. Социология. 2017б. Т. 10, вып. 4. С. 376–396. https://doi.org/10.21638/11701/spbu12.2017.401

2 Гимпельсон В. Е. Возраст, производительность, заработная плата. М., 2018.

3 本调查由 I.L.Sizova 和 R.V.Karapetyan 在圣彼得堡国立大学科学园区"社会学与网络研究中心"开展。

（17%）、制造业（15%）、公共服务、住房和公用事业以及社会保障（各占11%）、教育和贸易（各占10%）、建筑业（7%）、医疗保健（6.5%）、信息技术（5.5%）、金融、银行服务和保险（4%）、文化和交通运输（各占4%）、科学（3%）、法律服务（2%）、其他领域（1%）。从事农业和媒体工作的受访者不足1%。[1]

超过半数的受访者（51%）从事的工作与所学专业不相关。人们通常将此归因于低收入、缺乏职业发展机会以及对职业的失望。然而，最主要的原因是无法找到与本专业相关的工作。在那些从事非本专业工作的受访者中，有28%的受访者给出了这一回答。由此可见，接受教育与找工作并非相辅相成，两者之间没有直接联系。近1/3的受访者无法找到与本专业相关的工作，这一事实反映的并非教育质量低下，而是当前劳动力市场对这些专业人员缺乏需求。

正如预期的那样，圣彼得堡受访者的职业地位并未清楚地展现劳动活动的总体情况。在受访者中，20%的受访者认为自己是熟练工人，超过12%的受访者是生产领域的、有高等教育背景的专业人员，超过31%的受访者是非生产领域的、有高等教育背景的专业人员，超过20%的受访者是没有高等教育背景的办公室职员（如秘书、行政人员）。一部分受访者（26%）受雇于员工人数超过500人的企业，20%的受访者受

---

[1] 原书数据如此。

雇于员工人数不足10人的企业，11%的受访者受雇于员工人数在50人至100人的企业，另有11%的受访者受雇于员工人数在201人至500人的企业。其余受访者受雇于员工人数在101人至200人的企业（10%），以及员工人数在11人至30人（10%）和31人至50人（8%）的企业。[1]

对受访者回答的分析结果如下。在基础层面，大多数受访者在工作中使用数字化劳动工具。71%的受访者经常或偶尔使用台式电脑或笔记本电脑，每三个受访者中就有一个受访者很少或从未使用过。57%的受访者在工作中经常或偶尔使用复印设备，43%的受访者很少或从未使用过。只有少数受访者在工作中使用传真机和多媒体投影仪。更复杂的设备，如机器人（无人机、机械手等），对圣彼得堡的受访者来说几乎是闻所未闻（88%的人根本不使用）。可编程机床的情况也类似（90%的人不使用）。

60%的受访者在工作中经常或偶尔使用通用软件（办公套件）和搜索引擎。云存储、社交网络、即时通信工具的需求似乎没那么高（使用者不超过34%）。绝大多数受访者使用电子邮件（90%）。受访者对专业软件（48%）、企业管理软件（33%）、信息分析软件（31%）的了解稍差，只有18%的受访者掌握编程技能。由此可见，虽然人们掌握使用数字设备和软件的基本知识和技能，但对大多数人来说，使用专业化的数

---

[1] 原书数据如此。

字化劳动工具（中级复杂程度）仍是一个问题。

在此背景下，只有40%的受访者表示希望提升自己的数字能力。其中，25%的受访者将这一愿望与履行工作职责的需要联系在一起，另有21%的受访者认为这关乎职业发展机会，13%的受访者将提升数字能力视为转换工作领域的条件。与此同时，77%的受访者希望为了个人发展而获得数字能力。

在过去三年中，34%的受访者采取了具体行动来提升数字能力。其中，17%的受访者通过在线课程学习或正在学习办公软件，另有15%的受访者要么接受了专业再培训，要么在常规进修课程中学习数字技术。

受访者具体想学习什么？调查数据显示：40%的受访者认为没有必要增加办公软件知识，34%的受访者希望参加或已经参加过互联网数据保护和安全课程。许多受访者有兴趣掌握互联网营销、SEO和SMM（21%）。在已接受培训的受访者中，8%的受访者通过在线课程完成了学习，9%的受访者参加了专业再培训或常规进修课程。41%的受访者希望学习或已经学习了编程。受访者对学习互联网数据使用的法律基础兴趣浓厚。46%的受访者希望学习或已经掌握这方面的知识。22%的受访者对计算机设计感兴趣，13%的受访者通过在线课程学习了这一内容，另有12%的受访者通过专业再培训或常规进修课程学习了计算机设计。

受访者要么在所在公司提升技能（32%），要么在第三方商业机构进行培训（32%），较少在国立教育机构接受培训

（22%）。只有少数受访者独立学习（3%）。在部分情况下，雇主支付能力提升费用（43%），而38%的员工自费接受培训。

员工很难判断自己的工作场所是否已经做好了引入新技术的准备，只有32%的受访者对此有明确看法。此外，63%的受访者对自己能否独立掌握现代技术持怀疑态度，有34%的受访者认为这完全可能。

受访者在以下问题上的看法也存在分歧：要在工作中取得成功，是否有必要不断更新信息技术领域的知识。29%的受访者同意这一说法。由此可见，公众尚未清晰地认识到是否有必要培养自己的数字职业资本。受访者没有意识到除编程和某些特殊兴趣外，还可以并且应该培养哪些能力和知识。如果受访者力求提高自己的能力，那么他们的主要动机与日常兴趣相关，而非与提高工作效率和质量相关。

以下研究结果揭示了数字化劳动工具的普及与代际差异这一概念之间的紧密联系。在圣彼得堡，年轻员工在运用数字设备和技术方面展现出明显的优势。40岁以下的年轻员工在使用个人电脑、复印机和多媒体设备方面处于领先地位。在机器人技术、可编程机床等新兴数字设备的应用上，代际鸿沟尤为明显。年轻员工也是办公软件、云技术、社交网络、搜索引擎和即时通信工具的主要用户。总而言之，统计数据显示，不同年龄段的员工在掌握纳入研究范畴的数字化劳动工具方面存在显著差异。

与其他群体相比，年轻员工更愿意提升自己的计算机素养，并将其视为职业发展的助推器。他们对互联网营销和编程语言学习的兴趣最为浓厚。从组织层面来看，雇主更倾向于为年轻员工买单，而非为年长员工支付培训费用。同时，年轻员工对这一需求有更强烈的认知，他们会主动采取措施提升数字能力，自费承担相关开支。

俄罗斯经济对高技能劳动力的渴求与日俱增，劳动过程的技术化扮演着至关重要的角色。这一点在上述电话调查结果中得到了有力印证。调查发现，员工的受教育程度与其职业领域之间存在直接联系。在企业家群体中，受过高等教育的比例更高。当今的"智慧"型企业需要员工具备特定的知识。在自由职业者或自雇人士队伍里，各种教育背景的人都有。传统上，国有企业和生产行业雇的都是受过高等教育的员工。而辅助性质的办公室工作，只需要受过中等职业教育的员工。研究表明，受教育程度影响员工在工作场所使用数字化劳动工具的频率。受过高等教育的员工使用个人电脑和其他设备的频率要高得多。软件使用情况也如出一辙：高技能人才使用办公软件、云存储、社交网络、搜索引擎和即时通信工具的频率远胜于其他群体。分析还显示，受教育程度更高的员工更能掌握专门为工作目的而开发的软件。编程语言的掌握更是与接受高等教育直接挂钩。

受教育程度越高，员工提升数字能力的意愿就越强烈。对于高学历受访者而言，提升数字能力的最主要动因是更好地履行工作职责和实现职业发展。

除年龄和教育外，企业规模也是影响员工培养数字能力和获取数字知识的重要因素。有观点认为，拥有雄厚资源的大企业是创新的主要引擎。圣彼得堡的电话调查结果在一定程度上印证了这一点。虽然大企业员工更常使用传统数字化劳动工具（如复印机、传真机等），但其他小企业更倾向于采用现代移动数字化劳动工具，如云存储、社交网络、搜索引擎等。小企业员工渴望提升网络营销技能，而大企业员工常被派去参加计算机素养提升项目。在很多情况下，规模较大的企业会自行组织并资助这些培训项目。然而，提高数字能力的动力在小企业员工中表现得更为强烈。

通过对技术变革背景下劳动活动的剖析，我们可以得出以下结论。首先，互联网的发展推动了新的劳动领域、类型和工具的普及。虚拟劳动力市场应运而生，在线业务流程和客户、中介、承包商等经济角色也应运而生。其次，互联网工作本身不再被视为员工以特定结果为导向的、持续一段时间的职业活动。再次，工作过程被分解为相互之间往往联系不大的单个任务，任何有能力和动机的人都可以承担这些任务。常规就业和劳动力市场也呈现类似的态势。最后，雇主期望员工不仅要掌握特定的专业知识和技能，更要有能力完成不同复杂程度的一系列劳动任务。

因此，在俄罗斯劳动领域技术化的大背景下，任务细分化、混合化、多元化成为企业运作的新方式和劳动分工的新原则。这打破了对职业和专业活动传统理解的藩篱，形成了由多种要素构成的劳动活动图景。这些要素不仅包括所获得的专业知识，还包括技能和能力，例如持续学习的能力、管理劳动力和组织工作空间的能力、沟通技巧、数字能力，以及在各种（至少是相关）领域之间灵活转换的能力。劳动技术整体范式的转变呼唤新型员工的诞生。对他们的特征的界定是未来的任务。就目前而言，当代员工尚未展现出所需的素质（以掌握数字技术为例）。阻碍新型劳动概况形成的原因包括保守的劳动文化、明确规范性指引的匮乏、企业物质资源和激励措施的缺乏。

2.2 面向数字经济的劳资关系转型

随着数字经济时代组织管理和经济过程日趋复杂,构建一个关于劳资关系转型的整体认知框架势在必行,以提升组织的运营效率和竞争力。这种关系的变革呈现多样化的特点:员工与雇主之间的关系日益个性化;除经济层面外,这种关系的内容更加多元化,涵盖了社会交往和信息交流;基于隐性劳动合同,参与者之间非正式互动的原则日益盛行;劳动活动的规范化和标准化程度有所降低;参与者的行为选择范围更广;管理控制的形式和性质发生变化;员工就业和薪酬的灵活性不断提高;随着技术变革和经济创新的不断发展,对员工专业知识和技能水平的要求日益提升;员工与雇主之间的关系从单一的劳动交易转向多维度的互动;出现了摒弃传统工会化关系模式的趋势;等等。

在当前形势下,员工与雇主目标及利益的协调和转变,以及在单个经济组织内部实现这些目标及利益的协调和转变的方式与路径,正日益成为人们关注的焦点。

传统上,员工与雇主在经济组织中的关系被视为在劳动过程前和过程中形成的,双方有直接利益关系,并具有正当的法律、经济和社会基础。劳动过程与生产过程密切相关,具有双重性:技术和工艺变革有助于提高劳动生产率,确保经济增长和创造就业机会。然而，在许多行业和专业领域，新技术正在取代人力劳动，导致员工下岗。物联网将各种设备、物体和传感器连接到一个共同的网络中，形成了一种强大的机制，能够在无人参与的情况下实时监测各种操作、报告执行进度、控制操作和采取必要措施，同时生成海量数据。在对这些数据进行分析、利用云技术进行存储和计算的基础上，物联网为寻求新的决策方法、新的商业模式、智能和自动化系统提供了动力。

由此产生的结果是，员工与雇主在经济组织中的社会劳动关系的整体范围不断扩大：组织管理、合同、生产、经济和社会关系已经成为其中不可或缺的组成部分。

现代公司的商业模式直接取决于所采用的信息技术管理方法、数据库、员工资质和激励水平，因此，现代公司正在从严格的行业分工向集成的、面向服务的业务转变。员工与雇主关系的变化首先与数字经济时代技术、信息、知识的加速进步和劳动复杂性的提高有关。

为了揭示这种转型的本质，笔者在本研究中提出了两个问题。

1. 在经济数字化的条件下，员工与雇主之间关系的转型可能呈现哪些新变化？

2. 在向新技术体系过渡的情况下，哪些因素限制了员工与雇主关系的转型？

鉴于这一主题的研究尚不充分且涉及多个方面，为了回答这些问题，笔者在专门设计的研究框架内进行了探索性研究。研究如此复杂的跨学科对象，涉及对员工与雇主关系的主观和客观认知评估，笔者采用了最受欢迎的公司具体案例分析作为定性研究方法之一。研究包括与35家不同经济领域公司（每家公司至少两人，调查期为2017—2019年）的员工和雇主进行一系列半结构化的面对面访谈或在线访谈。讨论涉及与公司数字化可能性以及管理高绩效实践的相关问题。

公司总部所在地和业务的地理范围是选择受访者的主要标准。样本包括那些在乌拉尔国立经济大学举办活动（科学会议、研讨会、小组讨论和圆桌会议）期间被邀请参加研究的公司。本研究中使用的访谈包括两组问题，每组问题都侧重于使用之前经过验证的量表，评估员工与雇主关系的某些特定方面。第一组问题是评估雇主对正在发生的技术和组织变革的态度，第二组问题是确定员工适应不断变化的环境的可能性及能够获得的收益。受访者被要求比较公司近年来的业绩。

在技术进步的背景下，劳动领域发生了质的转变，这反映在人类劳动活动的主体、内容、性质、构成和规模的变化上。飞速发展的经济数字化导致经济资源价值发生变化，出现了管理这些资源的新工具，提高了组织参与者互动的多样性。在新出现的资源中，知识和信息作为组织参与者之间交换的对象占据了特殊地位。值得注意的是，虽然这些类别看似相近，但存在着本质差异：信息的可获得性并不意味着知识的扩散，因为知识更多地来源于对信息的使用，而信息本身不过是某些数据的集合。知识的传播和交流取决于现代世界技术的复杂性和多样性，以及它们应用的社会和其他背景。

知识的进步和信息传递方式正在改变员工与雇主之间的标准合同关系模式。雇主从员工（信息和知识的所有者）那里一次性获得信息和知识后，有机会根据自己的利益进一步传播这些信息和知识，这从一开始就让员工处于不利地位。只有保护知识产权（许可证、专利等形式），才能解决这一问题。此外，即使是在有偿基础上自愿有意地将信息和知识传递给另一个人，它们仍然是其所有者的财产。杰斐逊将拥有信息和知识比作燃烧蜡烛：点燃其他蜡烛并不会削弱蜡烛的光芒。还有一个重要的情况是：信息和知识的价值，往往只有在获取之后才能显现出来。

雇主和员工之间的界限正在不知不觉中模糊，正式的行政控制正在失去意义。拥有特定信息和知识的员工获得了一种独特的自雇身份——组织的自主代理人角色，自主决定其工作的顺序、节奏。在劳动合同中规定工作时间正变得越来越没有意义，并在很大程度上不再具备最初的功能性，因为信息收集、思考、研究和认知活动的时间并不局限于"在岗"时间，而且部分工作是在公司以外完成的，并没有行政监督。

在不同技术体系交替的背景下研究员工与雇主的关系，

可以看出劳动活动从人类和社会生活中逐渐消失的长期趋势。[1]

第一，这涉及外部环境的动荡和不确定性、商品和服务的多样化、经济主导行业生产过程和产品的高技术性。伴随劳动生产率的提高，人类的生活变得更加复杂。生产、经济、社会、劳动活动复杂性的提高和知识的进步主要与科技进步有关。根据霍奇森的观点，这反映了人与人之间以及人类与所使用技术之间互动关系的多样性日益提高。[2]劳动节约技术的普及应用、技术装备的日益多元化，加之人们运用知识、技能、经验的能力的不断提升，使员工个人和雇主单位面临更大的灵活性和适应性需求。很明显，现代经济系统卷入全球竞争进程，市场扩张和利润增长与提高产品质量、实现技术优势和组织学习相关，这赋予了这些系统"知识密集型"而非"机器密集型"的特点。

第二，计算能力的增长为各种信息技术应用参与就业竞争开辟了前景。奇点理论的支持者认为，在未来几十年内，机器智能将超越人类智能。[3]根据奇点论者和超人类主义者的观点，为了继续发展，人类实际上将不得不以互补的方式与

---

1 Калабина Е. Г. Эволюция системы отношений «работник — работодатель» в экономической организации. Екатеринбург, 2011.
2 Ходжсон Дж. Эволюционная или институциональная экономика как новый мейнстрим? // Экономический вестник Ростовского государственного университета. 2008. Т. 6, № 2. С. 23–29.
3 D.Galeon, Separating Science Fact from Science Hype: How Far off Is the Singularity? https://futurism.com/separating-science-fact-science-hype-how-far-off-singularity，最后访问日期：2019年9月29日。

机器整合。[1]

《第二次机器革命》一书的作者布莱恩约弗森和麦卡菲描述了这样一个未来：在这个未来中，人类继续在经济和生产中发挥重要作用，因为新创造的就业岗位数量超过了因自动化而被淘汰的就业岗位数量。[2] 牛津大学马丁学院（Oxford Martin School）的代表对人工智能和自动化发展对劳动力市场的影响表示担忧。他们认为，在一个不确定的前景中（可能是十年或二十年），美国47%的就业岗位将面临消失的威胁。[3] 关于人工智能和自动化的进一步发展是否会导致就业岗位减少或增加的争论仍在继续。例如，技术发展的支持者相信，"人工智能将创造数百万个我们目前无法想象的就业机会",[4] 至少在短期内，新就业岗位将增多。[5] 然而，也有人合理地担

1　T.Greene, Google's AI Guru Predicts Humans and Machines will Merge within 20 Years, https://thenextweb.com/artificial-intelligence/2017/11/10/googles-ai-guru-predicts-humans-and-machines-will-merge-within-20-years/，最后访问日期：2019年9月29日；N. Vita-More, *Transhumanism: What is It?* New Providence, 2018。

2　E.Brynjolfsson, A.McAfee, *The Second Machine Age: Work, Progress, and Prosperity in a Time of Brilliant Technologies*, W. W. Norton & Company, 2014.

3　C. B.Frey, M. A.Osborne, "The Future of Employment: How Susceptible are Jobs to Computerisation?" *Technological Forecasting and Social Change*, Vol.114, 2017, http://www.oxfordmartin.ox.ac.uk/downloads/academic/The_Future_of_Employment.pdf.

4　B.Reese, AI will Create Millions More Jobs than It Will Destroy. Here's How, 2019, https:// singularityhub.com/2019/01/01/ai-will-create-millions-more-jobs-than-it-will-destroy，最后访问日期：2019年9月29日。

5　E. K.Thorpe, Gartner: By 2020, AI Will Create More Jobs than It Eliminates, 2018, https://www.itpro.co.uk/automation/30463/gartner-by-2020-ai-will-create-more-jobs-than-it-eliminates，最后访问日期：2019年9月29日；T. Leopold, V. Stefanova, R. Zahidi, The Future of Jobs Report 2018, Centre for the New Economy and Society, 2018.

心，一些工人将无法找到工作。[1]

可以假设，人工智能和自动化的发展将提高劳动生产率和收入，但它们对就业的影响是一个更复杂的问题。博斯特罗姆预测，超级人工智能将出现，"其智力能力将在几乎所有感兴趣的领域大大超过人类的认知能力"。[2] 这些技术的所有者（"超级明星"）的潜在收益可能导致经济不平等进一步加剧。[3] 布莱恩约弗森和麦卡菲认为，"超级明星"将以牺牲其他所有人的利益为代价而快速发展。[4] 20%最有资质的工人，即精英阶层的处境总的来说也将是有利的，虽然与"超级明星"的发展不可同日而语。其他人都会面临问题。例如，一方面，无人驾驶交通工具将通过提高道路安全性和减轻交通拥堵为制造商带来利润，但另一方面，它们将剥夺部分司机的工作。[5] 人工智能

---

[1] E.Brynjolfsson, A.McAfee, *The Second Machine Age: Work, Progress, and Prosperity in a Time of Brilliant Technologies*, W. W. Norton & Company, 2014.

[2] N.Bostrom, *Superintelligence: Paths, Dangers, Strategies*, Oxford University Press, 2014.

[3] E.Sherman, AI is the New Face of Systemic (and automated) Inequality,2018,https://www.forbes.com/sites/eriksherman/2018/10/ll/ai-is-the-new-face-of-systemic-and-automated-inequality/#2ff86el91838, 最后访问日期：2019 年 9 月 29 日；J.Snow, Algorithms are Making American Inequality Worse, 2018, https://www.technologyreview.com/s/610026/algorithms-are-making-american-inequality-worse/, 最后访问日期：2019 年 9 月 29 日。

[4] E.Brynjolfsson, A.McAfee, *The Second Machine Age: Work, Progress, and Prosperity in a Time of Brilliant Technologies*, W. W. Norton & Company, 2014.

[5] S.Gibbs, Uber Plans to Buy 24,000 Autonomous Volvo SUVs in Race for Diverless Future, The Guardian, 2017, https://www.theguardian.com/technology/2017/nov/20/uber-volvo-suv-self-driving-future-business-ride-hailing-lyft-waym, 最后访问日期：2019 年 9 月 29 日；E.Groshen et al., Preparing U.S. Workers and Employers for an Autonomous Vehicle Future (Report prepared for SAFE — Securing Americas Energy Future), 2018, https://avworkforce. secureenergy.org/wp-content/uploads/2018/06/Groshen-et-al-Report-June-2018-l.pdf, 最后访问日期：2019 年 9 月 29 日。

和自动化的发展可能导致就业岗位明显减少、经济不平等加剧,从而破坏当代组织原则。

第三,根据"世界价值观调查"(World Values Survey, WVS)的数据,个人价值观体系在很长一段时间内持续变化。伊格哈特指出,"人们的价值观和行为取决于他们的生存有多大保障"。[1] 在他看来,二战后创造的繁荣经济和人身安全保障导致了从物质主义到后物质主义价值观的转变。[2] 据估计,目前有25%—30%的发达国家居民信奉后物质主义价值观。发展中国家也在朝着同样的方向发展,但可能落后一代人。[3] 随着后物质主义和整体主义价值观信奉者日益成为主流群体,由边缘过渡到中心地位,他们的优先事项正在形成新的原则,改变了人们对工作的态度和看法。[4] 从长远来看,价值观从传统演变为现代,从现代演变为后物质主义和整体主义。传统价值观在人类历史的大部分时间里占主导地位,但目前在经济发达国家,信奉这些价值观的人口比例正在下降(占比为25%—30%);在经济发达国家,信奉现代价值观的人口比例目前已达到顶峰(占比为35%—40%),而在发展中国家,这一比例正在快速攀升。与此同时,在发达国家里信奉后物质

---

1 R. Inglehart, *Cultural Evolution*, Cambridge University Press, 2018.
2 R. Inglehart, *Cultural Evolution*, Cambridge University Press, 2018.
3 A. Hines, *Consumer Shift: How Changing Values are Reshaping the Consumer Landscape*, No Limit Publishing Group, 2011.
4 A. Hines, *Consumer Shift: How Changing Values are Reshaping the Consumer Landscape*, No Limit Publishing Group, 2011.

主义价值观的人口比例也在逐步上升（占比为25%—30%）。相较之下，整体主义价值观的兴起则相对较晚（根据最新数据，持有这一价值观的人口比例仅约2%）。价值观类型决定了人们的偏好和优先事项，但坚持某一类型并不意味着必然排斥其他类型。例如，"自我表达价值"对"后物质主义者"来说至关重要，但对"现代主义者"或"传统主义者"而言也不是完全陌生的概念。就我们的研究而言，向后物质主义和整体主义价值观的转变似乎是根本性的，因为这些是最新兴的价值观类型。作为关键特征，新兴价值观中的"充足性"体现了人们消费态度的转变——不再将消费视为目的本身，而是作为解决问题的手段。虽然"后物质主义者"和"整体主义者"总体上是比较富裕的群体，但他们并不把物质财富放在首位，而是更愿意拥有充足的闲暇来享受生活、与人交往。地位、认可、财富和财产对他们的吸引力逐渐降低，他们不愿为了获得更多新商品和新服务而过度工作。当代劳动领域的主导原则和动力（"多工作，多买好东西"）对那些信奉后物质主义和整体主义价值观的人来说并没有太大诱惑力。[1] 除消费优先事项的转变，"后现代主义者"和"整体主义者"更加重视"联结性"（connection）。他们常常感叹，自己无法掌控被工作支配的生活。他们中很多人都在尽力，重新将重心

---

[1] A. Hines, *Consumer Shift: How Changing Values are Reshaping the Consumer Landscape,* No Limit Publishing Group, 2011.

放在那些最为重要的事物上。日复一日的生活和"跟上他人"的需要已经到了这样一个地步：人们开始感到与自己的真实需求脱节。他们试图摆脱无休止的竞争：花更多时间与家人朋友相处、更积极地参与当地社区生活、结识邻里和商业伙伴。换言之，人们在日常生活中寻求意义和目标，并希望与他人分享。[1]价值观的这些变迁表明，生活重心正在发生改变，人们开始反思工作的核心作用，追求更加平衡的生活，拒绝付出过多。

第四，不同活动之间的界限正在变得模糊。人们生活方式的变化日益明显。当下，生活质量、学习、工作、娱乐、社交和参与这六大生活领域正在日渐融合，彼此间的界限变得模糊不清。随着游戏化管理实践的兴起，人们越来越难分辨员工到底是在玩乐、劳作，还是在学习。有观点认为，在工作场所过度融合个人生活与工作实践，已经导致了生产力的下降。据估算，由于这种趋势，2015年美国经济每天损失达5000万工时，折合74亿美元。[2]未来，越来越难以准确判断一个人当前所从事活动的性质，是工作还是私事，这将给传统的工时核算带来巨大挑战。例如，会产生这样的问题：一个人花在在线游戏上的时间是否应该被定性为工作时间，

---

[1] A. Hines, *Consumer Shift: How Changing Values are Reshaping the Consumer Landscape,* No Limit Publishing Group, 2011.

[2] G. Gavett, "Workers are Bad at Filling out Timesheets, and It Costs Billions a Day," *Harvard Business Review*, 2015, https://hbr.org/2015/01/workers-arebad-at-filling-out-timesheets-and-it-costs-billions-a-day，最后访问日期：2019年9月29日。

如果它是创新生产项目创意的来源。人们的活动类型越来越难以区分，每天上班和朝九晚五的时代对许多人来说已经成为过去。重要的是，作为一种单独的可测量的人类劳动活动，工作的作用正在下降，它与日常生活的其他方面交织得越来越紧密。

第五，在经济活动人口中，参与劳动活动的人数正在减少。人类生命周期结构中各部分的比例以及参与社会生产过程的各阶段人口分布正在发生变化。正如达伦多夫所说："在一个典型的社会里……今天有20%的人口低于劳动力市场向他们开放的年龄，还有20%的人已经退休，10%的人在教育机构里度过时光。在剩下的50%的人中，有些人根本不追求任何就业，而另一些人由于这样或那样的原因无法就业，如果再减去10%的失业人员，只剩下25%的人口。"这意味着，在世界发达国家中，只有25%的人口从事积极的劳动活动。[1]

第六，人的一生中直接工作时间的比例正在下降。这与总体寿命的增加（在19、20两个世纪里，平均寿命翻了一番，接近75岁）以及工作时间在生命中所占比重的变化有关。贝克特尔认为，"人类生命中不属于雇佣劳动领域的那部分时间在不断增加。一百年前，雇佣劳动占人类生命的35%，今天这一比例为12%—13%，而且还在继续下降"。[2] 根据官方统

---

[1] Калабина Е. Г. Эволюция системы отношений «работник — работодатель» в экономической организации. Екатеринбург, 2011.

[2] Бехтель М. Будущее труда. Размышления, взгляды перспективы. М., 2000. С. 45.

计数据（按每个工人每年实际工作小时数计算），在19世纪下半叶，一个人每年平均工作约3000小时，而现在在一些欧洲国家，人们的工作时间减少了一半。在德国，这一数字从1950年的2300小时下降到2000年的1397小时。

工时减少一方面源于劳动过程日趋集约化，雇主合法压缩工时；另一方面也基于员工劳动行为的改变，这种改变受生活选择和机遇日益多元化、人类认知能力提高以及生活角色组合变迁的影响。如果说工业化初期每周工时长达72小时，那么20世纪下半叶每周工作5天、40小时制已得到普及。近年来，虽然美国员工的实际工作时间有所增加，但这种现象的主因并不是来自员工自身的生活选择和价值观念的改变，而是源于国家层面的经济政策导向。具体而言，美国执行的自由主义经济政策更注重创造就业岗位，而非确保就业岗位的收入水平。就业岗位的工资待遇普遍较低，难以满足生活需求，导致人们不得不多打工赚取额外收入。

第七，员工作为积极就业者和劳动力市场参与者的职业生涯正在缩短。在第三次和第四次工业革命之前，员工的职业生涯是由他的总体工作能力决定的，实际上相当于他的生命长度。后来，经济活动开始形成一系列社会规范：一方面，随着中等和高等教育的普及，以及学习时间的延长，工人进入劳动力市场的时间被推迟至更高年龄；另一方面，养老金制度的建立则为劳动活动设定了年龄上限，目前大多数发达经济体为60—65岁。美国社会学家里夫金指出："在未来几年里，新的、更先进的技术将越来越使文明接近这样一种状态，即几乎没有工人。"[1] 因此，在新工业化条件下的现代经济增长成为"无就业增长"（jobless growth），而科技进步导致直接人力劳动量减少的趋势则以"劳动毁灭劳动"为特征。

第八，人类劳动活动正呈现日益多样化和专业化的特征，这体现为劳动分工模式从简单的操作层面分工转变为综合职能与专业技能的结合（劳动范围扩大、内容充实）。职业和专业的结合（劳动的多效性）最大限度地减少了员工的独立职能，其工作结合了机电系统的操作、维修和预防、过程监测和设备编程，虽然新的劳动职能是由现代技术决定的，但劳动活动的组织决定了工作的内容和员工的地位、资格、激励，最终决定了员工与雇主之间的互动模式。我们可以在"逻辑"前加一个定语，来更好地描述这种新的劳动领域逻辑的特征。

随着生产系统趋向灵活化，劳动者需频繁转换技能，以适应不同岗位的任务，因此催生了一支机动灵活、适应变化能力强的熟练劳动力队伍。在专业人员中，劳动的多样化还导致了"混合型"职业和"通才型"专业人员的增多——综合型知识工人、分析师、营销人员等。随着常规劳动在整体劳动中所占比重下降，不同职业群体之间的距离也在缩小。这一趋势意味着人力资本的异质性正在减小，公司内部的社会

---

1 J. Rifkin, *The Zero Marginal Cost Society: The Internet of Things, the Collaborative Commons, and the Eclipse of Capitalism*, Palgrave Macmillan, 2014.

等级和组织层级制度基础也变得模糊，劳动领域正在形成新的跨界整合式逻辑。

第九，劳动组织呈现自主化趋势，员工在与工作相关的决策上获得了更多独立性和责任心。他们不再被僵化规范、雇主从属关系、官僚主义和个人监督束缚，也不再被生产过程的决定论限制。相反，他们拥有选择工作制度和方式的自由，同时也须承担相应的工作风险和责任。雇主将部分管理职能下放给公司执行人员，这一做法主要基于对员工的信任。这种变革导致了劳动活动控制的调整，由单一雇主控制转向与员工的共同控制。由此，在雇佣关系中，社会化成分的重要性得到提升。

最后，人类劳动活动正逐步从人类社会生活中剥离出来，这一长期趋势表现为劳动组织形式向合作化和网络化转变（如自治团队或小组的兴起），新型劳动模式也与现代公司制度的整体组织变革紧密相关，出现了"第三次浪潮"式的扁平化组织结构，取代了传统金字塔式层级（如2—4层代替10—16层）。这种新型组织结构规范化程度较低，参与者之间能够做到信息共享，职业交流自由通畅。生产结构正朝着小型化、平台化、专业化的方向发展，以适应日趋复杂的技术和海量信息处理需求。这种新型结构融合了专业人才、计算机与通信技术等先进要素。软件服务业务模型的兴起，孕育了虚拟企业的新形态——分散于不同空间但通过计算机网络相互连接的工作场所的集合体。

表8探讨了员工与雇主的关系的构成要素在不同技术体系中的演变情况。在第一和第二技术模式时期，劳动活动为人们的生活带来稳定性，就业与失业之间存在明确界限。但如今，为了优化成本，雇主对员工采取多种策略，从疏远到伙伴关系不等，这实际上改变了劳动和就业领域的关系模式，也重塑了这些领域的整体面貌。在数字经济环境下，就业体系的组成要素正发生转变，职业生涯、工作场所和工作时间以及劳动协议形式都在向新的非标准化形态转变。

人类的职业生涯周期正在缩短。在第三和第四技术模式时期，职业生涯的长短主要取决于个人的整体工作能力（只要身体状况和家庭条件允许，就一直工作至晚年）。但在当下数字经济的环境里，养老金制度的改革和人口结构的复杂化，导致合格员工在45岁左右就已发挥了大部分职业潜能，之后他们的职业生涯往往转向自由职业、非全职工作、边缘性岗位或提前退休。

表8　不同技术体系下员工与雇主的关系的演变

指标	第一技术模式	第二技术模式	第三技术模式	第四技术模式	第五技术模式
可交付成果	企业家/企业	企业家（企业家/公司/企业）	工业企业（企业家/公司/企业；临时的、虚拟的公司）	平台、程序化服务商业模式	国家、城市和公司的智能平台

续表

指标	第一技术模式	第二技术模式	第三技术模式	第四技术模式	第五技术模式
员工	员工	员工	员工/兼职	个体企业家/兼职	自雇和兼职
工作时间	全职	全职	边界或灵活的边界	灵活的边界	无边界
工作场所	由雇主提供	由雇主提供	分散、有条件的地点、虚拟办公地点	分散、远程办公、众包	远程办公、碎片化工作
职业	单一的	单一的,边界有逐渐模糊的趋势	一生中可能改变	多重能力、扩展的能力范围	多重职业、多重能力
劳动任务的类型	单一的	同时包括几种	灵活的	多种多样的工作	工作技能和职能多样
职业生涯	标准的、不连续的、非直线的、上升的、终身的,工作与生活的转换模式一直持续到退休	标准的、不连续的、非直线的、上升的、终身的,工作与生活的转换模式一直持续到退休	个性化的、离散的、不连续的、没有明确的界限	个性化的、离散的、不连续的、没有明确的界限	各个工作阶段的集合
劳动协议形式（合同、协议）	口头或书面的	书面的	个体经营的、自雇的	个体经营的、隐性的	与多个雇主的合作关系

续表

指标	第一技术模式	第二技术模式	第三技术模式	第四技术模式	第五技术模式
范围（内容）	满足员工及其家人的基本生活需求	除了满足员工及其家人基本生活需求，也部分支持员工自我发展	完全满足员工需求、收入来源多样	根据完成的具体工作获得报酬，以及通过网络赚钱	基于收入模式
就业关系持续性	员工整个职业生涯（终身）	与单一雇主存在中长期关系（整个职业生涯期间）	与不同雇主存在短期关系（整个职业生涯期间）	非持续的关系、基于网络和跨平台互动特征	片段化和不稳定的就业关系

资料来源：笔者自制。

基于所描述的发展趋势，我们预测在数字经济环境下，员工与雇主之间的关系转型可能呈现两种路径：分化或融合。分化路径意味着，由于各自角色的多重性、生产服务和消费领域日益复杂且多元化，员工与雇主双方的利益诉求将加速分化。融合路径则表现为员工与雇主的内在动机日趋一致，双方将朝着伙伴关系转型，共同追求利益的统一。技术变革导致劳动方式的转变。员工在加入公司初期，主要是通过模仿和与他人互动来获得专业技能。随着对"知识密集型"能力需求的不断增长，员工之间的协作和集体行动也变得越发重要。生产活动已然成为一个有机的整体，难以将其分解为孤立的个人贡献。事实上，经济生活的这种有机性质，与员工及雇主之间建基于法律合同的简单关系存在着日益严重的矛盾和脱节。

为解决这一矛盾，员工与雇主的关系正在走向多元化和复杂化。未来，传统员工角色或将被"劳务销售者"取代。他们在现有自主选择范围内自担风险，并与雇主就服务条件、时间安排、类型和数量进行谈判。作为组织内部管控的关键，劳动服务协议（雇佣合同）的作用将日趋有限。组织作为雇主，正通过变革激励机制应对日益复杂的生产过程。新机制注重激发员工内在工作动机，提高员工对企业的忠诚度。雇主正努力将企业文化转变为员工参与的价值观共同体。传统的命令式管理正在被责任分担、相互信任、忠诚协作、员工参与等新理念取代。

在数字经济时代，数据的大规模积累、交换和应用使组织知识形成过程日趋活跃，这对员工的认知能力提出更高要求。劳动重心也将从传统的体力劳动转向脑力劳动，从操作实物资产转向以符号形式处理信息。与此同时，在企业层面，劳动关系正由雇佣关系转变为参与者之间更加个性化（个人化）的合作关系。这种新型关系涵盖了多种灵活的劳动形式，包括雇佣劳动、合同工、借调人员、自雇和个体经营等。

2.3 劳动力市场的未来图景：生产率测量面临的新挑战

在人类文明发展的长河中，劳动的决定性作用毋庸置疑。虽然劳动内容、性质与条件在不断变迁，但总的来说，职业谱系及其在就业结构中的代表性长期保持着工业社会的特点与比例。伴随数字技术飞速发展及数字经济的蓬勃兴起，劳动力市场正经历着前所未有的深层次重塑，这一转变性议题引发了社会各界的广泛关注。[1]

时至今日，对数字经济本质的认知与定义尚未达成共识。显而易见的是，数字经济涵盖了新技术与创新的发展和应用成果。数字经济可界定为：运用数字技术生产商品与服务，数字化完成交易、交付交易标的（产品、服务、软件、数据库等），数字化连接参与交易各方（消费者、企业、政府机构）的一系列活动总和。值得一提的是，此定义旨在涵盖数字化对所有领域活动的影响，而非仅限于"创造、传播和使用数字技术及相关产品和服务"的活动，正如戈赫别尔格所言。[2] 就数字经济的概念达成统一共识，对把握不断演进的新

1　Атлас новых профессий. М., 2014.
2　Что такое цифровая экономика? Тренды, компетенции, измерение: докл. к XX Апр. междунар. науч. конф. по проблемам развития экономики и общества, Москва, 9–12 апр. 2019 г. / науч. ред. Л. М. Гохберг. М., 2019. С. 13.

型劳动形态及评估其经济绩效的方法论至关重要。

数字化的第一阶段可追溯到 20 世纪 80 年代——个人电脑开始大规模生产的年代，这一时期奠定了数字经济孕育与发展的先决条件。下一阶段发生在 20 世纪 90 年代，这一时期见证了计算机生产的组织化以及全自动化生产的出现。如今这一阶段始于 21 世纪初，其标志性特征是电子商务和其他数字服务的蓬勃发展，包括政务服务以及离岸外包。

数字化使一个事实变得昭然若揭：新的工作岗位将不再符合当前的全职就业模式。在诸多领域，远程就业日益普及，尤其是在知识技能传授、解决跨学科问题方面。未来几代劳动者将从小培养数字技能。一方面，员工的工作职责将趋于碎片化；另一方面，他们的工作活动将与更大的系统性目标相融合，通过整合技术和认知能力，成为特定生产或服务流程的有机组成部分。这种个体劳动的碎片化与系统性的有机统一，使员工在孤立的工作岗位中获得了参与整体价值创造的体验，个体与整体、分散与协作的新型互动模式，赋予了员工的工作以前所未有的新内涵。[1]

对新技能与新能力的需求正在迅速增加，主要体现在互补领域，如金融顾问、保险业务顾问以及战略管理认知方法等。与此同时，对程序员等岗位的需求也将大幅增加，包括系统工程师等岗位。许多分析任务将通过信息形态转换来解

---

[1] Бочаров В. В., Тукумцев Б. Г. Социальное партнерство на промышленных предприятиях // Петербургская социология сегодня. Вып. 6. СПб., 2016. С. 26-27.

决,例如将视觉数据转化为音频、数字或文本形式。数字化分析平台将开启多种可能性,涵盖例行操作和搜索功能。虽然未来劳动活动的结构难以被准确预测,但很可能会涌现大量高科技领域的项目策划和分析咨询等活动。

在商品和服务生产日益自动化的大背景下,胡斯创造性地提出了"数字无产阶级"这一概念。这个新兴群体堪比传统工业时代的无产阶级,后来又被称为"不稳定就业者"。与此同时,胡斯敏锐地指出,随着服务业占比的提升,劳动力市场正经历一场女性化的变革。[1]机器人技术的引入使员工的职责被简化为在设定范围内对程序运行实施监管。这看似降低了对员工专业技能的要求,实则恰恰相反,员工需要掌握更多的知识才能胜任这一角色。然而,员工的才智在高度自动化的流程中似乎变得无足轻重。在机器人的世界里,劳动过程变得单调而机械:控制面板上的指示灯不停闪烁,人与人之间缺乏真正的交流,周而复始的生产在寂静中持续。员工或许只能看到投入的原料和产出的成品,甚至有时连这些都无法尽览。面对员工普遍的疏离感,一些企业提出在征得员工同意的情况下,在他们的设备上安装专门的即时通信应用。该应用会像一位贴心的"朋友",定期发送"你今天感觉如何""天气不错吧"之类的问候。这种创新性的沟通方式,

---

[1] U. Huws, *Labor in the Global Digital Economy: The Cybertariat Comes of Age*, NYU Press, 2014.

是大数据技术在主观幸福感评估方面的一次有益尝试。看似漫无目的的寒暄，实则饱含深意：它帮助员工走出孤独，回归现实人间，从而以更饱满的热情投入工作。这一灵活运用科技提升员工参与度的做法，有望在采矿、制造等各行业的自动化进程中得到推广。

电子广告已然成为融入现代生活的一个创新典范。它能够精准识别主要消费群体，拥有广泛而高效的反馈渠道。其卓越的定向功能，能够巧妙塑造广告产品或服务的设计形象，突出展示产品的功能优势，如高品质、智能技术加持、满足现代用户需求等，从而有力说服消费者购买该特定产品或服务。

在公共部门，数字技术的应用正在全面推进。各项服务纷纷转移到线上平台，税收系统的效率因此大幅提升，预算支出也能够实现实时监控。政府部门借助数字化手段，为民众提供更加便捷高效的公共服务。过去 20 年，数字经济的蓬勃发展为社会注入了强劲动力。它提高了劳动生产率，加快了生产、交换与分配的进程，降低了产品和服务的成本，进而推动销售价格下降，但同时提升了产品和服务的品质。伴随这一变革浪潮，就业市场的规模与结构也在发生着不可避免的转变。与数字经济相关的配套服务也将日益完善。医疗和教育领域将借助数字技术扩大服务范围，让更多人享受优质资源。同时，各行各业对数字化转型所需的项目开发与管理人才的需求将不断增加。

劳动生产率统计测量方法

劳动生产率是推动经济增长的决定性因素，无论在何种经济体制下，无论国有与非国有部门比重如何，也无论在哪个行业领域，这一点都适用。早在 20 世纪 20—30 年代，苏联就开始重视劳动生产率的作用。20 年代，苏联借鉴英美工业统计中的做法，把劳动生产率作为衡量劳动力利用效率的重要指标。这种测量方法既符合当时的需求，也契合计划经济下的部门管理原则。多位苏联著名经济学家的著作对此有详尽论述。[1]

赫鲁晓夫解冻时期，在柯西金改革前夕，改变劳动生产率测量方法的呼声日渐高涨。1956 年 6 月，苏联科学院经济研究所召开会议，聚焦社会主义工业劳动生产率研究与测量方法。与会者的批评性发言凸显了改革的迫切性。[2] 90 年代，随着经济转型，非国有部门异军突起。但在当时，这些部门的劳动生产率数据被视为敏感信息，不对外公开。经合组织的《行业与总体层面生产率增长测度指南》对此也讳莫如深。[3]

---

1 Ротштейн А. И. Основы статистики социалистической промышленности: в 2 ч. Ч. II: Факторы производства. М.; Л., 1934. С. 255–328; Струмилин С. Г. Проблемы экономики труда. М., 1982.

2 Что такое цифровая экономика? Тренды, компетенции, измерение: докл. к XX Апр. междунар. науч. конф. по проблемам развития экономики и общества, Москва, 9–12 апр. 2019 г. / науч. ред. Л. М. Гохберг. М., 2019. С. 82.

3 Measuring Productivity— OECD Manual: Measurement of Aggregate and Industry-Level Productivity Crowth, OECD, 2001, pp. 11-18.

该指南仅涉及行业和宏观层面，而未触及企业或微观经济单位的劳动生产率测量方法、解读及统计要求。

当今的俄罗斯，劳动生产率问题再次跃升为备受瞩目的重要议题。这一点，从名为"劳动生产率与就业支持"的国家项目（执行期至2024年）中可见一斑。然而，在提高劳动生产率的同时，就业人数可能会相应减少。为了平衡这一矛盾，默认的解决方案是就业支持措施。但这种思路只有在技术水平和职业结构保持不变的前提下才能成立。正如马克思所言："所谓提高劳动生产率，是指劳动过程中发生的任何变革，这种变革缩短了生产特定商品的社会必要劳动时间，从而使较少数量的劳动获得了生产较多数量使用价值的能力。"[1] 放眼长远，就业支持将与劳动的复杂化、智能化同行，旧职业将为新职业所取代，与之相适应的劳动生产率测量方法也将应运而生。

让我们以现代标准为尺，审视传统的劳动生产率测量方法。其中，一个至关重要的维度，是根据经济活动类型（而非行业）加以区分，并结合劳动过程的自动化和数字化水平及组织特点，来反映劳动、能源与资金的配置情况。马克思曾一针见血地指出，劳动生产率应被理解为所有因素综合作用的结果。正是这些因素，使有用劳动成为"或多或少丰富

---

[1] Маркс К. Капитал. Т. 1 // Маркс К., Энгельс Ф. Сочинения: в 50 т. 2-е изд. Т. 23. М., 1960. С. 325.

或贫乏的产品来源,与其生产力提高或下降成正比"。[1] 由此可见,劳动生产率的测量,实质上反映了员工劳动成果与其他生产要素的结合程度。

传统的劳动生产率测量方法,基于两大任务的完成:一是准确、全面地记录生产特定数量产品所花费的工作时间(或劳动投入);二是准确记录生产的产品数量。第一个任务,通过记录以人工小时或人工日计算的实际工作时间来完成。在具有前瞻性的测量中,我们甚至可能遇到以人工年为单位来衡量劳动投入的情形。在苏联的工业统计实践中,实际工作时间的计算有两种思路:基于主要生产工人人数或基于全体工人的平均人数。如今,这一计算通常基于全体工人的实际工作时间,并以人工小时为单位。

第二个任务,即产品产量的测量,意味着要将该时期生产的所有产品纳入计算范畴。更准确地说,是那些需要劳动投入并带来有用结果的所有产品。这意味着,产量的统计不仅应包括成品,还应包括半成品和在制品的增量,特别是在生产周期较长的情况下。此外,还需将为外部客户完成的工业性质工作计入其中。需要强调的是,所有这些组成部分都应与特定的统计时期相对应:上一时期生产的产品,即便在本期内继续销售,也不应计入本期产量。最后,无论是企业、

---

[1] Маркс К. Критика политической экономии (черновой набросок 1857–1858 гг.)// Маркс К., Энгельс Ф. Сочинения: в 50 т. 2-е изд. Т. 46, ч. 1. М., 1968. С. 56.

经济活动类型、行业、行政区划，还是整体经济，都应采用统一的劳动生产率测量原则。

传统的劳动生产率测量方法包括三种：实物法、劳动法和价值法。

实物法将每单位工作时间生产的使用价值这一自然数量指标作为测量劳动生产率的指标。在这种方法下，产品（或结果）的核算只能以实物形式进行，因此该方法仅适用于单一产品经济。在实物法的指标体系中，分子反映生产的产品数量（以件、吨、延米、平方米等计），分母则体现投入的人工工时数。

劳动法试图评估每个产品的劳动价值，原则上适用于多产品经济。然而，如果对不同产品劳动价值本身的评估建立在许多假设的基础之上，那么这种评估未免显得有些牵强和不切实际。在社会主义经济中，这种方法演变为衡量劳动生产率的标准定额法，其中产量（作为分子）是由产品的实物数量与生产单位产品的标准劳动投入这两个因素相乘得到，而分母则是实际劳动投入。结果是，指标体系的分子（产品数量）和分母（劳动投入）都以人工小时为单位，正如 A.I. Rotstein 所言，这导致"测量劳动生产率这个问题被消除了"。[1] 在单一产品经济中，劳动法实质上将劳动生产率的测量转化为生产单位产品的劳动投入的测量。

---

[1] Ротштейн А. И. Основы статистики социалистической промышленности: в 2 ч. Ч. II: Факторы производства. М.; Л., 1934. С. 261.

价值法以货币价值来测量生产的产品，由此可见，该方法可用于多产品经济的劳动生产率测量。在企业层面，生产活动的结果通过"工厂法"的总产值公式来测量，即考虑工厂内部周转，包括生产的产品和在工厂内部需求中消耗的半成品。在更高层面上，一个时期的经济活动成果则以国内生产总值（GDP）来评估。然而，价值法难以消除价格因素对结果测量的影响，特别是在比较不同经济活动类型的劳动生产率时，这一影响在创造最终产品使用价值的链条中尤为明显。价值法的所有缺陷都源于总产值指标本身的不足。实际上，它衡量的是完成工作（服务）的数量，而非生产的产品数量。在制品并非真正意义上的"产品"。此外，总产值包含所消耗原材料的价值，因此，如果使用昂贵的原材料或资源利用效率低下，总产值就会虚高。

生产结果指标

20世纪50年代末，作为衡量企业活动成果的指标，总产值的缺陷已经变得非常明显。在1956年关于工业劳动生产率研究与测量方法论问题的科学会议上，与会者一致得出结论，认为有必要修改总产值的测量方法。大多数与会者，包括著名的苏联经济学家诺特金（1901—1982）、克瓦沙（1903—1976）、格尔丘克（1901—1969）等，都建议对企业层面和行业层面的总产值测量采取差异化的方法：在企业层面，根据产品产出来衡量企业的成果；而在行业层面，则根据"净产品",即附加值来评估行业的成果。

那么,行业产出和经济活动类型产出之间有什么区别呢?行业产出是指按照主要活动类型分组的经济实体所生产的产品和服务的价值。而经济活动类型产出则是按照同一活动类型分组的生产单位所创造的产品和服务的价值,无论这种经济活动类型对企业来说是主要的还是次要的。行业产出(以及经济活动类型)的附加值,是产品和服务产出与中间消耗之差(VA = GO – IC)的结果。显然,行业产出与经济活动类型产出之间可能存在差异。表9列举了一个范例,说明了这两种产出指标可能出现的不同。

表9 投入产出矩阵范例

单位:10亿美元

经济活动类型	农业经济	采矿业可开采储量	制造业产值	……	经济活动类型产出
农业相关产品生产	150	10	60	……	220
采矿业可开采储量产品生产	—	200	—	……	200
加工业产品生产	15	5	150	……	170
……					
产业产出	165	215	210	……	590

资料来源:Масакова, 2019. С. 6.

将每个行业的产出与经济活动类型产出进行比较,可以发现一些有趣的现象。例如,采矿业的产出中包含了制造业的产品;"农产品生产"等经济活动类型不仅存在于农业中,也出现在其他行业之中。

在测量劳动投入时,主要采用以下几个指标。

1. 一个时期的平均人数,即该时期每个日历日在册人数之和除以该时期的日历日数,反映了平均每个日历日的人数。

2. 工业生产人员人数,即直接参与生产过程及服务的员工。在苏联时期,许多行业都对这一类别进行了区分。时至今日,在一些活动领域中,这一指标仍然具有重要意义。

3. 工作时间,包括正常工作时间,以及超出正常工作时间的部分,如用于维护工作场所的时间、非员工过错造成的工作场所停工时间以及短暂休息时间等。

4. 总劳动投入是指实际工作的人工小时数,包括用于主要、附加工作中的产品和服务生产,家庭生产和自用产品销售,以及用于自建住房等方面的劳动时间。这一指标不包括有偿但未工作的时间,如假期、病假等。在汇总数据时,总劳动投入指标通过将每种工作岗位的数量乘以平均实际工作时间来计算得出。

现代劳动生产率指标计算方法

在测量劳动生产率时,人们往往更关注的不是每单位工作时间的平均产出指标,而是将劳动生产率动态地表示为报告年份与基期年份或前一年份的比率。

目前,劳动生产率指数是由俄罗斯统计局根据已经批准的方法计算得出的。[1] 对于俄罗斯联邦，计算工作在报告年份后的 9 月 25 日前完成，并在报告年份后的 15 个月内进行修正；对于俄罗斯联邦主体，计算工作则在报告年份后的 15 个月内完成。[2]

联邦国有资产管理局（Росимущество）负责计算"非金融公司部门国有企业劳动生产率"这一指标，并在报告年份后的 10 月前向用户提供。

除了计算劳动生产率指数外，俄罗斯统计局还计算"动态劳动生产率"指标。[3]

俄罗斯经济发展部正式批准了"企业、行业、俄罗斯联邦主体劳动生产率"这一指标，[4] 该指标在 2019 年 3 月的圣彼得堡国际劳动论坛上进行了讨论。这一指标在报告年份后续

---

[1] 《关于批准"劳动生产率指数"计算方法》，俄罗斯统计局 2018 年 4 月 28 日第 274 号法令，https://www.garant.ru/products/ipo/prime/doc/71838328/，最后访问日期：2019 年 9 月 29 日。

[2] 《关于批准联邦国有资产管理局组织联邦统计监测非金融公司部门国有企业劳动生产率的统计工具》，俄罗斯统计局 2014 年 9 月 23 日第 576 号法令，https://normativ.kontur.ru/document?moduleId=1&documentId=239262，最后访问日期：2019 年 9 月 29 日。

[3] 《关于批准基于操作数据计算"动态劳动生产率"指标的方法，用于监测提高劳动生产率、创造现代化高效率工作岗位行动计划执行进度》，俄罗斯统计局 2018 年 2 月 16 日第 76 号法令，https://rosstat.gov.ru/metod/prik_76.pdf，最后访问日期：2019 年 9 月 29 日。

[4] 《关于批准企业、行业、俄罗斯联邦主体劳动生产率指标计算方法和"劳动生产率与就业支持"国家项目个别指标计算方法》，俄罗斯经济发展部 2019 年 12 月 28 日第 748 号法令，http://old.economy.gov.ru/minec/about/structure/d29/2019110102，最后访问日期：2019 年 9 月 29 日。

年份的 11 月 1 日前计算得出,并采用可比较的方法用于行业和地区层面的测算。

鉴于需要观察非原材料行业的发展动态,俄罗斯统计局提出计算"基础非原材料行业劳动生产率"指标。该指标的计算方法已拟定完成,其最吸引人之处在于能够快速得出评估结果——数据将在报告年份后续年份的 4 月 15 日前提供给使用者。

让我们来审视一下上述统计指标构建过程中的方法特点。

"劳动生产率指数"指标的构建公式如下。

$$I_p = \frac{I_{gva}}{I_L}$$

其中,I_p 表示劳动生产率指数,I_{gva} 表示国内生产总值实际量指数,I_L 表示全时当量劳动力投入指数。

总附加值(ВДС)和总劳动投入是根据按主要经济活动类型分组的生产单位的成果形成的。这一指标在俄罗斯联邦是根据第二版俄罗斯经济活动类型总分类(ОКВЭД2)的 13 个部分计算的,计算时间与国内生产总值的编制时间一致。在国家主体层面(不区分经济活动类型),计算结果将在报告年份后的 15 个月内公布。

这一指标的缺陷源于总附加值计算方法的不足——第一次计算是在报告年份结束后 9 个月并基于初步的不完整数据完成的;第二次计算则在报告年份结束后 15 个月内才进行。

在企业层面上计算这一指标时，很难确保按经济活动类型划分的产出指标与劳动投入指标之间的一致性。在按地区或联邦区计算时，如果存在跨地区公司，就会出现产出指标和劳动投入指标在地区间不匹配的问题。此外，基于已收集的详细经济活动类型报告，无法确定小型企业的就业人数，因此只能根据大中型企业的数据进行计算。

2010—2017年俄罗斯劳动生产率指数如图5所示。

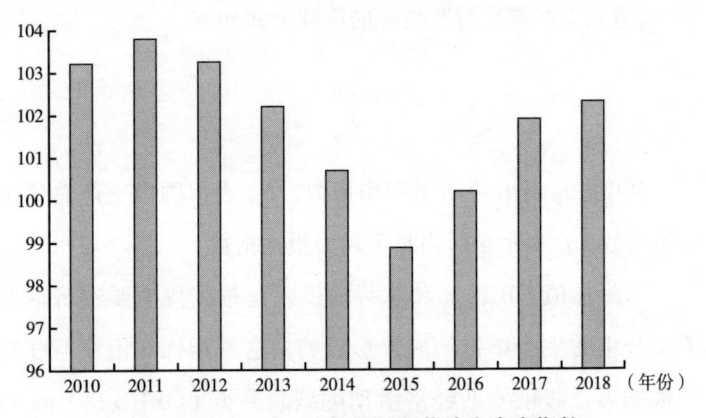

图5 2010—2017年俄罗斯劳动生产率指数

资料来源：根据俄罗斯统计局数据编制（https://rosstat.gov.ru/accounts，最后访问日期：2019年9月29日）。

根据图5，劳动生产率下降和经济停滞不是从2013年开始的，如阿甘别克扬[1]指出的那样，而是从2012年就已经开

---

1 Аганбегян А. Г. Кризис. Беда и шанс для России. М., 2015.

始,并在这一年结束时加剧。[1] 2015 年以后,这一指标才有所回升。

下一个指标是"动态劳动生产率",计算公式如下。

$$I_d = \frac{I_o}{I_L}$$

其中,I_d 表示动态劳动生产率,I_o 表示实际产出指数,I_L 表示平均员工人数指数。

该指标基于大中型企业的数据计算,涵盖整个俄罗斯和各经济活动类型,即农业、工业、运输、通信和建筑业,并根据初始数据进行评估。用户可以在报告年份结束后 2.5 个月获得这些数据。

这一指标的缺点源于其优点——及时性,这一点从管理决策制定和实施以及不同经济活动类型的动态劳动生产率的比较分析角度来看非常有吸引力。但在 2.5 个月之后,企业开始向统计机构大量修正数据,导致初始数据发生重大变化。在俄罗斯联邦主体层面,修正的规模不仅导致指标值的变化,而且还会改变动态劳动生产率的评估结果:从增长到下降,反之亦然。

2012—2018 年俄罗斯动态劳动生产率指数如图 6 所示。

---

[1] Кулешов В. В. Современные вызовы социально-экономическому развитию России // ЭКО. 2014. Т. 44, № 12. С. 3–25.

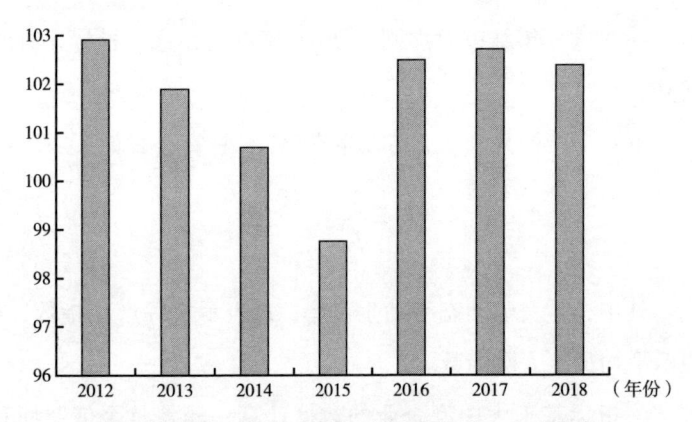

图 6　2012—2018 年俄罗斯动态劳动生产率指数

资料来源：根据俄罗斯统计局数据编制（https://rosstat.gov.ru/folder/11186，最后访问日期：2019 年 9 月 29 日）。

如果比较这两个指标的动态变化，2018 年的差异尤为明显：与前一年相比，劳动生产率指数有所上升（见图 5），而动态劳动生产率指数却略有下降（见图 6），这看似矛盾。然而，直接比较这两个指标的动态变化几乎是不可能的，因为它们的计算方法不同：前者基于国内生产总值的变化评估劳动生产率的变化，后者基于实际产出的变化评估劳动生产率的变化。

俄罗斯统计局拟确定的指标"基础非原材料行业劳动生产率"，实质上再次评估的不是劳动生产率水平，而是劳动生产率变化的某种特征。根据俄罗斯统计局的方案，确定按以下公式计算该指标。

$$IP_t = IQ_t / IL_t \times 100\%$$

其中，IP_t 表示第 t 年基础非原材料行业劳动生产率相对于第 $t-1$ 年的指数，IQ_t 表示第 t 年基础非原材料行业产品和服务综合实际产出相对于第 $t-1$ 年的指数，IL_t 表示第 t 年基础非原材料行业劳动投入相对于第 $t-1$ 年的指数。

俄罗斯统计局建议在报告年份后续年份 4 月 15 日之前计算该指标，主要基于大中型企业在全国、联邦区和地区层面基础非原材料行业的初步数据。

这一指标的不足之处在于，很难确保在地区层面上按经济活动类型划分的实际产出指数与劳动投入指数的一致性。对于跨地区公司而言，实际产出指数和劳动投入指数在地区间的不匹配问题更加突出。此外，小型企业按详细经济活动类型划分的就业人数无法确定（这也解释了为什么方法中会出现"主要针对大中型企业"这样的措辞）。

为测试该方法，笔者选择一个年份的数据进行计算，结果与计算中使用的指数一并列于表 10。

表10 以2017年为基期的2018年各联邦区基础非原材料行业的宏观经济指标

联邦区	劳动生产率指数	实际产出指数	劳动投入指数
中央联邦区	106.8	105.8	99.0
西北联邦区	104.2	103.2	99.1
南部联邦区	100.8	99.2	98.4
北高加索联邦区	103.9	100.3	96.6
伏尔加河沿岸联邦区	102.2	101.8	99.6

续表

联邦区	劳动生产率指数	实际产出指数	劳动投入指数
乌拉尔联邦区	109.0	107.0	98.2
西伯利亚联邦区	103.1	101.8	98.8
远东联邦区	101.7	102.1	100.4
俄罗斯联邦整体	104.3	103.2	98.9

资料来源：Масакова, 2019. С. 18.

根据表10，乌拉尔联邦区在劳动生产率增长方面处于领先地位，其次是中央联邦区和西北联邦区。联邦区汇总的数据似乎并没有为我们提供任何出人意料的结论。南部联邦区的落后地位是显而易见的，因为与乌拉尔联邦区相比，那里的制造业发展程度要低得多。

正如前文所述，地区层面计算的问题首先包括在方法论上难以确保按经济活动类型和地理位置（针对跨地区公司、产业集群、小型企业）划分的实际产出和劳动投入的覆盖范围具有可比性。其次，缺乏按详细的ОКВЭД2代码划分的劳动投入信息，以及每个地区都缺乏完整的生产者价格指数（这对评估通货膨胀对地区指标的影响很重要），因此很难为企业识别ОКВЭД2中的经济活动类型。

我们已经提到的许多问题，构成了地区劳动生产率指数计算的难题。主要原因是信息因素，即在地区层面缺乏所有必需的数据。小型企业在地区间的流动性也不容忽视，这种流动性源于个别经济实体存续时间较短，以及经济条件、地理位置等变化而导致主要经济活动类型发生改变。

所有这些特征都应该反映在由联邦税务局（FTS）维护的统一中小企业注册簿（以下简称注册簿）中，但注册簿数据的时效性并未得到充分保证。

中小企业普查仍然是小型企业统计和经济分析的基础，该普查每五年进行一次。在过渡期内，评估是基于对小型企业的抽样调查数据进行的。

多层次、多因素的劳动生产率测算方法

劳动生产率可以在不同层面进行量化评估：从特定工作岗位的个人生产率，到经济实体、行政区划单位、经济活动类型、经济部门乃至整体经济的生产率。

无论在经济的哪个层面，生产率都是产出与投入资源比较的结果：Output=f(Input)。

随着生产过程的自动化和机器人化，多因素生产率评估变得日趋重要，特别是全要素生产率（TFP）这样的指标。在TFP中，劳动只是投入要素之一。TFP表示在考虑了劳动和资本投入的贡献后，产出增长中的残差部分。而这里的产出，是通过生产函数计算得出的。

对于柯布－道格拉斯生产函数 Output=$AL^{\alpha}K^{\beta}$，并不计算总相关系数 R^2。在这种情况下，劳动生产率的贡献估计值为（1-R^2）。传统上，生产函数的参数取值为 α=0.7，β=0.3，但随着技术进步在生产过程中的应用，这些取值势必会发生

变化。

根据多因素方法，笔者得到如下公式。

$$资源生产率 = \frac{总产出}{所有投入的资源} = \frac{总产出}{KLEMS}$$

其中，K 表示资本，L 表示劳动，E 表示能源，M 表示材料，S 表示服务。

多因素方法的优势在企业层面最为明显，因为它允许将材料消耗纳入分析，而这对俄罗斯经济而言至关重要。在宏观层面，材料消耗通过中间消耗与总产出之比来表示。对于俄罗斯经济，这一比例约为40%。[1] 在俄罗斯，材料消耗远高于欧洲发达国家：生产1吨钢材所耗电量约为比利时、法国、意大利的3倍；生产1吨矿物肥料所耗电量是阿拉伯国家的6倍。[2] 高能耗是落后技术的结果，导致生产成本增加而质量没有提高。相应的，出口潜力也随之下降。只有掌握并广泛使用节约型技术，材料消耗才能降低，[3] 而这首先是在国有企业中实现的。私营企业目前仍在努力避免采用新技术所不可避免的资本支出。

在考察经济活动类型和经济部门时，笔者主要采用将总

---

[1] Национальные счета России в 2011–2016 годах: стат. сб. М., 2017.

[2] Погосов И. А. Тенденции воспроизводства в России и проблемы модернизации экономики. М.; СПб., 2012. С. 48.

[3] Погосов И. А. Тенденции воспроизводства в России и проблемы модернизации экономики. М.; СПб., 2012. С. 48-50.

附加值视为包括工资、利润等影响因素在内的要素成本的方法。在经济层面，还要加上间接税收（增值税、消费税等）的影响。对于金融部门的机构，总产出包括金融中介成本，即向客户提供金融资源和服务所获得的利息与吸引资源所支付的利息之间的差额。

分析影响总产值和总附加值变化的因素

这种分析将总产值视为总附加值（VAD）和中间消耗的总和：BB = ВДС + ПП。通常，这种分析是利用指标体系进行的。为此，我们引入以下符号：Q——总产值，T——各行业就业人数或工作时间总量（以人工日或人工小时计算），P——单位从业人员或工作时间的劳动生产率水平。

那么

$$Q = T \times P$$

从中得出

$$I_Q = \frac{\sum T_1 P_1}{\sum T_0 P_0}; \quad I_{Q(T)} = \frac{\sum T_1 P_0}{\sum T_0 P_0}; \quad I_{Q(P)} = \frac{\sum T_1 P_1}{\sum T_1 P_0}$$

当期总产值可表示为：$Q_1 = Q_0 \, IT \times IP$

为了在分析中纳入劳动生产率指标，笔者将基于以下表达式进行计算：$Q = T \times P - IC$，其中 IC 表示中间消耗。我们用国内生产总值在总产值中所占的份额（d）来表示中间消耗，同时将总附加值表示为三个因子的乘积：$T \times P \times d$。

在按行业或经济部门进行分析时，笔者构建了以下指标体系，反映了总附加值的变化，以及工作时间（或就业人数）T、劳动生产率 P 和国内生产总值在总产值中所占份额 d 等因素在这一变化中的作用。

$$I_{VAD} = \frac{\sum T_1 P_1 d_1}{\sum T_0 P_0 d_0}; \quad I_{VAD(T)} = \frac{\sum T_1 P_0 d_0}{\sum T_0 P_0 d_0}$$

$$I_{VAD(P)} = \frac{\sum T_1 P_1 d_0}{\sum T_1 P_0 d_0}; \quad I_{VAD(d)} = \frac{\sum T_1 P_1 d_1}{\sum T_1 P_1 d_0}$$

经济效率通过总附加值与总产值之比来评估。

$$经济效率 = \frac{总附加值}{总产值}$$

或者根据上述符号，得到如下公式。

$$K_A = \frac{VAD}{Q}$$

以国内生产总值的形式评估经济的综合结果，可以构建税收负担指标，即税收支付总额与国内生产总值之比。

$$税收负担指标 = \frac{税收支付总额}{国内生产总值}$$

为了测量材料消耗，中间消耗与总产值之比是一个重要指标。

$$材料消耗 = \frac{中间消耗}{总产值}$$

因此,总产值、中间消耗和国内生产总值被用于宏观经济分析的不同领域,以解决各种问题。

当然,我们需要关注这些指标的动态变化,但同时不能盲目地相信其中任何一个指标。正如已经强调的那样,在考察指标构建方法时,每个指标只服务于其自身的目的。因此,在使用官方公布的指标时,我们必须努力避免"统计陷阱",避免盲目相信指标的无懈可击和单一解释,尤其是在孤立地考察指标时,这种做法特别危险。

在经济层面或单个经济活动类型层面上测量生产率是比较正确的,但在比较不同经济活动类型的生产率时,资源利用、资源组合和产出的定价因素开始发挥作用。国内生产总值与中间消耗之间的关系也会产生影响。

统计评估的可行性

这些被提议作为劳动生产率特征的指标,让我们不得不思考统计评估的可行性。目前,统计似乎只是在增加评估的维度,而完全不关心对每个指标使用范围的说明。

随之产生的问题是:我们是否应该追求某种理想的劳动生产率动态评估或劳动生产率水平测量的精确度?显然,理想是无法达到的,我们只能从计算出的指标中选择更加可接受的那个。选择的标准可以是需要劳动生产率指标来解决的任务。在这方面，劳动生产率与工资之间的关系，特别是"劳动生产率优先增长规律"成为关注的焦点。乍一看，比较这两个指标的动态变化似乎不会有什么新发现，但实际情况并非如此。图7显示了工资和劳动生产率相对于上一年的变化。这些指标的比率可以区分为两个时期：在第一个时期里，工资的动态变化始终领先于劳动生产率的动态变化；在第二个时期里，这些指标变化相差不大。

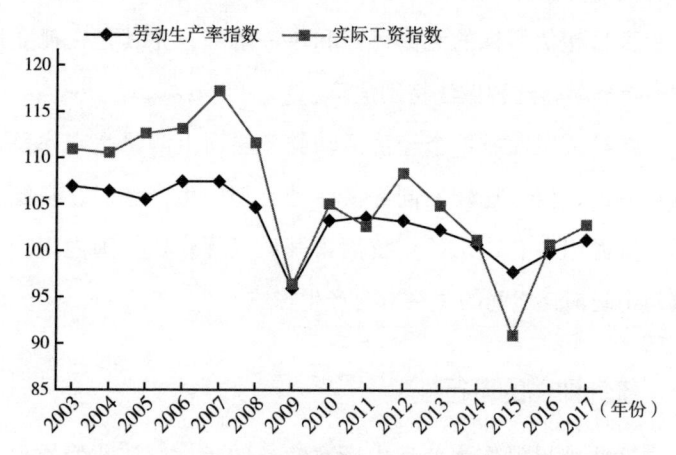

图7　2003—2017年俄罗斯劳动生产率指数和实际工资指数
（以上一年为100）

资料来源：Декина, 2018.

然而，如果将两个指标的动态变化表示为与同一基准年相比，那么在整个分析区间，工资始终领先，没有任何例外

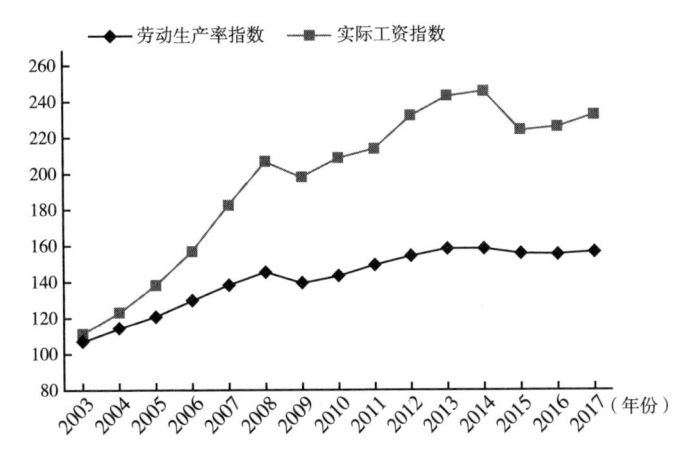

图 8　2003—2017 年俄罗斯劳动生产率指数和实际工资指数
（以同一基准年为 100）

资料来源：Декина, 2018.

（见图 8）。这种效应是由工资增长速度在长期内持续高于劳动生产率增长速度导致的。

图 7 和图 8 提醒我们，在使用统计数据时，要充分认识统计的局限性，同时也要认识研究者自身肩负的责任。这是因为，究竟选择哪些指标、采用何种方法来评估动态变化，在很大程度上取决于研究者自己的判断。作为对这一结论的补充，让我们看一下图 9，其中显示了三条曲线，反映了莫斯科、圣彼得堡和俄罗斯联邦的劳动生产率变化。曲线的位置表明，虽然莫斯科和圣彼得堡具有重要的经济意义，但它们并不决定俄罗斯联邦劳动生产率变化的性质。

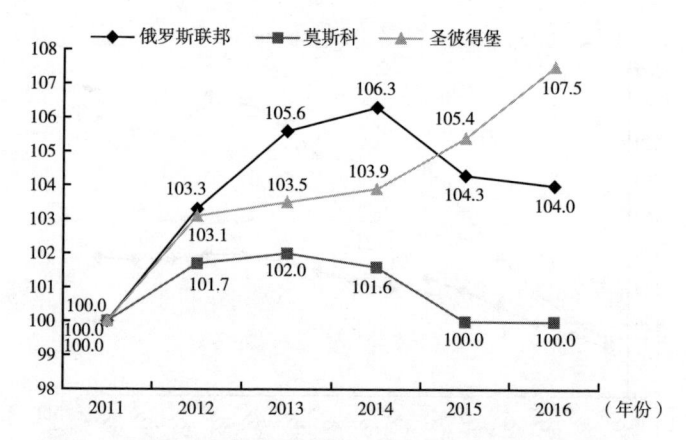

图 9　2011—2016 年莫斯科、圣彼得堡和俄罗斯联邦的劳动生产率指数（以 2011 年为 100）

资料来源：根据俄罗斯统计局数据整理，https://rosstat.gov.ru/folder/11186，最后访问日期：2019 年 9 月 29 日。

新时代、新任务

综观当前的劳动生产率指标，我们不得不得出一个复杂的结论。不可否认，每一项指标都有其存在的理由，都服务于特定的目的，都有基于组织报告的数据基础，并且都在持续计算，从而可以追踪其动态变化。但是，当面对数字化、劳动组织和内容的根本变革所带来的劳动生产率变化时，在这些指标中是否有一个能够提供答案呢？显然，新时代为统计工作提出了新任务。

未来正在一步一步地走进我们的生活。这体现在无数日常实践中——在咖啡馆通过电子菜单点餐，在线购买飞机票、火车票、剧院或博物馆门票，通过互联网购买商品、获得政府服务，等等。劳动的面貌正在被改变：从事自由职业或短期合同工作的人数在增加，全职永久就业的人数在减少，远程工作在增加。这些趋势在不断增强，并受到人口迁移流动性加大的影响。劳动成果的具体呈现方式也在发生变化：越来越多的成果是无形资产的创造。想象力、智力、情绪管理能力、沟通能力、批判性思维能力等因素的作用正在增强。

经济发展的新周期离不开对广泛领域的投资和新技术应用。在所有发达国家，研发支出都在增加，人们在寻找经济的新驱动力，以给发展注入新的动力。生产的产品性质正在发生变化。资源结构和使用效率的变化正在影响总产值、中间消耗与总附加值之间的比例关系，从而成为经济发展的关键因素。3D技术导致了无废料生产的出现，其他智能技术也在其中起到了促进作用。在将国家经济纳入全球市场的背景下，国民经济中国内生产与进口在资源消耗中所占的比重，以及产品在国内市场与出口市场间的分配比例，也成为重要的议题。在生产的产品结构中，产品和服务生产之间、活动类型之间、经济部门在产出生产和使用中的比例都很重要。

人类正在进入一个新生产方式时代。在这个时代，活劳动（即工人的直接劳动）的作用和地位正在发生变化，其与物化劳动（即机器等生产资料的劳动）的关系也在经历重大调整。马克思曾经预见，随着劳动生产率的提高，资本主义生产的一个必然趋势是：越来越多的劳动资料被转化为机器系统。在这个过程中，物化劳动开始在物质生产中占据主导地位，并且在一定程度上支配和取代活劳动。这种支配和取代不仅体现在对工人劳动成果的占有上，更体现在生产过程中机器对工人劳动方式的控制和规定上。[1]

针对工人在生产过程中的作用，马克思有过精辟的论述。他指出，工人的主要任务变成"调节机器的运转，防止机器出现故障"，真正起决定性作用的不再是工人的技能，而是"拥有自己生命"的机器的性能。工人的劳动活动"完全由机器的运动决定和支配，而不是相反"。[2]

马克思的这一洞见，预示了活劳动与物化劳动之间关系的深刻变化。随着人工智能等"会思考的机器"的出现，人与机器的关系将不再是简单的对立，而是趋向于一种有机的互补：机器在不断提高生产效率的同时，也在为人的全面发展创造条件。

随着机器人技术和数字化的广泛应用，劳动生产率必将大幅提升。但这一进程不是线性的，其中一个重要原因，就是人们对个性化生活方式的坚持。举例而言，即使在当下，标准化的工厂服装和鞋类产品也与裁缝和鞋匠提供的定制服

1　Маркс К. Критика политической экономии // Маркс К., Энгельс Ф. Сочинения: в 50 т. 2-е изд. Т. 46, ч. 1. М., 1968. С. 205.

2　Маркс К. Критика политической экономии // Маркс К., Энгельс Ф. Сочинения: в 50 т. 2-е изд. Т. 46, ч. 1. М., 1968. С. 204.

务并存，人们乐于为自己的居所设计独特的装饰等。

数字化累积效应的逐步加强，是影响劳动生产率增长的另一个更为关键的因素。正如 Lydia Boussour 强调的，通用技术（General Purpose Technologies）的长期演进和突破，将在其中发挥决定性作用。[1] 新技术的发展和生产过程的机器人化，理应带来劳动生产率的快速提升和劳动过程的加速优化，同时实现成本的下降和产品服务质量的提高。然而，我们可以预见，衡量劳动生产率的基本方法不会发生颠覆性变化：无论是单纯的劳动生产率，还是全要素生产率，其测算仍将基于产出（附加值）与投入（各种生产要素）之间的比值关系。但是，随着经济社会的不断进步，这些指标所涵盖的具体内容将不可避免地发生改变。新兴产业和业态的涌现，为生产全新的产品和服务提供了广阔舞台，这就要求我们发展出相应的方法来准确计算其产出。与此同时，价格因素的影响力也在与日俱增。为了在价格指数中更好地反映产品和服务的质量变化，享乐价格指数等创新方法亟待被进一步探索和完善。

人类发展的每一个时期都会提出统计测量的新任务。别索诺夫正确地指出，无论在哪个时代，"研究者感知经济的方式都不是直接的，而是统计学的棱镜。因此，人们假定现有

---

[1] L.Boussour, The Digital Economy is Boosting Productivity— but Official Measures aren't Capturing the Benefits, 2019, https://www.brinknews.com/the-digital-economy-is-boosting-productivity-but-official-measures-aren't-capturing-the-benefits/.

的指标体系能够充分描述经济"。[1]

前文讨论的指标属于工业经济时期，它们与未来发展趋势的不相适应已经毋庸置疑，但我们尚未做好向新的统计测量体系过渡的准备。首要步骤之一，应该是编制数字经济概念表，明确新概念的内涵。在此基础上，我们才能迈出下一步：审视数字经济测量的需求，尝试构建指标体系，确保各指标之间相互关联，从微观的经济实体到宏观指标和国民账户体系。

在解决这一任务的过程中，经济合作与发展组织不断更新的一套核心指标，将提供宝贵的参考。最后，面向未来的国家统计架构在设计完成后，还需要注入丰富的信息内容（有关国家统计系统变革的一些亟待解决的问题[2]），也就是说，我们需要在保留数据本质属性的同时，构建起由微观到宏观的数据流。

当然，每一个阶段都会衍生出更多的细节、更灵活和更精细的指标，它们将使我们能够测算中介服务、外包、新技术、技能、知识在价值创造中的贡献以及人与机器系统互动的效率。随着经济数字化的不断深入，商业、政府管理和其他使用者的需求将对统计工作提出全新的要求，涉及数据库的构建、数据架构的形成、统计指标的可获得性和时效性，以及官方统计信息处理和提供服务的资金保障。

---

1 Бессонов В. А. Выступления и комментарии к докладу Р. М. Энтова // Истоки. М., 2019. С. 275.

2 Перспективная модель государственной статистики в цифровую эпоху / науч. ред. Л. М. Гохберг. М., 2018.

2.4 人力资源管理的数字化变革

人力资源管理是调节经济运行和社会生活的重要一环。纵观经济学研究的历史长河，不同流派的学者对人力资源管理的形式、方法、工具、对象和主体持有不同观点。总的来说，存在两种截然相反的理论阵营：第一种观点源自凯恩斯主义，认为国家应该在人力资源管理中发挥主导作用；第二种观点则植根于古典政治经济学，主张依靠市场的自我调节机制。当经济繁荣、形势向好之时，部分学者倾向于主张自由的劳资关系。这一观点的主要代表人物是亚当·斯密，他在《国富论》中力图证明，理性主导着人类行为，而所有市场参与者通过互利交易追求财富，正是源于这种理性。[1] 货币主义经济学派的领军人物米尔顿·弗里德曼则认为，货币在就业稳定与整体经济发展中扮演着举足轻重的角色。在他看来，市场机制总是趋于自我平衡，因而政府对经济和就业的干预反而成为引发通胀和经济失衡的罪魁祸首。[2] 阿尔弗雷德·马歇尔在《经济学原理》中，[3] 也对市场过程的自我调节能

1　Смит А. Исследование о природе и причинах богатства народов: в 2 т. Т. 1, кн. 1–3. М., 1993.
2　Фридмен М. Количественная теория денег. М., 1996.
3　Маршалл А. Принципы экономической науки: в 3 т. М., 1993.

力表示认同。

　　经济动荡和危机则为那些笃信积极有为的国家人力资源管理的学者提供了有力论据。凯恩斯堪称这一理论阵营的先驱。在《就业、利息和货币通论》一书中，[1]他指出自我调节的市场经济存在显著缺陷：无法实现充分就业，且财富和收入分配随意而不公。

　　制度主义学派的观点则更为折中，[2]他们主张国家与市场应携手共管人力资源。同时，他们认为大企业作为经济运行的规划主体，在经济中举足轻重。

　　在笔者看来，最后一种观点更切合当今经济的需求和现实。作为人力资源管理的主客体，人受制于错综复杂的内外因素。人并非绝对理性，相反，非理性行为在很多情况下占据上风。如果一个国家标榜自己奉行市场经济，那么所有市场主体都应享有平等地位，劳资双方尤其如此。偏袒任何一方，都会引起另一方的强烈不满。因此，人力资源管理应在公平对待所有参与主体的基础上运作，公私合作的方式不可或缺。

　　然而，综观当代经济学家的观点和现行法律，不难发现，人力资源管理的重担主要落在国家肩上。国家出资支持教育

---

[1] Кейнс Дж. М. Общая теория занятости, процента и денег // Антология экономической классики: в 2 т. Т. 2. М., 1993.

[2] Коммонс Дж. Правовые основы капитализма. М., 2011; Веблен Т. Теория праздного класса. М., 2011.

项目，为培养专业人才买单。即便是中小学教育，如今也要根据国家的人才需求来确定学生的专业方向和资金投入。虽然法律明文规定雇主应参与职业指导、制定教育和职业标准，但在实践中，市场和企业的利益诉求往往得不到充分考虑。

维护公民权利和自由是国家的首要任务之一。《俄罗斯联邦宪法》明确每个人享有工作权。在市场经济条件下，理性就业以最大化生产效率为导向，难免会有部分劳动力遭到市场冷落。劳动力过剩加剧了社会矛盾，失业问题迫在眉睫，国家责无旁贷。[1] 面对困境，国家要么将就业者的部分收入转移给失业者，保障其基本生活，要么创造条件，实现这部分人的充分就业。

国家干预劳资关系的另一原因在于，雇主往往视劳动力为生产要素之一，并竭力压低用工成本。在这种情况下，劳动权益屡遭侵害，政府有必要对此进行监管。[2]

经济现实无情地击碎了古典经济学家的美好愿景，他们曾坚信劳动是衡量价值的唯一尺度。事实上，劳动力价值与其所创造的产品价值并无必然联系，创业创新才是决定性因素。因此，雇主在确定劳动力价值时，并不严格参考其所生产的产品价值，而是以市场平均工资为基准，根据职业属性

---

[1] Беззубко Л. В., Новикова И. В., Полянская Л. Я. Экономика современного города: опыт России и Украины. Благовещенск, 2012.

[2] Неустойчивая занятость: теория и методология выявления, оценивание и вектор сокращения / под ред. В. Н. Бобкова. М., 2018.

和技能水平进行调整，继而在人才市场上发布招聘信息。最终的薪资水平取决于市场供需。笔者认为，俄罗斯雇主的行为堪比寡头垄断，他们运用弯折的需求曲线来操纵市场。[1]

经济危机之下，俄罗斯劳动力市场呈现就业机会略减、工资水平大幅下滑的特点。个别企业加薪并不会带动整体工资水平，因为市场对劳动力的需求十分有限。然而，降薪和"优化"用工（即在不提高工资的情况下，增加工人工作量）往往得到其他雇主的效仿。面对裁员和降薪的双重压力，劳动者只能接受日益恶化的用工条件。

因此，国家在管理人力资源时，必须充分考虑劳动力需求的弯折特点，并对雇主施加有效影响。即便是那些在经济危机中财务状况未受影响的雇主，也会降低工资水平，因为他们的产品价格与整体呈下降趋势的市场价格息息相关。由此可见，整个经济体的工资水平开始普遍下滑，而无关企业的实际经营状况，这反过来又削弱了居民的购买力。

凯恩斯曾指出，有效需求不足会导致产能利用不足、生产增速放缓、经济危机和失业问题。[2] 如果企业主要面向国内市场，那么购买力下降要么导致产量降低，要么引发价格战，而两者也可能同时发生。在现实经济中，前一种情况更为普

---

[1] Новикова И. В. Регулирование занятости населения на Дальнем Востоке Российской Федерации. М., 2017, C. 77.
[2] Кейнс Дж. М. Общая теория занятости, процента и денег // Антология экономической классики: в 2 т. Т. 2. М., 1993.

遍。企业在竭力削减生产成本时,通常会选择裁员降薪。进一步降低工资可能会拉低劳动力市场的平均工资水平,从而引发更多裁员和人员流失,最终导致购买力进一步下降。俄罗斯居民收入差距大,消费需求的地域分布也不平衡。富裕阶层倾向于到国外购买产品和服务,这无疑削弱了国内消费需求。而那些依赖国内市场的消费者,收入水平往往不足以支撑其消费需求。

凯恩斯认为,"工人通常会反对降低工资,但当他们用工资购买的产品价格上涨时,他们却不会罢工"。[1] 虽然如此,但工人能够感知到自身劳动力价值的贬值,工作积极性和生产效率也会下降。这导致越来越多的在职员工同时活跃于劳动力市场,积极寻找其他工作或兼职机会,进一步加剧了劳动力供给过剩的局面。

国家干预劳资关系的第三个理由在于,劳资双方的经济活动创造了造福整个社会的经济价值。国家的粮食安全和生产独立在一定程度上取决于国家人力资源管理的质量。如果无法为本国民众提供必需品,就会酿成不可挽回的后果:不仅引发社会动荡和政权更迭,更可能导致国家彻底丧失独立地位。

笔者赞同那些主张国家积极管理人力资源的经济学家的观

---

[1] Кейнс Дж. М. Общая теория занятости, процента и денег // Антология экономической классики: в 2 т. Т. 2. М., 1993. С. 4.

点。笔者认同鲁登科和穆尔托扎耶夫的看法，即国家通过规范社会生活而干预劳动力市场的运行。[1]例如，劳动部发布命令，批准了《劳动力市场紧缺及新兴前景职业手册》，其中列出了一批中等职业教育背景人员可就业的职业。[2]劳动部另一项命令则批准了《50个劳动力市场最紧缺的新兴前景职业清单》，且这些职业都要求中等职业教育背景。[3]上述文件为劳动者、潜在就业者与雇主未来的互动以及职业和商业规划指明了方向。

总的来说，人力资源管理可分为以下几类。

1. 按提供形式分类如下。

- 远程管理（利用互联网技术、互联网平台和互联网通信）。
- 本地化管理（在现场，直接与就业管理系统的参与者互动）。

2. 按作用对象分类如下。

- 针对雇主（发放吸纳劳动力证书等）。
- 针对劳动者（职业教育、职业培训、提升技能、职业发展规划、促进劳动力流动等）。

---

1 Руденко Г. Г., Муртазаев Б. Ч. Формирование рынка труда. М., 2004.
2 《关于批准劳动力市场紧缺及新兴前景职业手册，包括需要中等职业教育背景的职业》，俄罗斯劳动部2015年11月2日第832号命令，https://mintrud.gov.ru/docs/mintrud/orders/437，最后访问日期：2019年9月10日。
3 《关于批准50个劳动力市场最紧缺的新兴前景职业清单，这些职业要求中等职业教育背景》，俄罗斯劳动部2015年11月2日第831号命令，https://mintrud.gov.ru/docs/mintrud/orders/436，最后访问日期：2019年9月10日。

- 针对劳资双方（确定最低工资标准、职业标准等）。
- 针对劳动力市场基础设施（税收政策、货币政策等）。

3. 按是否收费分类如下。

- 收费服务（企业和组织可与就业服务机构签订有偿合同，获得特定的额外服务；可签订合同开展科学研究、制订规划等）。
- 免费服务（国家机关依法向民众和企业免费提供就业管理的基本服务）。

4. 按管理主体分类如下。

- 专门的就业管理机构（劳动部，联邦、地区和地方行政机关及就业服务机构等）。
- 互联网社区（专业网站、在线社区、专业人士、专家、顾问团队等）。

5. 按标准化程度分类如下。

- 标准化服务（纳入联邦国家标准规定的公共就业服务和公共职能）。
- 非标准化服务（未纳入联邦国家标准目录）。[1]

数字经济时代人力资源管理的国际经验

数字经济和信息社会中劳动领域的转型凸显了各国修订

---

1 Новикова И. В. Концепция стратегии занятости населения в цифровой экономике. Кемерово, 2020. С. 143-144.

现行劳动法的必要性。法律现代化的主要目的是规范灵活就业形式，为其合法发展创造条件。

美国在 2010 年制定了《远程办公改进法》(Telework Enhancement Act，TEA)，明确了"远程办公"（或称远距工作）的概念。所谓远程办公，是指员工在经批准的非雇主所在地完成工作职责并承担责任的一种灵活工作方式。根据该法案，远程办公不受运营连续性的限制，因此远程办公的发展是改善工作条件的主要策略。雇主应当吸引和留住人才，并根据员工的工作成果而非在固定工作地点的出勤情况来评估其表现。[1]

为全面推行远程办公，美国联邦政府远程办公项目官方网站应运而生并投入运营。[2] 美国人事管理部根据 2010 年《远程办公改进法》的要求维护该网站，以便公众了解联邦政府远程办公的相关信息。该网站是重要的网络资源，尤其是对远程办公协调员、希望深入了解远程办公环境下的工作情况的管理者和远程办公者而言。网站列出了成功实施远程办公项目的七大关键因素。

- 周密的规划过程。
- 政策制定。
- 绩效管理（针对远程办公和非远程办公员工）。

---

[1] J. Messenger et al., *Working Anytime, Anywhere: The Effects on the World of Work*, Publications Office of the European Union, 2017.

[2] 参见 https://www.telework.gov，最后访问日期：2019 年 9 月 10 日。

- 管理支持。
- 培训和宣传。
- 技术方案制订。
- 远程办公项目评估。

欧洲自 2002 年起实施《欧洲远程工作框架协议》（European Framework Agreement on Telework，以下称协议Ⅰ），[1] 该协议也对远程办公下定义，并提出其组织原则。根据协议Ⅰ，远程办公是一种以信息技术为支撑，根据劳动合同或协议在雇主场所内外定期开展的工作组织和（或）执行形式。

远程办公的组织原则包括如下几点。

- 员工和雇主自愿选择工作地点。
- 如果远程办公不是最初的劳动协议条件，经雇主同意，员工可将其转为正式工作条件。
- 拒绝远程办公不构成解雇或改变雇佣条件的理由。
- 远程办公者享有与固定工作场所员工相同的法定权利和集体协议保障。

鉴于远程办公的特殊性，协议Ⅰ还规定了员工和雇主的额外义务。

- 保护员工在开展工作时使用和获取的数据。
- 告知远程办公者有关数据保护的所有相关法律和公司规定。

---

[1]《欧洲远程工作框架协议》，http://www.ueapme.com/docs/joint_position/Telework%20agreement.pdf，最后访问日期：2019 年 9 月 10 日。

雇主应对遵守上述规定负责，并告知员工使用IT设备和程序的限制，以及违反规定的处罚措施。

欧盟大多数成员国已将协议Ⅰ纳入本国法律（捷克、波兰、葡萄牙、匈牙利、斯洛伐克）或劳资协定（奥地利、比利时、丹麦、德国、法国、意大利、卢森堡和西班牙）。比利时、法国和卢森堡则将其纳入了本国的全行业协议。

2012年，西班牙通过了《劳动力市场改革紧急措施法》（De medidas urgentes para la reforma del Mercado laboral en Espana），[1] 旨在促进劳动组织创新，实现工作与生活的平衡，增加就业。《2012—2014年就业和集体谈判协议Ⅱ》（Ⅱ Acuerdo para el Empleo y la Negociacion Collectiva 2012-2014，以下称协议Ⅱ）认为，[2] 远程办公是一种基于信息通信技术应用的创新工作组织形式，允许员工在雇主场所外工作。协议Ⅱ还指出，远程办公应当是自愿和可逆的（允许自愿在不同工作形式之间转换），远程办公者享有与固定工作场所员工相同的权利。协议Ⅱ强调，有必要进一步规范保密、职业培训、健康安全等劳动方面。根据协议Ⅱ，只有远程办公者的工作环境符合所有安全和健康标准，才能批准其远程办公。雇主

---

[1] 《2012年劳动力市场改革：最终版》，http://www.laboral-social.com/reforma-laboral-2012-novedades-contratos-despido-eres-bonificaciones-empleo-convenio-colectivo-jubilacion.html，最后访问日期：2019年9月10日。

[2] 《2012年劳动力市场改革：最终版》，http://www.laboral-social.com/reforma-laboral-2012-novedades-contratos-despido-eres-bonificaciones-empleo-convenio-colectivo-jubilacion.html，最后访问日期：2019年9月10日。

可在事先通知并征得员工同意的情况下，进入远程办公者的住所，以确保上述标准得到了落实。雇主还应承担远程办公所需设备的费用。这表明在某些国家，远程办公主要是指在家办公。

2004 年，意大利将《欧洲远程工作框架协议》引入本国就业领域，形成《全国联合协定》（National Interconfederal Agreement）。[1] 除上述一般原则外，该协议还规定远程工作者有权接受 ICT 工作方面的培训。协议还规定，通信、ICT 设备购买和维护等费用由雇主承担，雇主还要对员工的健康安全负责。在国家层面，2011 年《工作与生活平衡政策协议》（Agreement on Work-life Balance）将远程办公视为一项有利于家庭的措施，企业可借此提高工作关系的灵活性。[2]

该协议的主要目标是提高劳动生产率和维持工作与生活的平衡。根据该协议，劳动合同规定如下。

- 允许员工在规定的工作时间内，在雇主场所外完成部分工作任务。
- 允许员工使用技术工具完成工作。
- 雇主对员工的健康安全、在雇主场所外完成工作任务所提供的技术工具的正常运转负责。

---

1 《意大利远程工作》，http://www.eurofound.europa.eu/eiro/2007/12/articles/ it0712049i.htm，最后访问日期：2019 年 9 月 10 日。
2 J. Messenger et al., *Working Anytime, Anywhere: The Effects on the World of Work*, Publications Office of the European Union, 2017, p 49.

- 员工和雇主需签署专门协议，以实施灵活工作制。
- 规定休息日并保障休息权。
- 平等原则（在经济和法律方面，灵活工作制员工与在同一雇主场所工作的员工享有同等待遇）。

在英国，自 2014 年起，员工有权要求转为远程工作，前提是其已在该雇主处工作至少两年。[1]

在英国，所有远程办公者享有以下权利。

- 获得不低于全国最低工资的报酬。
- 拒绝每周工作超过 48 小时。
- 在工作日工作超过 6 小时时，至少休息 20 分钟（未满 18 岁的员工在连续工作 4 小时 30 分钟后有权休息 30 分钟）。
- 享有 4 周带薪年假。

他们还享有健康安全保障，包括免受歧视。[2]

根据北爱尔兰现行劳动法，任何员工都可以要求雇主实行灵活工作制，但必须满足以下条件。

- 员工不是政府机构的员工（从育儿假返回工作的人除外），也不在军队服役。
- 已在该雇主处工作至少 26 周。

---

1 《灵活工作》，https://www.gov.uk/flexible-working/applying-for-flexible-working，最后访问日期：2020 年 12 月 15 日。
2 《了解你的权利：家庭工作者的权利》，https://www.tuc.org.uk/sites/default/files/homeworkers_0.pdf，最后访问日期：2019 年 9 月 10 日。

- 在过去 12 个月内没有提出其他灵活工作请求。

根据法律规定，雇主审议该请求的时间不得超过 14 周。

2014 年，荷兰《工作条件法》（The Working Conditions Act）有如下规定。[1]

- 雇主有责任确保远程办公者的工作场所符合法律要求，且远程办公者遵守法律的具体规定。
- 由于雇主无法持续直接监督工作场所，因此需要对员工进行适当指导。
- 远程办公者应确认工作场所满足法律要求，并承诺按照法律规定开展工作。
- 远程办公者应允许雇主行使检查工作场所的权利，检查时间需提前商定。[2]

在法国，《欧洲远程工作框架协议》的规定于 2012 年被纳入《劳动法典》。第 1222-9 条规定了在远程工作与固定工作场所工作之间转换的可能性。第 1222-10 条规定，雇主有义务承担与远程办公安排相关的所有费用，包括设备、软件及维护等的成本。[3]

为推广远程办公，日本总务省自 2012 年起实施"全国

---

[1]《荷兰工作条件立法》，https://www.arboineuropa.nl/en/legislation/wetgeving-in-het-engels/，最后访问日期：2019 年 9 月 10 日。

[2]《荷兰远程工作》，https://www.eurofound.europa.eu/publications/article/2008/telework-in-the-netherlands，最后访问日期：2020 年 12 月 15 日。

[3]《远程办公的 10 个问题》，https://www.anact.fr/10-questions-sur-le-teletravail，最后访问日期：2019 年 9 月 10 日。

远程办公推广项目"（Telewaku Zenkoku Tenkai Purojekuto），举办研讨会宣传远程办公的优势。厚生劳动省在东京设立了"远程办公咨询中心"（Telewaku Sodan Senta），为实行全日制在家办公或多地点办公制度（卫星办公室）的中小企业提供补贴。经济产业省也举办了多场远程办公推广研讨会，介绍远程办公对企业的益处。国土交通省持续调查日本的远程办公情况，并发布年度报告。[1]

《澳大利亚远程办公国家倡议》认为，要实现高效远程办公，员工应感到在家办公与在公司办公一样便利。远程办公者应当能访问工作所需的所有应用程序。同时，还需采用视频会议、电话会议等技术，增强远程办公者的团队归属感。[2]

加拿大按照《加拿大劳动法》和《就业公平法》对远程办公做出以下规定。[3] 远程办公的批准由管理层根据个人意愿酌情决定。建议雇主公布并说明批准远程办公的标准。申请远程办公应当出于自愿。在批准员工的远程办公申请之前，主管应确保满足以下条件。

· 在指定工作场所完成的工作应当能远程操作。

· 远程办公者在远程办公地点完成的工作的整体质量和

---

1 《国土交通省》，https://www.mlit.go.jp/en/index.html，最后访问日期：2019年9月10日。

2 卡尔·布伦克：《在家办公：机会远未得到充分利用》，《DIW每周报告》2016年第5期，http://www.diw.de/documents/publikationen/73/diw_01.c.526038.de/16-5-1.pdf，最后访问日期：2020年12月14日。

3 《远程办公政策》，http://www.tbs-sct.gc.ca/pol/doc-eng.aspx?id=12559，最后访问日期：2019年9月10日。

数量应与在指定工作场所相当。
- 远程完成的工作应具有成本效益；如果前期成本能在合理时间内收回，那么是可以接受的。
- 雇佣条件、相关集体协议的规定、现有政策和法律在远程办公情况下仍然适用。

远程办公的具体安排应由参与远程办公的员工与主管协商确定。为满足双方要求，这些安排应以书面形式呈现。远程办公安排至少应包括如下几点。
- 自愿原则。
- 实施期限。
- 员工远程办公的具体日期。
- 工作时间。
- 说明远程办公的定期或临时性质。
- 远程办公地点。
- 工作目标和预期成果。
- 责任分工（个人安全和设备）。
- 远程办公相关费用的责任分摊（水电、保险）。
- 健康安全责任的分工。
- 与同事互动的机制。
- 遵守所有政府规章制度。

任何一方发出通知后，远程办公安排随时可以终止。申请获批后，主管应确保申请远程办公的员工及其同事理解远程办公的影响，并对远程办公的实际考量达成共识。任何远程办公安排所需的设备和电子网络都应根据具体情况确定，雇主与员工之间还应签署相关协议。如果雇主提供设备，则雇主负责维护和维修。如果员工要求使用自己的设备进行远程办公，则其负责维护和维修，除非雇主另有规定。

参与远程办公的员工负责如下几点。

· 维持工作所需的费用（如保险、供暖、电力等）。

· 确保远程办公系统符合市政要求和员工住宅租赁规定。

· 按照健康安全要求配置远程工作场所。

· 遵守雇佣条件、相关集体协议、法律，仅将雇主的材料、设备和电子网络用于工作目的。

在方便的地点和时间工作带来的积极效应往往伴随着负面影响，可概括为"随时随地工作，永无止境"。不得不随时与雇主保持联系并随时准备执行任务，这会产生压力和职业倦怠感。[1] 为此，许多欧洲国家的集体劳动协议确立了"下线权"。

例如，法国雷诺（Renault）公司规定晚上和周末不得发送邮件。德国宝马（BMW）公司赋予所有员工将远程办公场所外的工作时间登记为工作时间的权利。这为员工在正常工作时间结束后回复电子邮件的加班时间提供了补偿机会。建议员工与主管商定固定的"在线时间"。戴姆勒（Daimler）

---

[1] Локтюхина Н. В., Новикова И. В. Регулирование рынка труда и занятости населения в условиях развития информационно-коммуникационных технологий // Уровень жизни населения регионов России. 2017. № 1. С. 45–57.

公司（德国）允许员工在休假期间将邮箱设置为"度假模式"。相应软件可在休假期间自动删除所有收到的邮件，发件人会收到自动回复，告知其在特定时间段内邮件将被删除。发件人可在此期间与其他员工联系。电信行业的集体远程办公协议规定，劳动合同应包含一项条款，明确可与远程办公者联系的时间段。

上述远程就业劳资关系管理的国际经验对俄罗斯具有借鉴意义，[1] 在制定相关战略时应予以考虑。

战略规划：人力资源管理的前瞻性工具

高度不确定、不可预测的未来以及信息通信技术的飞速发展和应用，迫切需要采用现代高效的人力资源管理工具。无论对单个企业还是整个国家而言，人力资源管理成本在总成本中的占比都相当大。[2] 因此，人力资源管理战略规划（制定和实施战略）的主要目标是调控人力资源，优化配置，提高人口生活质量和水平，开发劳动力潜力。笔者构建的人力资源管理战略的方法论以昆特院士的方法为基础，[3] 该方法已在多个国家的许多企业得到验证。昆特认为，"战略是一个指

---

1 2020 年底，俄罗斯联邦劳动法对《远程工作》修订。参见《关于修订俄罗斯联邦劳动法，规范远程（远距）工作以及在特殊情况下根据雇主倡议将员工临时调整为远程（远距）工作》，2020 年 12 月 8 日第 407 条联邦法，http://www.consultant.ru/document/cons_doc_LAW_370070/，最后访问日期：2021 年 1 月 18 日。

2 Новикова И. В. Стратегическое управление трудовыми ресурсами предприятия // Экономика в промышленности. 2018. Т. 11, № 4. С. 318–326.

3 Квинт В. Л. Концепция стратегирования: в 2 т. Т. 1. СПб., 2019.

南,指引我们在未来和未知的混沌中找到正确的优先事项和目标"。[1] 按照昆特的方法,战略规划需要识别各层面的长期趋势,协调所有利益相关者的利益,从而在经济和社会层面取得积极成果。

图 10 展示了人力资源管理战略形成的各个阶段。

```
                    全球预测
                   ／   ｜   ＼
              行业预测       区域预测
                   ＼   ｜   ／
               制定人力资源管理战略
                      │
                   确定使命
                      │
                    愿景
                      │
                  战略目标制定
                      │
                   确定任务
                      │
                  选择战略方案
                      │
                   选择策略
                      │
                   公司政策
                      │
               确定人力资源管理战略
```

图 10　人力资源管理战略形成阶段

资料来源:Новинка,2019。

---

[1] Квинт В. Л. Стратегическое управление и экономика на глобальном формирующемся рынке. М., 2012.

人力资源管理战略的构建原则如下。
- 明确人力资源管理的使命,即人力资源对国家的战略意义,为此需要增加人口数量,提高人口生活质量;确定使命并将其确立为长期愿景。
- 构建平衡的人力资源管理战略模型,其核心在于创造并维持高劳动生产率的环境。
- 全面发展与世界ICT水平相适应的区域信息通信空间,将其充分纳入俄罗斯乃至全球信息通信空间,同时考虑实现远程就业的可能性。
- 推动"人—机"交互模式发展,通过与ICT的平衡互动提升人力资源管理效率。
- 企业人力资源管理战略要与上级战略(地区、国家、世界)和个人战略保持一致。

全球经济和社会发展趋势蕴含机遇和威胁,这取决于国家、社会、企业和个人对其准备的程度。数字化可以将人类带入更高的生活质量和发展水平,也可能导致全面破产、贫困和人类文明的崩溃。全球趋势的影响取决于正确制定和实施人力资源管理战略。

第三章 数字经济中人力资源管理的新路径与新技术

3.1 数字经济时代的人力资源管理：全新挑战

2017年，为顺应世界经济发展趋势，俄罗斯联邦政府提出一项重要任务：为本国数字经济的繁荣发展创造必要条件。在这一过程中，组织中的员工群体开始受到越来越多的关注。作为企业的中坚力量，他们能够共同采取战略行动，开创崭新的组织现实。同时，高效的人力资源管理方法能够充分调动员工的积极性，确保企业在激烈的市场竞争中立于不败之地。员工群体和人力资源管理的重要性正日益凸显。

在这个数字化的时代，人力资源管理系统正面临一系列全新挑战。借助威尔伯的整合式方法，[1]我们可以更加全面地审视这些挑战，具体涉及以下几个方面。

1. 数字时代的个体，他们独特的个性心理、认知方式、情感体验、行为模式和内在动机，为其在充满不确定性和复杂性的商业环境中高效工作提供了重要支撑。

2. 组织环境正在发生深刻变革，具有崭新的管理形态（如虚拟组织）、公司规范和游戏规则，员工借助先进信息技术开展互动合作的方式也日新月异。

3. 为更好地提升员工工作绩效、可靠性、工作满意度，

1　Уилбер К. Интегральное видение. М., 2009.

培养契合时代要求的关键能力,组织实践和人力资源管理技术正在经历一场蜕变。

在人力资源管理体系中,审慎考量个体在运用数字技术过程中可能面临的心理困扰,对数字经济的发展至关重要。为此,心理学界应当协助企业甄选在"人—数字技术"系统中最为契合的职业互动模式,在提高企业效率的同时,也要悉心呵护数字时代员工的人性本质、职业幸福感和身心健康。

数字时代的个体

伴随新技术时代的到来,关于技术对个体影响的研究正在逐步展开,一些值得关注的问题已经开始显现。例如,格列科娃的研究表明,[1]数字时代前后的受访者在思维方式上存在明显差异。在数字时代到来之前,人们的思维方式往往遵循一种类属或种属特征的层级结构。在这种思维模式下,具象事物和抽象概念之间保持着某种相对固定的比例关系。然而,新时代的到来催生了一种更为灵活、立体、多义的思维模式。在这种新的思维模式中,符号与意义的关系千变万化,抽象与具象的界限变得模糊。符号不再仅仅指代某个固定的对象,而是被视为通往另一个维度的入口。在原有符号的基础上,新的符号不断产生和叠加,由此衍生出层出不穷的崭新意义。

然而,许多学者对数字时代个体的心理嬗变表达了担忧。

1　Грекова А. А. Особенности мышления представителей «цифрового поколения» // Вестник ЮУрГУ. Психология. 2019. Т. 12, № 1. С. 28–38. DOI: 10.14529/psy190103.

当下，对心智健全群体的病理心理思维诊断揭示了一些现象：归类和概括等思维方式正在发生改变，知识获取趋于片段化，信息感知愈发肤浅，注意力难以持久集中，"智力冲浪"取代了系统缜密的智力劳动，个人任务的解决往往外包给形形色色的智能设备。[1]人类思维模式正面临一场严重的危机。

阿尔片季耶娃在研究中创造性地提出"数字流浪儿"的概念。她认为，数字时代的现代人宛如缺乏关怀、无家可归、失去亲情、事业无着，进而迷失文化依归的流浪儿（moralment abandonne）。他们与家庭、工作集体的纽带千疮百孔、冲突不断、疏离甚至断裂，生命的意义悄然流失。数字时代并没有见证人们的学习成就、品行教养、文化素养、眼界见识的空前提升，反而目睹了广大民众几近全面的"倒退"，甚至出现了"先天愚钝"的现象。媒体技术不再是加速进步的利器，反而沦为加剧堕落和自我毁灭的帮凶。[2]施耐德的研究则指出，数字成瘾问题（如沉溺黑客行为、游戏成瘾、信息流浪、点赞上瘾和评论狂）日益严重，严重威胁个体的文化认同。[3]佩列斯列金在其研究中将这一现象称为"昙花一

---

[1] Грекова А. А. Особенности мышления представителей «цифрового поколения» // Вестник ЮУрГУ. Психология. 2019. Т. 12, № 1. С. 28–38. DOI: 10.14529/psy190103.

[2] Арпентьева М. Р. Люди-беспризорники: жители инфокоммуникационной культуры // Научное обозрение: электрон. журн. 2018. № 1. С. 1–7.

[3] Шнейдер Л. Б. Цифровые аддикты: формирование новых зависимостей и изменение личности молодого человека // Актуальные проблемы психологического знания. Теоретические и практические проблемы психологии. 2017. № 1 (42). С. 72–80.

现的一代",他们在吸收社会文明成果的过程中承受着巨大压力,而这往往又与自毁倾向密切相关。[1]

特列季亚克在代际理论的框架下,根据出生年份将劳动者划分为三类:"X一代"(1963—1983年出生,"流浪一代")、"Y一代"(1982—2002年出生,"英雄一代")、"Z一代"(2002年之后出生,"数字智人")。"流浪一代"习惯于自力更生,坚持个人发展,极其珍视个人时间。"英雄一代"已然成为网络世界的原住民,驾轻就熟地穿梭于虚拟交互空间,娴熟运用博客,跃跃欲试地投身劳动力迁徙和远程办公的洪流。归属感对他们而言至关重要,他们忠诚于耳熟能详的品牌,是集理想主义、实用主义和享乐主义于一身的"领薪革命者"。对他们而言,高品质的休闲时光和感官享受是人生的重要组成部分。"数字智人"自幼便习惯于处理海量信息,他们的思维方式以速度见长,呈现"碎片化"特征,对时尚风潮和社会流行趋势持批判态度,渴望摆脱社会意识的桎梏。这一代人的核心价值追求是个人创造力的释放,力图实现自由与职业发展、创新创造的完美融合。组建志同道合的小团队,携手打造梦寐以求的项目,是他们的理想图景;对他们而言,自主权、专业素养、科学导向和变革创新远比

---

[1] Переслегин С. Б. Процессы в мире. Мышление как технологии воздействия. 2018. URL: https://www.youtube.com/watch?v=kgg9sROWzBc (дата обращения: 29.09.2019). Перспективная модель государственной статистики в цифровую эпоху / науч. ред. Л. М. Гохберг. М., 2018.

一成不变的陈规陋习更有吸引力。[1]

普华永道全球网络开展的一项研究预测表明，到2025年，"Z一代"劳动者将占据全球就业总人口的1/4。相较前几代人，"Z一代"更加重视职业发展和薪酬水平，激励这一代人的首要因素是个人成长机会（包括工作之外的提升）。[2]

显而易见，作为崭新的生活范式，数字化在带来机遇的同时，也潜藏着风险。正因如此，厘清和彰显俄罗斯的"文化密码"，进而明确数字时代员工应具备的关键技能，成为一项刻不容缓的国家任务。学界指出，人才培养应着眼于以下几个重点。[3]

- 数字能力，即运用自主设定的评判标准，甄别多源信息的真伪和价值，以及在面对陌生语境、模棱两可、缺乏明确指引的情况下，依然能从容解决问题的能力；
- 信息通信技术技能，既包括运用信息技术解决日常工作难题（如社交媒体运营、电商平台的品牌推广、大

---

[1] Третьяк Л. Л. Поколение «Зима». 2016. URL: http://psymaster.spb.ru/articles/pokolenie-zima.html (дата обращения: 29.09.2019).

[2] Что такое цифровая экономика? Тренды, компетенции, измерение: докл. к XX Апр. междунар. науч. конф. по проблемам развития экономики и общества, Москва, 9–12 апр. 2019 г. / науч. ред. Л. М. Гохберг. М., 2019.

[3] Кондаков А. М. Разработка базовой модели компетенций цифровой экономики. 2019. URL: http://profstandart.rosmintrud.ru/upload/medialibrary.pdf(дата обращения: 29.09.2019); Куприяновский В. П., Сухомлин В. А., Добрынин А. П., Райков А. Н., Шкуров Ф. В., Дрожжинов В. И., Федорова Н. О., Намиот Д. Е. Навыки в цифровой экономике и вызовы системы образования // International Journal of Open Information Technologies. 2017. Vol. 5, no. 1. P. 19–25.

数据分析、业务规划等），又涵盖信息技术产品和服务的研发创制（如软件开发、网页设计、云数据存储、物联网应用、大数据分析等）；

- 行动规划能力，即面对信息快速更新和日益复杂的环境，能够迅速制定应对策略，快速适应瞬息万变的局势；
- 终身学习的能力，紧跟工作岗位生命周期的需求，充分考虑知识的交叉融合趋势和国际标准的要求，及时掌握必要技能；
- 处理复杂信息的能力；全局统筹，审慎思辨；综合权衡，科学决策；不拘一格，突破创新；洞察问题，攻坚克难。这些都是数字世界中不可或缺的宝贵品质。

数字化浪潮席卷而来，人类的生活方式随之发生了翻天覆地的变化。自主性和灵活性成为这个时代最耀眼的品质。[1] 远程办公正在成为一种日益盛行的趋势，尤其是在信息通信技术领域，高质量的工作成果远比完成任务所耗费的时间更受青睐；这种工作模式，对员工自我管理的能力提出了更高的要求。数字哲学家格雷伯曾敏锐地指出，一种新型的"组织人"正在悄然兴起，他们的主要特征是：始终保持知情（持续处理信息）、随时保持联系（迅速响应雇主的召唤）以

---

[1] Сизова И. Л., Хусяинов Т. М. Труд и занятость в цифровой экономике: проблемы российского рынка труда // Вестник СПбГУ. Социология. 2017б. Т. 10, вып. 4. С. 376–396. https://doi.org/10.21638/11701/spbu12.2017.401.

及生活在他人的节奏中（努力跟上数字通信瞬息万变的节奏，人的生理节律不得不屈从于网络和组织的指挥棒）。这些新型"组织人"乐于时刻与世界保持联系，因为这正是他们展现能力的最佳舞台。此外，沟通方式的改变也要求我们必须掌握解读数字化信息的能力，这就需要我们拥有一种全新的"数字思维"来取代传统的"模拟思维"。许多员工之所以无法适应信息化工作的新常态，正是因为他们仍然困守在"模拟思维"的牢笼中，无法真正理解组织对他们的全新期许。[1]

组织环境的蜕变

置身数字化时代的洪流中，组织环境正在经历不可逆转的变革。科学家以敏锐的洞察力揭示了这一变革的两大根源：一是虚拟组织这一崭新的管理模式崛起，它颠覆了传统的组织形态；二是员工互动方式嬗变，这种嬗变不仅反映在团队协作的方方面面，更体现在人力资源管理信息技术的创新运用中。让我们一起深入剖析这两个方面，探寻其中的本质和内涵。

传统的组织管理模式，如创业初期的简单结构、金字塔式的科层制度、按产品或地域划分的事业部制、依赖员工个人专业能力的专家型组织以及为应对特定项目而成立的临时任务团队等，正在逐步让位于一种崭新的管理模式——虚拟组

---

[1] Гребер Д. Бредовая работа. Трактат о распространении бессмысленного труда. М., 2020.

织。对于何谓虚拟组织，学界有两种主流观点。第一种观点认为，虚拟组织是借助信息技术，将地理位置分散的员工紧密联结在一起开展协作的组织形式（而不考虑权力的集中程度）。[1] 第二种观点则强调，虚拟组织是一种灵活多变的结构形态，由一个个机动灵活的项目团队组成，这些团队能够快速组建，并根据具体任务的需求来调整自身。虚拟组织的关键特征包括：用通信网络取代实体办公；借助信息通信技术，实现经济独立的市场主体之间的临时联合，共同实施项目；组织成员资源、技术和能力完美组合；成员拥有各自的经济利益诉求；信息空间高度统一，成员行为公开透明；存在专门的协调机构；项目领导者和主管角色多元化。[2] 在数字经济时代，企业的生产流程被划分为众多相对独立的环节。这些环节虽然在形式上是分散的，但通过数字化技术实现了高度的连接和协同，最终形成一个统一而高效的信息化生产体系。每一位员工，都不可避免地成为这一体系中不可或缺的一部分。管理的职能也因此变得无处不在，渗透到工作的方方面

---

[1] Кузнецов Ю. В., Мелякова Е. В. Формирование и развитие виртуальной организации // Экономика и экологический менеджмент: научный журнал НИУ ИТМО. 2015. № 4. С. 248–256.

[2] Макарова И. К., Романчевский Б. В. Современные подходы к проектированию виртуальных организаций в условиях развития инновационной экономики // Инновации и инвестиции. 2012. № 1. С. 7–10; Коблова Ю. А. Виртуальные организации как новейшая форма сетевых структур // Вестник Саратовского государственного социально-экономического университета. 2013. Вып. 3. С. 18–21; Хромов И. Е. Основные виды и характеристики виртуальных организаций// Вопросы экономики и права. 2018. № 122. С. 95–99.

面，打破了传统的地域、人员和等级的界限。[1]

要想在虚拟组织中实现高效的人员互动，持续不断的反馈必不可少。这种反馈，既包括对项目工作的反馈，又包括对已完成任务的集体讨论与评估，其目的不仅在于确保工作质量的持续提升，更在于培养团队协作的默契。然而，茹拉夫廖夫和赞科夫斯基也提醒我们，虚拟组织在人力资源管理方面可能面临诸多挑战。[2]

1. 在履行规划、组织、领导、控制等核心管理职能时，可能会遭遇重重阻碍。

2. 虚拟交流可能会抑制非正式交流，导致误会和冲突频发，妨碍员工对彼此形成全面、立体的认知，进而阻碍信息的有效流通。

3. 虚拟空间中的冲突可能会长期潜伏，甚至在面对面交流时，员工也未必能意识到冲突的存在，而冲突一旦爆发，其破坏性后果可能难以估量。

4. 如何激发工作热情是所有虚拟组织面临的共同课题。远离管理者的视线和团队的社会影响、工作关系的短期性（尤其在网络型虚拟组织中）、员工间缺乏社会促进效应、领导者难以发挥个人魅力调动员工情绪，都可能削弱员工的积极性。

---

1 Гребер Д. Бредовая работа. Трактат о распространении бессмысленного труда. М., 2020.
2 Журавлев А. Л., Занковский А. Н. Личность и виртуальная организация: психологические проблемы и перспективы научных исследований // Изв. Сарат. ун-та. Нов. сер. Сер. Акмеология образования. Психология развития. 2017. Т. 6, вып. 4 (24). С. 318–323. DOI: 10.18500/2304-9790-2017-6-4-318-323.

应对这一挑战，亟须开发新的激励方法和手段。

5. 在价值观与组织文化领域，最棘手的莫过于信任、开放、责任和忠诚等问题。因为在虚拟环境下，管理者无法通过面对面交流来判断员工对这些价值观的认同程度，但这对互动式虚拟团队尤为重要，因为工作成果往往诞生于持续互动之中，取决于每位成员的尽职尽责和默契配合。

6. 组织适应与员工社会化是另一个值得关注的问题。当下的组织环境瞬息万变，专业任务对员工的要求越来越高，而团队组建（通常跨越国界）往往非常迅速，员工往往没有充裕的时间去熟悉环境、了解同事。这无疑给组织适应与员工社会化过程带来了诸多不确定性。

除此之外，人力资源管理的重心正从传统的人事管理转移到数据分析和数字化的人力资源管理流程。以下是2019年在莫斯科举行的"数字化人力资源国际峰会"上提出的一些热门趋势。

1. 吸引求职者。招聘流程日益自动化，简历筛选也逐步实现自动化（这已在 MTS、Rostelecom、Pyaterochka、Auchan、宜家等大公司得以实现）。得益于 Stafory 公司的技术突破，一个名为 Vera 的聊天机器人于2015年在俄罗斯诞生并迅速走红。从节省 HR 专业人士的工作时间到将招聘周期从 2—3 周大幅缩短至 5 天，[1] Vera 已充分证明了其高效性。另一个聊天

---

[1] 《Vera 机器人将为您找到员工》，https://robotvera.com/ static/newrobot/index.html，最后访问日期：2019年9月29日。

机器人 Ermila 也即将问世。Vera 在与求职者交谈后会传递其信息，而 Ermila 则会在评估候选人对职位的兴趣后，立即将其转交给 HR 经理。

2. 评估求职者。最常用的技术包括：视频面试，并能详细查看候选人对关键问题的回答；在线测试，以确定其动机特征、个性特点，以及是否符合公司的能力要求。这些技术在员工的定期评估和绩效考核方面也显示了很好的效果（例如，由国际公司 SHL、HeadHunter 集团等提供的评估服务）。

3. 帮助员工适应组织并提供支持。例如电子文档管理服务（休假时间表、工作时间、合同签署），利用聊天机器人自动、快速地回复员工的常见问题和非常见问题。

4. 培训与发展。数字化人力资源管理可以根据员工的个人发展计划，自动规划其培训需求，并创建基于人工智能的辅导工具。这些软件可以收集反馈，分析评论，并以员工和团队为中心。通过收集员工和团队遇到的困难反馈，并将其与优秀员工和团队的工作模式进行对比，系统可以找出导致绩效差距的关键因素。基于这些信息，系统会向管理者提供有针对性的改进建议，激励他们优化管理方式，从而提升团队绩效。电子学习（E-learning[1]）已成为 Beeline、Megafon、Yandex 等许多大公司日常运作中不可或缺的一部分。

---

[1] E-learning 是指使用新的信息技术、多媒体和互联网技术，通过改善资源和服务的获取以及远程知识交流和协作来提高教学质量（Дубова, 2004）。

5. 诊断员工的不良心理状态，尤其是疲劳和压力。除了开发个人健身追踪器，还可开发与人力资源管理系统整合的健康与健身应用，帮助合理分配工作量，维护职业健康，提醒员工适时休息，缓解心理压力。

6. 员工诚信。数字技术极大地提高了预防职场犯罪的可能性（可以检查社交网络、网络流量、员工的搜索记录和评论），有助于识别风险并向安全部门预警。

7. 人力资源分析。该领域涵盖员工流失率、候选人来源、招聘成本、员工培训统计、敬业度以及其他人力资源管理指标。此外，相关软件还能评估和分析员工的职业风险及可能的跳槽计划。例如，沃尔玛可以准确计算离职员工的价值，分析员工离职原因，找出导致员工流失的典型行为模式。

由上文分析可知，组织变革正在深刻影响员工与组织的关系。很明显，常规性工作正逐步被信息通信技术取代，数字时代的员工肩负着最为复杂的任务，这需要系统思维、创新思维和主观能动性（一方面，这意味着发展的机遇；另一方面，这也带来紧张和疲惫）。第四次工业革命可能颠覆生产方式，其复杂程度或将超出人类的理解能力，人类很难跟上生产过程演变的逻辑。

组织实践与人力资源管理技术

在商业领域，充分利用和调动人力资源正成为当下的趋势。新时代的任务是塑造员工的主体地位，即在自主状态下

(不需持续的管理监控)发现问题、提出问题并解决问题，运用概率思维和自我调节技能。研究表明，在日趋激烈的竞争、组织变革和经济危机的大背景下，现代企业要创新，员工必须具备强烈的认知导向和管理型职业责任感。

这种责任感的决定因素包括如下几点。

1. 战略思维，即在评估团队的专业素质和个人资源时，要建立起过去、现在和未来的时间联系。

2. 团队意识，即不仅为自己，更要为他人承担责任的意愿。

3. 创新精神，即愿意寻找资源，勇于从专业角度解决棘手的现实问题。

笔者通过一系列研究发现，对于管理型职业而言，情境因素至关重要。作为外部条件，情境因素决定了管理者需要达成的目标和解决的问题。管理者需要与外部环境保持高度和谐，并从概率的视角审视完成组织任务的方法。[1]

管理型职业责任感需要与之相适应的组织文化——主体资源型文化。在这种组织文化的氛围中，员工优势品质的发扬、个人资源的获得和创造潜力的释放被视为个人成长的必要条件。

挖掘个人资源不仅有助于我们更好地认识和理解自我，

---

[1] Водопьянова Н. Е., Гофман О. О. Профессиональная ответственность: понятие и модели в организации // Психология, управление, бизнес: проблемы взаимодействия. Тверь, 2016. С. 88–97.

更重要的是，这一过程能够启发我们深入思考。[1] 马尔科尼在他的诸多著作中指出，当工作满足以下标准时，人们便会在工作中找到乐趣：对于体力和脑力工作，关键在于从始至终完成一个项目；对于塑造性工作，重点在于在工作中改变自我和环境，释放创造力和创意潜能；对于生产性工作，要义在于投入产出的平衡；对于互动性工作，核心在于合作与交流的实现；对于以目标为导向的工作，意义源自当下，工作必须得到周围世界的认可（"为他人而劳动"）。

佩顿引入了"合作型个人主义"的概念，强调释放和整合个人优势，在尊重和鼓励每个员工的个人自由、主动性、创造力、生产力和责任心的同时，实现组织目标。[2] 阿克先诺夫斯卡娅认为，组织中的责任应该被视为一种道德准则。这种责任体现在两个方面：一是个人对他人负责、为他人承担责任的能力和意愿；二是个人在行动中遵循"生态原则"，即不伤害他人，并积极参与尊重他人的生产和消费过程中。[3] 要激发人力资源的深层潜能，必须在组织中营造"良好的精神氛围和智慧环境"，而这无法通过专制手段实现。[4]

---

1 Водопьянова Н. Е., Гофман О. О., Никифоров Г. С. Субъектно-ресурсная модель развития профессиональной ответственности // Международная научно-практическая конференция «Психология развития человека как субъекта труда. Развитие творческого наследия Е. А. Климова». М., 2016. С. 166–172.

2 J. D. Peyton, *The Leadership Way: Management for the Nineties : How to Get Top Results in Managing and Supervising People,* Davidson Manors, 1991.

3 Аксеновская Л. Н. Ордерная концепция организационной культуры: в 3 кн. Кн. 2. Саратов, 2005.

4 Гайсельхарт Х. Обучающееся предприятие в XXI веке. Калуга, 2004.

管理型职业责任感的培养计划建立在主体—资源理论的基础之上。其核心不仅在于以计划活动和执行力为导向,更为重要的是发现典型行为模式,并用新颖、切合实际的行为模式取而代之。这一方法要求我们摒弃条件反射式思维,转而运用算法思维和反思思维。

盖泽尔哈特提出了三种学习方式:单环学习——最基础的学习,基于对已有流程的改进;双环学习——质疑基本假设,审视行为背景,探寻"我为什么这样做而不是那样做"的答案;三环学习——旨在反思自身思维结构、习惯行为模式和学习经验,从而赋予行为以崭新的意义。[1]

员工的个人发展计划应包括以上三种学习方式。这意味着需要培养专业硬技能(hard skills),拓宽专业视野(包括跨学科知识),塑造自我,助力员工认识并接纳个体特质,学习探索潜在发展领域的工具,掌握团队协作技巧等。[2] 这项工作需要在生态友好的组织环境中开展,让员工敢于提出新想法,勇于进取,学会改变。

在数字化时代,人力资源管理的另一重点是开发保障员工健康的心理技术,抵御职业和个人的异化,包括职业倦怠综合征,发现不为人知的数字疾病。在俄罗斯心理学界,人

---

[1] Гайсельхарт Х. Обучающееся предприятие в XXI веке. Калуга, 2004.

[2] Гофман О. О. Программа формирования управленческого типа профессиональной ответственности у организаторов строительного производства // Теория и практика управления в строительстве. СПб., 2019. С. 87–95.

机交互问题已成为一个崭新领域，被称为"人机交互心理学"。其理论基础是季霍米罗夫提出的人的思维活动因计算机介入而发生转变的概念。[1]文献资料揭示了从事数字技术工作的专业人员出现人格异化的事实。在虚拟现实中与复杂技术系统打交道，其中隐藏着许多尚未被充分研究的压力源，可能会对人的心理产生影响。其中一个主要的压力源是，人与计算机或其他电子设备之间持续的、伴随着电磁辐射的交互。值得注意的是，"人—机"系统中的沟通以持续参与虚拟空间信息交换为特征，外部注意力焦点狭窄，沉浸于虚拟互动之中。人机交互可能引发认知、沟通和互动等方面的某些问题。[2]

信息通信领域专业人员健康水平下降和人格异化的高危因素如下。

1. 卫生（医疗）问题，即计算机对专业人员身心健康的负面影响。这一问题常常影响到工作绩效，专业人员对细节的关注度和专注力下降，而这恰恰是高效使用计算机的关键素质。

2. 使用计算机时，操作失误或系统错误可能导致严重后果。在此情形下，专业人员常常试图在整个工作日始终与系统保持交互，鲜有休息，这对其心理状态和工作能力造成负面影响。

---

[1] Войскунский А. Е. От психологии компьютеризации к психологии интернета// Вестник Московского университета. Психология. 2008. № 2. С. 140–153.
[2] Стрелков Ю. К. Психологическое содержание операторского труда. М., 1999.

3. 技术更新速度快，导致从业者不得不持续寻找更加完善的程序。

4. 人类思维的计算机化，计算机的局限性也导致了使用者视野的局限（"技术官僚思维"和"人工智能"的形成[1]）。我们可以推测，数字疾病在很大程度上与沟通过程的破坏、情感领域的异化有关，而这源于虚拟工作的主导地位，但这一领域仍需新的研究予以佐证。

职业压力的另一原因，可能在于员工与管理者对组织文化类型存在认知差异。那些对组织文化的理解与管理层不同的员工，更易感受到压力，因而工作效能较低。[2]

当今时代，无论俄罗斯国内还是国外，员工健康计划都受到越来越多的关注，这些计划建立在以下基本假设之上。

1. 生活方式对个人健康有着至关重要的影响。

2. 如果给予恰当的帮助，人们能够改变自己的习惯。

3. 在提供这种帮助时，工作场所是最有效的，因为人们在工作场所（无论实体还是虚拟）花费了大量时间。

组织管理层有充分的理由支持实施健康支持计划，因为这些计划可以提高工作的可靠性和生产率，减少病假，降低医疗保险费用，改善团队的心理氛围。毋庸置疑，考虑到当

---

[1] Зинченко В. П., Моргунов Е. Б. Человек развивающийся. Очерки российской психологии. М., 1994.

[2] Бариляк И. А. Организационная культура и профессиональный стресс сотрудников // Психология труда и управления как ресурс развития общества в условиях глобальных изменений. Тверь, 2018. С. 177–182.

今人类生活的特点，包括职业活动，我们必须承认，职业健康和长寿的最大威胁莫过于无法应对工作压力。

现如今，有许多职业，压力即便不是长期存在，其出现的可能性也非常大。职业实践经验有力地证明，个人特质对压力的性质、大小和应对影响最为显著。事实证明，其中一些特质可以提高员工的抗压能力，提升他们抵御压力源的能力。

在应对压力的关键心理品质中，我们不得不提到乐观、幽默、意志力、友善、自尊、自我管理等。提高员工抗压能力的综合措施通常包括人员的有效心理筛选、适当的职业培训、科学的工作和休息安排等问题。在制订压力管理计划时，重点是培养员工相应的自我调节知识和技能，以预防压力的产生，避免陷入压力状态。事实证明，抗压能力的提高可以通过各种心理自我调节方法实现，包括自我暗示训练、生物反馈、冥想等。

确保工作安全与职业健康和长寿问题息息相关。研究工作过程中事故发生的心理原因，以及利用心理学知识提高工作安全性的途径，是人力资源管理的另一个重要任务。其实际解决方案包括以下措施：职业选拔（筛选）人员；识别风险人员（群体）；职业培训，形成个体的安全工作方式，培养安全工作的动机；优化工作和休息制度；培训个体和集体安全行为（安全技能）。[1]

1　Никифоров Г. С., Шингаев С. М. Психология профессионального здоровья как актуальное научное направление // Психологический журнал. 2015. Т. 36, № 2. С. 44–54.

我们生活在充满时间表和日程安排的世界中，在生活的方方面面越来越多地运用信息通信技术，面对面的交流成为一种稀缺品和特权。我们有必要为组织的员工，包括虚拟组织的员工，创造相聚和交流的机会，超越商业范畴，走向文化实践。

伦敦商学院的琳达·格拉顿教授建议，组织应该在内部打造三种不同类型的社区：第一种是"同道社区"，由志同道合的同事和工作伙伴组成，旨在加强员工之间的联系；第二种是"创新社区"，员工可以在社区中提出创新想法并得到评估反馈，以推动组织创新；第三种是"支持社区"，由组织员工的亲朋好友组成，旨在加强员工生活中的社会联系，间接提高工作效率。[1]

首先，我们要强调，数字经济时代的人力资源管理需要系统思维。在考虑人的发展时，我们必须关注其中的心理取向，包括心理过程、价值观、意义特征和个性取向等。当今世界日益复杂，数字技术的引入也为商业环境带来了巨大变化。在这样的背景下，员工需要具备更为复杂的思维模式，以应对多维度、高强度和不断变化的商业任务。只有具备这种思维模式，员工才能在当前的商业环境中保持竞争力，推

---

[1] Тимофеева Ю. О. Виртуальная организация: проблемы и преимущества жизни и работы «в облаке» // Психология труда и управления как ресурс развития общества в условиях глобальных изменений. Тверь, 2018. С. 200–204; 另请参阅《劳动力市场上的组织对未来的展望：今天就为明天做准备》, https://www.pwc.ru/ru/publications/preparing-for-tomorrows-workforce-today.html, 最后访问日期：2020 年 12 月 15 日。

动组织的发展。

其次,我们必须考虑组织环境的情境因素及其对员工个人资源的影响。新的商业形态和虚拟组织出现。显然,新的组织结构要求项目参与者之间建立更多的信任、具备自我组织能力,并且关注结果而非过程。常规业务流程的数字化导致员工转向更加复杂的任务,管理能力变得比执行能力更为重要。此外,员工的个人价值观越来越多地影响着他们的职业活动。

最后,组织中员工的培训和发展需要新的心理技术,这旨在提高员工学习必要技能的积极性,促进他们参与数字生产力的提升。为此,笔者提出了两种主要方法。第一种方法旨在创造条件,使员工的职业责任感建立在个人资源模型的基础上,从而在组织中充分发挥其潜力。第二种方法旨在保障员工的职业健康和长寿,传授克服职业倦怠综合征的技巧。

从科学的视角来看,迈入数字化时代给科学家和业界专业人士提出了新的根本性任务,即理解新时代对人的影响,建立机制来帮助员工适应新的生活方式,实现职业自我实现的目标,获得幸福感。员工最重要的组织和个人使命是守住人之所以异于机器的特质——人的文化本源:协作的能力、对新事物的向往和直面不确定性的坚韧。

3.2　人力资源管理数字化的趋势与隐患*

在瞬息万变、经济波动的当下，企业为了维系内部稳定、确保可持续发展，纷纷致力于优化商业流程、革新管理技术。面对如何提升竞争力、分析海量业绩数据、塑造良好市场形象、提升利益相关者忠诚度等一系列难题，企业管理层只有进行生产和管理流程的数字化变革，方能应对挑战、获得成功。

2016 年，世界经济论坛发布的《第四次工业革命时代就业、技能与人力资源发展战略展望》报告指出，数字解决方案和人工智能的新技术正在蓬勃发展，由此引发了对员工素质和劳动力市场需求的改变。[1] 专家们敏锐地觉察到，在数字化、自动化、机器人化的浪潮下，工业部门的就业市场正在经历某种程度的"空心化"。正如学者大卫·杨所言："置身于第四次技术革命的浪潮中，每个组织、每位员工都在向'数字化'转型：企业或个人在大多数情况下都在将数字输入（信息）转化为数字输出（按键、发送信息、编制文件）。"

---

* 本研究得到俄罗斯基础研究基金会的财政支持，系"在线社交网络中机器人空间的结构：网络分析"科研项目（№.18-011-00988）的一部分。

1 《第四次工业革命时代就业、技能与人力资源发展战略展望》，http://www3.weforum.org/docs/WEF_Future_of_Jobs.pdf，最后访问日期：2019 年 9 月 10 日。

机器人技术、数字工具、新兴信息通信技术的影响力已然突破生产领域，渗透到人力资源管理的方方面面。"数字化""数字技术""电子人力资源管理"等新概念频频出现在日常生活和学术研究中。媒体热衷于报道管理自动化、机器取代人工的话题。然而，鲜有学术文献探讨数字化对人力资源管理影响程度、数字化与自动化和机器人技术之间的差异，以及企业在引入数字工具和管理技术时所面临的挑战。时至今日，对人力资源管理数字化过程的描述仍然存在概念和术语的混乱。

通过分析该领域的相关文献，我们试图解答以下几个问题：人力资源管理数字化的内涵是什么？数字化转型给人力资源管理带来了哪些变革？企业在部署人力资源管理数字化工具和技术的过程中遇到了哪些显性和隐性的挑战？

人力资源管理数字化：概念界定

"数字化"一词源自英文单词"digitalization"，其含义可追溯至拉丁语"digital"，意为手指、数字、位。[1]数学家乔治·斯蒂比兹于1942年首次将"digital"一词应用于电子设备。

如今，"digital"一词常与数字工具和技术联系在一起。[2]

---

[1] "Digitus"，拉丁语研究工具，http://www.perseus.tufts.edu/hopper/morph?l= digitus&la=la，最后访问日期：2019年9月10日。
[2] 《剑桥英语词典》，https://dictionary.cambridge.org/dictionary/ english/digital，最后访问日期：2019年9月10日。

《剑桥英语词典》为其提供了几种定义：一是将信息记录或存储为数字1和0的组合（digital data）的过程；二是将二进制数字信号转换并应用于数字设备（数码相机、数字电视）的过程；三是以电子方式呈现信息（数字时钟、显示器）的方法。"digital"一词还常用于指代与数字化转型相关的新技术。

广义的数字化是指由大规模采用非纸质载体创建、处理、交换和传输海量信息的技术而引发的生产管理流程和日常社会实践的变革。在管理领域，数字化意味着从"纸质"向"无纸化"的转变。

数字化、自动化、机器人化三者密切相关却又有所区别。有别于自动化，数字化并不意味着将人从管理过程中完全剔除，而是引发了管理工作组织方式和内容的变化。机器人技术与数字解决方案息息相关，但并非所有数字化都涉及在管理中应用机器人和机器人技术。

学者邦达鲁克和鲁埃尔认为，人力资源管理数字化是一个涵盖人力资源管理与信息技术融合的所有可能机制的总称。这种融合旨在为企业员工和管理层创造附加值。因此，数字化更多地体现为一个从传统人力资源管理向电子人力资源管理（e-HRM）转型的过程。数字化简化并加速了沟通流程，使管理决策更加灵活高效，易于监控执行。此外，它释放了HR专业人士的时间和精力，他们可将更多的时间用于制定人力资本积累和发展的战略。所有这些都有助于提升企业的生产力和效率。

人力资源管理数字化通常被描述为在管理实践中引入数字工具、技术、综合数字解决方案（集成管理系统、数字平台）。[1] 人力资源管理数字工具是旨在降低人力资源管理操作成本的软件工具（数字解决方案），例如在线员工评估或电子学习软件。数字技术则是电子存储、传输、处理和使用海量人力资源信息及相关管理决策的手段。蜂窝通信、电视广播、全球网络等数字技术代表了一种远距离传输海量信息并提供信息访问的全新方式。数字技术的应用旨在优化人力资源管理的工作流程，提高组织人力资源管理的效率。

数字设备（digital devices）是用于读取和转换以二进制代码加密的信息的电子设备，例如个人电脑、电子书、电视、数码相机、播放器等。

数字平台是一个集成的系统，包含各种软件产品和工具，用于在主要利益相关者之间建立沟通，并向他们传递特定的信息。[2] 数字平台可能因其功能和应用领域而有所不同。例如，"开放教育"平台提供在线课程的访问。社交平台 Facebook、Instagram、ВКонтакте 和 Одноклассники 允许人们交换信息并根据兴趣组建小组，而公司则可以在有相应目标的环境中推广品牌和产品。还有用于电子商务的平台（亚马逊、速

---

1 《数字技术》，http://technologyin.org/digital-technology，最后访问日期：2019 年 6 月 7 日。

2 《什么是数字平台？》，https://whatis.ciowhitepapersreview.com/defi- nition/digital-platform/，最后访问日期：2019 年 9 月 10 日。

卖通、Pandao）、用于在移动设备上下载应用程序的平台（Google Play、AppStore）等。此外，还有汇集各个行业代表的平台。例如，HR-Portal用于搜索相关信息，获取有关专业活动的新知识。公司可以开发自己的平台来实现既定目标。

总之，人力资源管理的数字化导致出现了新的术语和概念，每一个都反映了数字世界发展的特定领域。重要的是要看到这些概念在意义和内容上的差异。更重要的是要理解，许多人力资源管理流程正在转移到互联网上，员工通过手机与管理层和同事保持联系，自动获取相关信息，提供有关公司工作的反馈，规划职业生涯等。管理层可以使用互联网和现代信息通信技术来控制和协调下属的活动，与潜在候选人建立沟通渠道，塑造雇主品牌。数字化带来的变化是显而易见的，它提升了组织中人与人合作的灵活性、透明度和可控性。

为了更深入地了解人力资源管理的数字化转型过程，有必要回答一系列问题。数字化转型与哪些技术相关？哪些管理流程受到影响？数字技术影响哪些组织关系和互动，发生了什么？技术如何改变整个人力资源管理系统？

让我们来看看现代公司所采用的数字工具和技术，以及它们对人力资源管理流程的影响。

要指出的是，越来越多的公司对在人力资源管理中应用云技术表现出浓厚的兴趣，这一点从德勤咨询公司的一项研究成果中可见一斑。[1] 这些技术的价值不仅在于提供了一整套优化大数据处理的集成工具，还在于实现了对数据库的移动访问。目前，HR 专业人士使用诸如 Dropbox、Google Drive 等云存储服务。供应商提供多种不同的解决方案，如 Workbench、Navicat、PHPMyAdmin 等。[2] 例如，Second Prism（来自 Survey Analytics）能够持续访问数据库，并允许与工作团队的其他成员或第三方共享获得的信息。[3]

招聘技术方面的应用程序也在积极开发。例如，Spark Hire 公司提供视频面试服务，并提供专门的软件供求职者和雇主安装在个人电脑上。求职者可以录制单向面试视频，回答公司提出的问题。该软件也可以在招聘人员与求职者之间或多个求职者之间进行实时对话。[4] VCV 服务在 HR 专业人士中颇受欢迎。[5] 它要求求职者回答雇主预先准备的问题。HR 专业人士在观看视频时，可以评估候选人的价值观与公司的匹配程度。

---

1 《人力资源云：发射台，而不是目的地》，https://www2.deloitte.com/ insights/us/en/focus/human-capital-trends/2019/hr-cloud.html?icid=dcom_ promo_featured|global;en，最后访问日期：2019 年 9 月 10 日。

2 《MySQL 开发和管理的最佳工具》，https://habr.com/ru/post/142385/，最后访问日期：2019 年 9 月 11 日。

3 《用于数据分析和可视化的新工具》，http://fdfgroup.ru/poleznaya-informatsiya/stati/50-novykh-instrumentov-dlya-analiza-i-vizualizatsii-dannykh/，最后访问日期：2019 年 9 月 11 日。

4 《视频面试平台》，http://info.sparkhire.com/video-inter-viewing-platform-step-1/，最后访问日期：2019 年 9 月 10 日。

5 《候选人视频筛选》，https://vcv.ru/，最后访问日期：2019 年 9 月 11 日。

基于人工智能的数字化技术日益流行。不同层次人工智能的机器人越来越多地被引入人力资源管理实践，使员工免于烦琐的事务性工作。它们是 HR 专业人士工作的有益补充，使工作更快、更高效、更有成效。具体而言，HR 机器人可以完成以下任务：初步筛选和对候选人简历进行排序、在选拔的各个阶段通知候选人、语音识别、根据数字足迹评估候选人、通过面部表情和手势判断情绪、离职前进行离职面谈、根据岗位要求制订培训计划、解决适应性问题、预测候选人在特定岗位的成功概率。

HR 机器人还被用来加快沟通速度，消除组织与潜在和现有员工互动时的沟通障碍。例如，Mya Systems 公司推出了一款内置人工智能的聊天机器人 Mya。作为一名"招聘人员"，Mya 可以对候选人进行面试和评估。使用机器人的一个优点是消除了人为因素的影响，如疲劳和急躁情绪。Mya 会询问候选人的工作经历、经验和技能，并据此形成对候选人的看法，从而为 HR 专业人士腾出时间，以应对更复杂的战略性任务。

与此同时，我们不应忽视这样一个事实：HR 机器人是按照预设的算法工作的。例如，如果机器人要处理呼叫中心的来电，那么它的内存中必须包含一个流程图，规定它将如何应对来电者的请求，说些什么或写些什么。基于人工智能技术的应用正在改变 HR 专业人士的工作方式。在这种情况下，HR 专业人士必须与 IT 专业人士合作，共同为 HR 机器人开发算法并监控其运行。

除了 HR 机器人，虚拟现实（VR）和增强现实（AR）技术也得到了广泛应用。它们在培训中的应用日益广泛，因为它们可以让学员沉浸在虚拟空间中的工作情境里，在"虚拟设备"上训练工作技能。这样，就无须使用公司员工实际工作所需的设备了。例如，一些公司已经开始使用 VR 技术进行灭火行动演练、收银机操作培训以及食品制作培训。VR 和 AR 技术的应用不但在培训内容方面带来了重大变革，而且在培训组织和整个培训管理方面带来了重大变革。这些变革既涉及培训专业人员，也涉及员工自身，其主要挑战是使员工能够适应新技术。

值得注意的是，在人力资源管理的各个领域中，培训可能是转移到虚拟空间最快的领域。在线平台的发展、在线课程和培训的开发，使培训能够覆盖更广泛的受众，变得更加灵活，能够贯穿整个职业生涯，并始终遵循持续学习的原则。在线培训大量使用对话模拟器，基于案例来培训某些特定活动（如销售）的步骤和内容，从而为相关工作提供借鉴和指导。在线课程和培训的价值在于，它们为学员提供了无限次访问模拟器的机会，从而可以实现根据个人需求和能力来学习技能。

人员评估也在逐步向虚拟空间转移。现代在线测试和调查问卷工具可以与公司使用的人力资源信息管理系统（HRIS）相融合。有些公司开始提供定制在线评估工具的服务。这些工具的开发主要基于两个方面：一是客户的个性化需求，二是公司自身采用的胜任力矩阵。

数字化的员工反馈技术也得到了广泛应用。借助这些技术，公司可以全面了解员工的需求、工作绩效和敬业度。例如，Impraise 公司提供了一款专门的应用程序，员工可以通过它与管理者实时反馈对已完成工作的意见。[1] 此外，员工可以在日常交流中就同事的工作提供反馈，而管理者则可以对员工在执行具体工作任务时出现的错误进行点评。该应用程序可安装在移动设备或电脑上，每位员工都可以随时访问它。

除此之外，人力资源管理还采用行踪轨迹跟踪程序。这些程序简化了下属与上级之间的工作沟通流程，因为员工无须提交工作日报告。管理者则可以通过专门的程序评估员工工作效率，获取员工准确的行踪。管理者可以通过手机、平板电脑或台式电脑监控每位员工的行踪，为此只需员工登录个人账户即可。例如，有一款名为"ГдеМои.Трекер"的移动应用，它利用移动设备的地理定位服务，追踪员工的出行方式：步行或开车。该应用采用 GPS 和 Глонасс 卫星网络获取坐标，在城市环境中还额外利用 GSM 信号塔和 Wi-Fi 热点进行定位。这种多种工具的组合可以最大限度地精确确定员工的位置，监控其车辆的里程和速度。[2]

---

1 《人才赋能平台》，https://www.impraise.com/platform/ overview，最后访问日期：2019 年 9 月 10 日。
2 《移动员工控制：方法和可能性》，https:// www.gdemoi.ru/blog/mobilnye-sotrudniki/，最后访问日期：2019 年 9 月 11 日。

移动应用是数字技术的另一个元素，它不但优化了管理者与下属之间的沟通流程，而且优化了整个组织的沟通流程。例如，Wade & Wendy 公司开发了一款移动应用，它采用对话聊天机器人，帮助员工规划职业发展，并向他们展示在公司内部的成长机会。[1]

Switch 应用允许求职者浏览 Accenture、eBay 和沃尔玛等领先公司发布的职位，选择自己感兴趣的职位。[2] 反过来，雇主也可以查看潜在员工的简历。当出现"匹配"时，即雇主给简历点赞后，求职者就有机会直接与 HR 专业人士开始交流。根据 Switch 的统计数据，每 10 个求职者的"赞"中就会出现一个匹配机会。至于雇主，平均每刷 3 次就会出现一个匹配的候选人。

除了刷简历，Jobr 应用还允许上传简历并直接查看招聘人员发布的职位。雇主可以发布职位、上传公司标志、公司名称、职位描述和 10 项相关技能要求。求职者既可以上传简历，也可以填写相应的个人资料。根据用户调查数据，80% 上传了简历并浏览了 5—10 个职位的用户在一周内至少能够收到一个面试邀请。

---

1 《数字人力资源：新一代公司生存的 7 条规则》, http://neohr.ru/hr/article_post/digital-hr-7-pravil-sushchestvovaniya-kom- paniy-novogo-pokoleniya, 最后访问日期：2019 年 9 月 11 日。

2 《新的求职应用程序，基于 Tinder 原理工作》, http://www.grintern.ru/blog/110-3-novyh-prilozheniya-dlya- poiska-raboty-kotorye-rabotayut-po-printsipu-tinder-vy-ne-oslyshalis-tin- der, 最后访问日期：2019 年 9 月 11 日。

JobSnap 应用程序邀请用户上传一段 30 秒的视频，讲述自己的情况和职业抱负。这款应用主要面向"Z 一代"，他们渴望在酒店、商店或餐厅找到一份工作。

上述服务加快了人才搜寻和招聘的流程，因为雇主可以直接与目标建立联系，从对在公司工作感兴趣的候选人中进行选择。

一些数字化解决方案专注于人力资源分析。例如，Glassdoor 公司创建了一个平台，提供企业各项活动的分析、薪酬市场分析等。该平台为求职者提供做出就业决策所需的信息。[1] 公司则可借此分析自身市场地位，塑造雇主品牌，并确定与潜在候选人互动的最佳渠道。

Access 公司提供多项与人力资源分析相关的服务。工资计算服务允许员工在线访问薪酬信息、提交与薪酬相关的请求并获取电子工资单。[2] 该公司还提供休假管理和缺勤跟踪服务，涵盖计划性缺勤（如出差、休假、培训）和非计划性缺勤（如旷工、病假）。[3] 为了分析大数据，HR 专业人士可以利用 DataMarket、Databoard 和 Statwing 等工具，[4] 从多个独立数

---

[1] 《找到适合你生活的工作》，https://www.glassdoor.com/index.htm，最后访问日期：2019 年 9 月 10 日。
[2] 《推出 Access 工资单》，https://www.theaccessgroup.com/hr/pay-roll/，最后访问日期：2019 年 9 月 10 日。
[3] 《人力资源管理、薪酬和内部招聘解决方案》，https://www.theaccessgroup.com/hr/absence-management/，最后访问日期：2019 年 9 月 10 日。
[4] 《用于数据分析和可视化的新工具》，http://fdfgroup.ru/poleznaya-informatsiya/stati/50-novykh-instrumentov-dlya-analiza-i-vizualizatsii-dannykh/，最后访问日期：2019 年 9 月 11 日。

据集中选择变量并组合，创建交叉数据集，以交互式图表的形式直观呈现分析结果。

如今，数字工具和技术可将分散的数据源转化为统一、直观且可交互的分析信息。研究咨询公司 Gartner Inc. 的数据显示，Microsoft Power BI 公司的产品集成了数据收集、存储和分析的 IT 技术，可为用户及时反馈简明易懂的高质量分析结果。[1]

从上述示例可以看出，数字技术不仅能够帮助 HR 专业人员进行行政管理，还能促进普通员工参与管理工作。由此可见，现代技术在促进组织内部沟通方面发挥着关键作用，尤其是在 HR 专业人士、各部门主管、基层管理者与现有员工及潜在员工之间的沟通互动中。

形成综合信息管理系统是一个重要趋势。在人力资源管理领域，这种系统被称为 HRIS，它是信息技术和人力资源管理的交叉点。该系统能以电子方式执行和控制员工信息存储、薪酬管理、招聘、人事管理[2]、人员需求规划、培训、留任和解聘等人力资源流程。[3]

值得注意的是，人力资源信息管理系统供应商提供各种软

---

1 《Gartner 2019 年商业智能魔力象限：市场领导者概述》，http://blog.atkcg.ru/gartner-bi-magic-quadrant-2019-obzor-liderov-rynka/，最后访问日期：2019 年 9 月 9 日。
2 《人力资源信息管理系统》，https://introductiontohumanresourcemanagementsystem.wordpress.com/，最后访问日期：2019 年 9 月 10 日。
3 《什么是 HRIS?》，https://www.hrpayrollsystems.net/hris/，最后访问日期：2019 年 9 月 11 日。

件包，如 Menaitech、NETtime Solutions、Oracle、OrangeHRM、SAP 等。SAP 公司开发的云系统就是一个典型的综合人力资源信息管理系统。SAP Success Factors 提供两套软件资源：一是全面的人力资源管理，包括招聘、入职、目标设定、评估、培训、发展规划等；二是人事管理，即跟踪组织内部人员的数量、流动和调动来计算工资、奖金等。SAP Success Factors 之所以成功，是因为供应商不仅提供主要软件包，还开发了移动应用程序，方便员工随时随地访问所需数据，开展工作不受地点限制。HR 专业人士也能借此对个人和整个企业层面的人力资源信息管理系统绩效指标进行实时在线分析，不断对人力资源管理流程与业务流程进行整合。该系统还提供了一个员工互动平台，即企业社交网络，有助于促进员工之间的信息交流，消除沟通障碍，提高管理决策效率。

另一个例子是 SAP Enterprise Resource Planning Human Capital Management（SAP ERP HCM），这是一个用于优化人力资源管理流程的全功能人力资源信息管理系统。它可在一个信息空间内整合人力资源部门的所有业务流程，旨在吸引、留住和激励员工，将战略目标传达给每个员工，并全面报告人力资源管理绩效。[1] 相比 SAP Success Factors，这一系统的

---

[1]《人事管理（SAP HCM）》，http://novardis.com/resheniya/ sap-hcm-novardis-hr/，最后访问日期：2019 年 9 月 11 日。

功能更加广泛，涵盖人力资源数据分析和规划、人力资源开发和潜力发掘（包括使用 Web 界面）、工资计算、工时管理、薪酬方案管理、报告生成以及人力资源信息服务等。

上述系统还被嵌入了一个模块：求职者跟踪系统（Applicant Tracking System，ATS）。这是一款软件，允许以电子方式完成招聘任务。[1]ATS 的目的是为企业的招聘活动提供一个统一的数据库，便于 HR 专业人士集中管理候选人信息，从而高效地筛选出最匹配职位要求的人选。ATS 具有一系列功能：职位创建模块；存储以前创建的职位和收到的申请（简历）的数据库；存储申请公司职位的求职者的简历的数据库，以及存储由公司招聘人员从其他来源收集的简历的数据库。除了上述功能外，作为在线服务，ATS 还具有以下功能。

- 在公司网站上创建一个迷你招聘网站。
- 自动化职位审批流程：由业务经理直接创建职位并进行描述，招聘人员根据公司标准对其进行编辑，审批后发布在公司网站、内部网络和外部网络上。
- 评估与候选人沟通的各个阶段，并能够将测试结果附加到求职者的个人页面。
- 使用与人工智能和自然语言处理相关的技术，在云平

---

1 Айрапетова О. Что такое ATS (Система по управлению кандидатами). 30.07.2019. URL: http://hr-portal.ru/blog/chto-takoe-ats-sistema-po-upravleniyu-kandidatami (дата обращения: 29.09.2019).

台技术的支持下简化搜索。

- 生成职位需求，并根据不同求职网站的特定格式自动建模（来自这些网站的求职者反馈将被汇总在公司的统一数据库中）。

服务商提供了广泛的具备 ATS 功能的程序。还有一些独立的计算机软件，如 Taleo、Workday、Greenhouse、BambooHR、TalentLink 等。此外，求职网站也提供自动化筛选人才的功能。绝大多数外部资源网站（如 Monster.com、Hotjobs、CareerBuilder、Indeed.com、HH. ru）都与 ATS 开发商合作，便于分析数据以及在不同系统之间传输数据。

随着 ATS 的发展，能够帮助求职者制作简历、获得面试机会的工具越来越受欢迎。Jobscan Tutorial 就是这样一种工具。[1] 它能够比对简历的主要内容是否符合公司要求，包括专业技能、通用技能、教育水平等方面的要求，有时还会推荐更合适的职位类型。该程序会告知如何修改简历，以便通过初步筛选。

当然，公司业务的特点也会影响其采用何种数字技术和解决方案。据 SHL 公司的数据，"数字化已经引发电信、金融服务、零售、汽车制造等行业的重大变革"。如今，数字技术正积极渗透到医疗卫生、酒店、公共服务等领域的人力资源

---

[1] How to Use Jobscan: A Step-by-Step Guide，https://www.jobscan.co/ jobscan-tutorial，最后访问日期：2019 年 9 月 10 日。

管理中。

在人力资源管理实践（如招聘、入职培训、员工培养与发展、人事档案管理等）中，数字技术的积极运用带来了 HR 专业人士的职能转型，形成了 e-HRM 模式。e-HRM 模式基于计算机硬件和软件、电子资源的配置，通过协调和控制员工数据的收集、存储和组织内外信息交换，为人力资源管理实践提供支持和保障。e-HRM 模式是一种吸引利益相关者广泛参与组织人力资源管理的模式，利益相关者包括 HR 专业人士、老板、管理者、普通员工等。该模式实现了人力资源管理的三种运作模式：操作型（日常管理活动）、关系型（利益相关者之间的关系）和变革型（组织发展的战略性活动）。

e-HRM 与 HRIS 的区别在于，HRIS 是一个优化甚至自动化人力资源部门日常管理工作的信息系统，而 e-HRM 则是一个自动为管理者和普通员工提供人力资源服务的信息系统。e-HRM 涉及重构 HR 专业人士、业务主管与普通员工之间在人力资源管理实践中的关系，如入职培训、工作计划，甚至薪酬等。在 e-HRM 模式下，HR 专业人士不再主要承担事务性工作，而是转向承担战略职能，这就要求他们具备分析、预测和规划的能力。

e-HRM 为管理者带来了许多好处和优势。然而，正如邦达鲁克等人所指出的，人力资源部门在应用新技术方面仍面临挑战；e-HRM 的结果并不总是令人满意，一些研究已经证明了这一点。[1] 鉴于此，出现了这样一个问题：在人力资源管理中应用数字技术的潜在风险是什么？

数字工具和技术在人力资源管理中的应用：暗礁与陷阱

虽然企业对数字化解决方案的兴趣日益浓厚，但在运用数字工具和技术的过程中面临诸多阻碍。"数字化转型"一词的定义模糊不清，容易引起混淆，员工常将其视为一种威胁。员工可能会认为数字化是一种过度控制工作的手段或裁员的借口。许多管理者对数字工具和技术寄予厚望，却没有在影响其使用效果的准备工作上投入足够的精力。这主要源于他们没有充分理解数字化的战略意义。最终，数字化产品无法有效发挥作用，公司不仅未能获得竞争优势，反而蒙受损失。

众所周知，数字化有助于全面审视业务，所获得的数据可以帮助管理者权衡利弊，做出有效的决策，主动应对市场

---

[1] G.Martin, M.Reddington, "Theorizing the Links between E-HR and Strategic HRM: A Model, Case Illustration and Reflections," *The International Journal of Human Resource Management*, Vol. 21, No. 10, 2010, pp.1553–1574; A.Smale, H.Jukka-Pekka, "IT-based Integration of HRM in a Foreign MNC Subsidiary: A Micro-political Perspective," *Handbook of Research on E-transformation and Human Resources Management Technologies: Organizational Outcomes and Challenges*, IGI Global, 2009, pp, 153-170; C.Tansley, S.Newell, H.Williams, "Effecting HRM-style Practices through an Integrated Human Resource Information System," *Personnel Review*, Vol. 30, 2001, pp.351–371; D.S.Chapman, J.Webster, "The Use of Technologies in the Recruiting, Screening, and Selection Processes for Job Candidates," *International Journal of Selection and Assessment*, Vol. 11, 2003, pp.113–120.

形势的变化。换句话说，数字化不是一种时尚，而是在争夺客户的过程中取得成功的关键因素，它通过改善客户服务来实现这一目标。如果把这一点转化为人力资源管理的语言，数字工具和技术旨在改善公司员工的工作体验和提高公司员工的生活质量。在数字化转型时代，人力资源实践以人为本，强调个性化。当前，新技术的应用与打造以个性化、激励、认可和整体有趣体验为导向的工作环境息息相关，这一点前所未有。[1]

Temkin Group 咨询公司开展的一项员工敬业度研究表明，善待自己的员工是改善客户体验的关键触发因素。[2] 星巴克（Starbucks）秉承的理念是，为员工做正确的事就是为业务做正确的事。满意且投入的员工会更加努力地满足客户需求，因而会为改善客户体验做出更大的贡献。[3]

随着数字化的发展，公司各部门对 HR 专业人士的需求也在不断增加，并且需求的频率也在加快。例如，如果以前公

---

1 A.Mura, HR and Talent Management in the Digital Era: Strategy and Challenges, 2018, https://blog.userlane.com/hr-and-talent-management-challenges-in-the-digital-era/，最后访问日期：2019 年 9 月 15 日。

2 Chr.Comaford, The Superising Link Between Customer Experience and Employee Engagement, 2017, https://www.forbes.com/sites/christinecomaford/2017/07/08/the-surprising-link-between-customer-experience-and-employee-engagement/2bdfc372b512，最后访问日期：2019 年 9 月 12 日。

3 Chr.Birkner, How Treating Employees Well Boosts Brand Value: Chobani and Starbucks Lead the Way, 2016, https://www.adweek.com/brand-marketing/how-treating-employees-well-boosts-brand-value-171409/，最后访问日期：2019 年 9 月 15 日。

司编制生产率和流失率指标的报告是根据要求或协议每周提供给管理层一次的,那么现在 HR 专业人士需要提供实时访问数据的途径。在市场多变的情况下,人员招聘和培训的需求很难预测,因此 HR 专业人士必须随时准备根据公司内部各部门的要求提供服务。为了应对当前的高强度工作,他们必须依靠灵活的管理方法和自身改进的技术,转向以结果为导向的工作方式。

在管理中采用数字工具和技术的实践表明,在人力资源管理数字化的过程中会遇到一些困难。其中一个突出问题是,包括人力资源部门的员工在内,许多人对转向使用数字工具和技术开展工作持有抵触情绪。员工缺乏积极性的原因在于,他们对通过数字工具和技术获得的数据缺乏信任,进而导致他们对基于这些数据得出的结论也持怀疑态度。Avantgarde Analytics 的创始人兼首席执行官波洛斯基指出:"AI 的决策过程对大多数人来说往往过于复杂,难以理解。而与我们不了解的事物互动可能会让我们感到不安,让我们觉得自己正在失去控制权。"[1]

缺乏必要的专业知识是另一个延缓人力资源管理数字化进程的原因。根据全球领先的信息和咨询服务提供商 IDC 的

---

1 J.Bloomberg, Don't Trust Artificial Intelligence? Time to Open the AI Black Box, 2018, https://www.forbes.com/sites/jasonbloomberg/2018/09/16/dont-trust-artificialintelligence-time-to-open-the-ai-blackbox/577a14153b4a, 最后访问日期:2019 年 9 月 12 日。

数据，2019年全球企业在数字化转型方面的计划支出达到1.7万亿美元。同时，根据Gartner咨询公司的数据，70%的员工还没有掌握使用数字工具和技术工作所需的技能。[1]在走上数字化道路的同时，公司需要同步改变员工的思维方式，强调数字能力的培养。只有让员工参与数字化转型过程，才能在转型中获得积极的结果。

遗憾的是，我们观察到一些仓促上线的数字化项目并未达到预期效果。举例而言，某公司管理层决定更换客服聊天机器人，因为它向客户提供了错误信息或者在问答互动中响应时间过长。与此同时，该聊天机器人带来的所有结果，无论是正面的还是负面的，都被归咎于这个数字助理本身。在增加预算并尝试了几款类似的聊天机器人后，负责该项目的团队最终认识到：要让聊天机器人按照业务需求正常运作，需要为其设置合适的算法，进行充分的测试，并根据测试结果进行优化和调整。这本是项目团队成员，包括HR专业人士的职责所在，而非聊天机器人自身的功能。

Skillaz项目的实施经验揭示了与自动化相关的一系列困难。

- 组织内部缺乏规范的人力资源管理办法，具体表现为：没有基于正规流程的方法、缺少文件化的操作程序，

---

[1] A.Ros，Gartner Warns Skills Shortage Could Hamper Digital Transformation Efforts，2018，https://www.information-age.com/gartner-skills-shortage-123474620/，最后访问日期：2019年9月19日。

以及对关键人力资源管理环节缺乏定期管理。
- 在项目实施期间，HR 专业人士的工作量会有所增加，因此会出现抵制和阻碍项目实施的情况。
- 缺乏或不具备实施和支持项目运行所需的必要能力。
- 项目团队领导力薄弱（缺乏强有力的项目经理）。

对应用数字工具和技术时出现的问题进行分析，可以得出一些结论。任何数字化项目都需要一个与数字化相关的通用术语词典以及一种深思熟虑的方法来分析业务流程、信息结构和角色分配。这些都应该在业务应用程序、移动应用、网站或社交网络中实现。缺乏明确描述的业务流程可能会导致项目预算增加。因此，为了启动数字工具和技术运用项目，组建一个能够解决组织管理和业务流程管理等一系列问题的跨职能团队至关重要，而不仅仅是人力资源管理。

项目团队应包括能力出色的法律专家、程序员、信息安全专家、财务人员等。跨职能方法在项目开发的第一阶段尤为重要。这种方法可以提前发现风险，控制项目成本。项目越大，潜在风险的规模就越大。但如果在规划阶段就分析这些风险，公司就可以最大限度地降低损失的可能性。那些声称只需按下"一键式"按钮，一切就能自动运转的人，实际上是在误导人们。

在俄罗斯，人力资源管理数字化转型面临两大制约因素：一是人力资源开发预算不足或受限；二是与个人数据保护法存在一定的冲突。当软件供应商是位于俄罗斯境外的外国公司时，用户在使用其软件产品和解决方案，尤其是云技术时会遇到困难。因此，在规划人力资源管理数字化项目时，必须充分论证其项目预算的合理性，并全面评估潜在的法律风险及相关业务影响。

人力资源管理数字化转型是一种不可逆转的趋势，越来越多的俄罗斯公司正在积极拥抱这一变革。数字化涉及在人力资源管理领域引入数字工具和技术，以解决从优化组织内部沟通流程到自动化个别人力资源管理职能乃至整体流程等的一系列问题。

在人力资源管理数字化转型中，我们可以确定两个主要方向。第一个方向反映了公司优化 HR 专业人士运营活动、减轻人力资源部门行政负担的诉求。公司通过系统地优化运营活动，最终形成综合的人力资源信息管理系统。

第二个方向则更多地与完成人力资源管理的战略任务相关。数字工具和技术的应用有助于协调关键利益相关者（包括老板、管理层和普通员工）的利益，以确保公司的可持续发展和获得竞争优势。在这一方向上，大数据、人力资源分析、员工行为监测和预测等领域被赋予了重要地位。

虽然这两个方向采取了不同的途径，但我们认为它们最终都将导向一种新的人力资源管理模式的形成，即电子人力资源管理。在这种模式下，数字技术将全面介入并调节所有人力资源管理流程，而这些流程将在一个共同的理念下统一，即将组织视为经济和社会的有机组成部分，并着眼于其长远发展。

不过，引入数字工具和技术需要非常谨慎。数字化项目往往是长期的、复杂的系统工程。它不仅需要跨部门的协同，还需要从社会经济效益的角度进行全面评估；不仅要考虑业务结果，还要权衡数字工具和技术应用可能带来的社会影响。虽然挑战重重，但这类项目代表了未来的发展方向，人力资源管理的未来必将掌握在勇于进行数字化转型的先行者手中。

3.3 构建职业教育生态系统：企业人力资源培育的新模式

21世纪初，后工业社会的形成以人类、自然和技术领域是整体为特征。[1] 在后工业社会条件下，信息和知识成为关键的生产资源。在劳动力市场上，教育水平、专业素养、学习能力和创造力被认为是最有价值的品质。[2] 后工业社会的形成与从"人与自然的互动"到"人与改造后的自然的互动"再到"人与人之间的游戏"的转变有关。[3] 因此，向后工业社会的转型将不可避免地影响社会经济系统，其中包括企业等开放性、复杂性高的子系统。

在后工业社会的背景下，企业结构和内部流程日趋复杂，管理决策中人的相对独立性及其对外部环境的依赖性也发生了变化。正如世界经济论坛主席、"第四次工业革命"概念的提出者克劳斯·施瓦布所指出的，积极的想象力、人类有意义的参与和智能机器的潜力必须结合起来。[4] 毫无疑问，在分

1　Samuel P. Huntington, *The Third Wave*, Vol. 199, No. 1, University of Oklahoma Press, 1991.

2　Белл Д. Грядущее постиндустриальное общество. Опыт социального прогнозирования. 2-е изд., испр. и доп. М., 2004. С. 168.

3　D. Bell, *The Cultural Contradictions of Capitalism*, Basic Books, 1978.

4　K. Schwab, *The Fourth Industrial Revolution*, Crown Business, 1978, p.148.

析现代企业效率时，有必要考虑现有人力资源的影响，即企业员工的知识、能力、经验及其持续完善和发展的能力。[1]反之，企业人力资源的发展也以一系列系统指标为特征。除了直接的专业素质外，人力资源水平首先取决于年轻人才的培养质量及其对企业工作环境的适应性，其次取决于企业员工不断创造和吸收知识的能力。

人类掌握的知识量每20年就会翻一番。与此同时，知识也在迅速过时。[2]因此，需要一种机制来促进持续获取必要的知识。其中一种机制是"终身教育"。在我们看来，这种学习机制在职业教育生态系统中得到了最好的体现。

在当代社会经济研究中，对生态系统概念的引入源于寻求一种新的科学视角，以更全面地揭示经济活动发展的内在规律。传统的新古典经济学理论主要关注市场均衡的研究，但在分析社会经济系统的动态演变方面存在一定局限性。这种动态演变实际上是由科技进步、技术模式更替和科学生产周期的特点所驱动的。[3]将研究重点从个体经济主体转移到整个系统层面，迫使我们重新审视许多经济理论的方法论基础和研究方向。系统范式为研究复杂的社会经济现象提供了一

---

1 Флек М. Б., Угнич Е. А. Управление промышленным предприятием в современных условиях. Ростов н/Д., 2017. С. 84.

2 Глазьев С. Ю. Как построить новую экономику? // Научные труды Вольного экономического общества России. 2013. Т. 168. С. 35.

3 Глазьев С. Ю. О новой парадигме в экономической науке: в 2 ч. Ч. 2 // Экономическая наука современной России. 2016. № 4 (75). С. 15.

个统一而综合的分析框架。在这一范式下，我们可以更好地理解经济主体之间的相互作用和动态反馈机制，以及技术创新、制度变迁等因素对经济系统演化的深刻影响。

生态系统概念

生态系统的概念源于系统方法论，而系统方法论在其演化过程中不断获得新的启示，推动了人们对系统认识的深化。纵观系统方法论发展的历史长河，在人类逐步形成对系统的科学认知的过程中，逐渐形成了两种不同的研究路径和思维方式。

第一种研究路径源于还原论的思维方式，其核心理念是将复杂系统分解为基本组成单元，通过分析局部特性来解释整体的性质。这种方法催生了现代科技和机械，开创了综合分析的研究范式。在将企业内部各子系统视为管理对象时，这一方法同样适用。在还原论的世界观中，"物质及其运动"是最根本的概念。正如著名社会学家、未来学大师阿尔文·托夫勒所言，这一范式的基石在于分解，"即把整体分解成最小的组成部分"。[1] 如果将企业视为一个统一的系统，这种方法会将其分解为一个个独立的要素，进而分别剖析每一要素的特性，但忽略了其与整个系统中其他要素的交互影响。由

---

[1] Тоффлер О. Предисловие // Пригожин И., Стенгерс И. Порядок из хаоса: Новый диалог с природой. М., 1986. С. 11.

此，局部的研究结果被用来推断整体的性质。

第二种研究路径源自亚里士多德的思想，强调"整体大于部分之和"。这是一种着眼全局、立足整体的综合分析路径。它十分重视整体各组成部分（由诸多要素构成的子系统）之间的相互联系和彼此影响。恰恰是子系统间的相互联系，塑造了整个系统的特性。而且，这种联系本身就蕴含丰富的信息。在我们看来，这意味着子系统相互影响的特点可以用数学语言加以描述。整体的性质只在一定程度上取决于子系统的特性，且在很大程度上有别于后者。差异之所以存在，正是因为支配子系统相互作用的规律改变了整个系统的特性。而这些相互作用的规律本身也在不断演化。因此，整个系统在运转过程中始终处于演化之中。

直到20世纪中叶，还原论方法一直占据着主导地位。但就在这一时期，一些科学领域陷入了困境，因为与整体论立场不同，还原论立场无法解释某些具有系统特性的现象。例如，还原论方法不足以揭示生物机体运作的奥秘。若运用经典力学（立足于还原论立场）的原理，我们就难以洞悉电子在物质中的行为。整体论方法之所以意义重大，是因为在任何系统内部，组成部分之间都存在相互影响。正是在整体论方法的启迪下，物理学中的量子理论、化学中的耗散结构理论才应运而生。在研究社会经济系统运作的过程中，整体论思维同样不可或缺。

生态系统的概念正是立足于整体论思维，从组成部分之间的相互联系及其与环境的互动角度来审视系统的性质。在塑造和发展企业人力资源的过程中，员工的行为被视为一个更为宏大的图景的组成部分。生态系统的概念日益广泛地运用于研究开放系统，此类系统往往涉及大量多样化的参与者，存在错综复杂的相互联系。[1]这一源自生物学领域的概念，也为刻画其他知识领域中系统主体间相互作用的演进及其与环境的互动提供了思路。[2]"生态"一词源自古希腊语，本义为"栖息之所"。在"生态系统"一词中，"生态"前缀凸显了参与者发挥作用、彼此交互的特定环境的重要性。参与者间的横向联系构建起这一环境，而参与者的互动则催生出协同效应。基于生态系统的普适性，生态系统的理念旨在构建一个统一的、多层次的社会经济理论体系，正如物理学中试图建立的统一场论一般。下文笔者将进一步阐述职业教育生态系统的丰富内涵。

作为生态系统的职业教育

职业教育生态系统是一个独特的社会经济生态系统。目前，对这一概念尚无统一的解释。笔者认为，克莱纳提出的定义非常全面，他认为社会经济生态系统是"一个地域性的社会经济实体，由相互作用的独立经济、社会或组织主体及

---

[1] K.Jarvi, A.Almpanopoulou, P.Ritala, "Organization of Knowledge Ecosystem: Prefigurative and Partial Forms," *Research Policy*, Vol. 47,No.8, 2018, p.1524.

[2] J. F.Moore, "Predators and Prey: A New Ecology of Competition," *Harvard Business Review*, Vol. 71,No.3, 1993, p.82.

其群体，以及它们活动的产出（成果）组成，能够通过物质、信息、能源和其他资源的循环，在相当长的时间内自主运作和发展"。[1]同时，他强调合作与竞争相辅相成。

我们可以对这一表述进行如下补充：社会经济生态系统是一个地域性的，由相互关联的主体、它们所处的环境和它们之间及与环境互动的活动产出构成的复杂动态系统。产出的形成是在协同（合作）和非协同（竞争）互动产生的正负协同效应共同作用下实现的。由于职业教育生态系统具有地域性，其环境主要表现为地区（区域）社会经济发展状况。需要强调的是，职业教育生态系统不是教育机构与合作企业的简单组合，而是它们形成的复杂动态实体，在特定环境中主体互动产生的协同效应，表现为不同性质要素的相互作用提升了系统的效能。[2]

生态系统方法的分析拓展了跨学科研究的边界，尤其是它允许将社会经济生态系统比作生物生态系统。在这种方法的框架内，职业教育可被诠释为一种社会经济生态系统，以研究其发展演进、考察其参与者结构等。表11列出了生物生态系统与职业教育生态系统的比较特征。

---

1 Клейнер Г. Б. Экосистема предприятия в свете системной экономической теории // Стратегическое планирование и развитие предприятий: материалы Девятнадцатого всероссийского симпозиума. М., 2018. С. 89.
2 Флек М. Б., Угнич Е. А. Подготовка инженерных кадров в условиях цифровой трансформации: роль стратегического взаимодействия предприятия и университета // Стратегическое планирование и развитие предприятий: материалы Девятнадцатого всероссийского симпозиума. М., 2018a. С. 203.

表11　生物生态系统与职业教育生态系统的参与者比较

生态系统	生产	第一级	第二级	第三级
生物生态系统	生物量	植物	草食动物	肉食动物
职业教育生态系统	人力资本	中等综合教育的毕业生	高等和中等职业教育的毕业生	用人单位、职业培训机构及其所需的专业人才

资料来源：笔者自制。

需要指出的是，在生态系统框架内，参与者的努力得以整合，同时产生协同效应，表现为通过提升资质、提高专业能力、积累经验、拓展专业和沟通技能而实现人力资本的质的飞跃。[1] 生态系统参与者互动的效率及自我调节取决于相互合作的文化水平。[2]

上文对职业教育生态系统的参与者结构的描述为预测其发展提供了可能，即利用广泛应用于生物生态系统的现有数学工具，尤其是反映"捕食者—猎物"型物种及其他互动类型物种的洛特卡－沃尔泰拉（Lotka-Volterra）模型。[3] 它可被用于预测职业教育生态系统的人力资本需求。在这种情况下，"猎物"代表生态系统教育机构在校学生（未来专业人才）数

---

[1] Крылова Ю. В., Нестеренко Н. Ю. Ключевые задачи управления персоналом в инновационной компании // Региональная экономика и управление: электронный научный журнал. 2014. № 1 (37). С. 30.

[2] Флек М. Б., Угнич Е. А. Профессионально-образовательный кластер как экосистема: развитие в условиях цифровой трансформации // Journal of Economic Regulation. 2018б. Т. 9, № 4. С. 151.

[3] Вольтерра В. Математическая теория борьбы за существование. М., 2004.

量,"捕食者"代表生态系统企业对专业人才的需求。例如,"捕食者"数量超过"猎物"数量,意味着企业对专业人才的需求仍未得到满足,反之则会出现职业教育生态系统专业人才过剩、无人问津的状况。

洛特卡-沃尔泰拉模型的价值在于,它不但能刻画生态系统的发展动态,而且能确定其平衡状态并预测发展趋势。如果需要提高模型的预测能力,还可以引入额外参数来优化模型,例如考虑对环境状态的依赖。

任何生态系统都不可或缺的组成部分是其运行环境。对于生物生态系统,这包括空气、水、光、生命活动区;对于社会经济生态系统,这包括社会经济制度(规章)、生产活动条件、信息、法律、社会经济环境。例如,对于职业教育生态系统,其运行环境是地区的社会经济状况、行业的发展水平、教育体系等。生态系统可能会受到外部干扰,从而改变其运行条件。这种干扰作用是生态系统运行条件中的组成部分。对于生物生态系统,这可能是人类或动物的干预、剧烈的气候变化、基因突变等;对于社会经济生态系统,这可能是剧烈的市场变化、体制或政治变革、科技的突飞猛进、社会革命等。在后工业社会发展的背景下,企业员工知识不断更新的要求可被定义为一种改变职业教育生态系统运行条件的干扰。

在研究生态系统时,我们需要考虑其发展过程。任何生态系统都是动态的,其中发生的各种过程和变化可以分为两种类型：周期性的和渐进式的。职业教育生态系统的周期性变化可能是由企业生命周期阶段的变化引起的。渐进式变化是由生态系统外部的因素引起的，这些因素在特定领域长期发挥作用。对于职业教育生态系统而言，这一因素可能是知识经济的发展，它需要对生态系统的内容进行质的改变。群落自我发展的过程（演替）不仅可以描述生物生态系统，也可以描述社会经济生态系统。自我发展的过程是基于物种之间的竞争作用，其结果是逐步形成与特定环境条件相适应的更稳定的组合。自我发展的过程也是职业教育生态系统的特点。在这里，自我发展表现在加强教育机构之间和其与企业本身的融合，以及改进教学方法和途径。职业教育生态系统在很大程度上能够借助自我发展，应对后工业社会人力资本形成和发展的挑战。

对于社会经济生态系统而言，评估其效率至关重要。一些研究者指出，可在利益相关者理论的基础上评估社会经济生态系统。为此，应确定对生态系统有效运作感兴趣的各方（参与者），[1]明确他们的价值取向和活动成果。通过综合利益相关者的主观评价，我们可以对社会经济生态系统运作效率有一个总体认识。由于职业教育生态系统的"产品"是人力资本，因此评估其效率应首先基于这一生态系统所形成的知识、技能的掌握程度和满意度。

1　R. E. Freeman, *Strategic Management: A Stakeholder Approach*, Pitman, 1984.

在职业教育生态系统的利益相关者中，可以区分出四个主要群体：企业及其部门负责人、企业教育子系统的教师、企业员工（职业教育生态系统中各教育机构的毕业生）、目前在该生态系统教育机构就读的学生。

为了说明职业教育生态系统的特点及评估机制，让我们考察一个具体的例子——由著名直升机制造企业 Rostvertol 公司建立的职业教育生态系统。

Rostvertol 公司的职业教育生态系统

2002 年，直升机制造巨头 Rostvertol 启动了一项教育空间建设计划。建立教育空间的初衷，是培养一支掌握现代知识和技能的工程技术人才队伍，他们能够运用新技术、新材料、现代工艺和测试设备。随着资历最深的员工逐渐年老，陆续退出生产一线，培养合格工程师队伍的问题日益凸显。2015 年，教育空间被升级改造为一个集群。

集群，无论是工业的、创新的还是教育的，都代表着一组地理位置邻近、彼此关联的组织机构（供应商、生产商等）以及与之相关的单位（政府管理部门、基础设施公司等）。[1] 它们在特定领域开展活动，优势互补，形成一个有机的生态系统。而职业教育集群与工业集群和创新集群的区别，首先体现在目标定位上。

---

[1] M.Porter, "Clusters and the New Economic Competition," *Harvard Business Review*, Vol. 76, No. 6, 1998, pp.77–90.

本部分研究的职业教育集群旨在通过"普通中等教育—中等职业教育—高等教育—继续职业教育"的完整链条，为航空工业发展培养从工人到专业人才的综合体系。

以生态系统的视角审视职业教育集群，能够更深入地探究其内在的自组织过程，有利于开发提升其服务实体经济效率的工具。毋庸置疑，如果仅局限于用经济学理论的既有范式来研究这一新型组织形式的运作逻辑、内部联结的特点以及对经济的作用，研究必然是残缺的、片面的。而生态系统概念由于其普适性，能够揭示这类组织形成的逻辑，阐明其内部职能分配的逻辑，揭示其作为自组织时空环境演化的内在逻辑。[1]

我们可以从生态系统的基本特征出发，来刻画 Rostvertol 公司职业教育生态系统的特点：目标定位、产出、参与者的多样性及互动、环境状况及相互关系、自组织过程和发展动态。阐明生态系统的基本特征，有助于我们辨识其优势、不足和发展前景。

任何生态系统的目标都是要维系其生命活动，进而实现资源的持续利用。Rostvertol 公司职业教育生态系统的宗旨，是持续不断地为企业输送所需的航空专业人才：从一线工人到顶尖工程师。

---

[1] Клейнер Г. Б. Экономика экосистем: шаг в будущее // Экономическое возрождение России. 2019. № 1 (59). С. 41.

如果说在生物生态系统中产出是生物量的话，那么在职业教育生态系统中，产出就是人力资本。从广义上讲，人力资本是知识、能力、技能、专业水平、生产经验、积极性、劳动潜力等要素的总和，正是凭借这些要素，人才创造价值并获取收入。[1]人力资本理论的奠基人是舒尔兹[2]和贝克尔[3]。他们定义，人力资本是对人的投资总额，即对教育和专业技能的投资，它提升了人的劳动能力。之所以称其为人力资本，是因为教育以及专业技能和经验作为其形成来源，与人的身心发展密不可分。对我们的研究而言，集体人力资本这一概念尤为重要，它是指"按特定标准联合起来的一群人的人力资本"，[4]特别是某个具体企业的人力资本总和。

人力资本是企业最宝贵的资源，因为相对于物质资本，它扮演着举足轻重的角色。正是人力资本驱动了物质资本的运转；更为重要的是，它孕育创新，创造了物质资本的新元素。企业对人力资本再生产的需求，包括其形成和发展，由职业教育生态系统的参与者来满足。

在职业教育生态系统和生物生态系统中，构成其整体的

---

[1] H.Uzawa, "Optimum Technical Change in an Aggregative Model of Economic Growth," *International Economic Rewiew*, Vol. 6, No. 1, 1965, pp.18–31.

[2] T. Shultz, "Human Capital," *International Encyclopedia of the Social Sciences,* The Macmillan Company and the Free Press, 1968.

[3] G. S. Becker, *Human Capital*, NBER, 1964.

[4] Тугускина Г. Моделирование структуры человеческого капитала // Кадровик. 2010. № 10-2. С. 8.

独立单元，体现为组织的"参与者"。在社会经济生态系统中，它们是组织、法人和自然人；在生物学中，它们是有机体。[1] 在所分析的职业教育生态系统中，在所有参与者中，可以辨别出普通中等教育、中等职业教育、高等教育和继续职业教育机构，包括企业的下属机构。

在一些研究中，生物生态系统的物种结构被类比为银行系统的结构，[2] 以及创新生态系统的三个层次：植物、以植物为食的草食动物以及以草食动物为食的肉食动物。

在职业教育生态系统中，与生物学相似，可以根据目标划分出三个层次。

1.普通中等教育机构（企业在顿河畔罗斯托夫的附属学校）奠定了基础，为生态系统的后续环节输送学生。

2.中等职业教育机构（斯柳萨里顿河工业技术学院和航空学院）培养了合格的工人和职员，他们可以继续在高等教育机构（顿河国立技术大学——DSTU）深造。这些机构为企业输送高素质的专业人才。DSTU 和 Rostvertol 公司的共同目标是培养企业亟须的、适应其工作的高素质专业人才。为此，它们成立了航空制造业基础学部——大学和企业的统一教育平台，形成了企业工程技术人员的中坚力量，他们拥有扎实的

---

[1] Романов В. П., Ахмадеев Б. А. Моделирование инновационной экосистемы на основе модели «хищник-жертва» // Бизнес-информатика. 2015. № 1 (31). С. 12.

[2] C.A.Comes, "Banking System: Three Level Lotka-Volterra Model," *Procedia Economics and Finance*, Vol.3, 2012, pp.251–255.

航空基础教育。[1]

3. Rostvertol 公司聘用由中等职业教育和高等教育机构培养的专业人才，而继续职业教育机构（Rostvertol 公司的下属机构）则根据瞬息万变的环境要求，为企业员工的技能提升保驾护航，使员工形成新的能力。

因此，第三个层次参与了企业人力资本的发展。这不仅通过在培训课程中的学习，更通过企业员工在工作中的互动交流，丰富他们的专业技能，有助于提升效率。

为了评估 Rostvertol 公司职业教育生态系统中专业人才培养和培训体系的有效性，笔者于 2018 年 11 月对企业各部门负责人、教师、目前在企业工作的生态系统教育机构（DSTU 航空制造业基础学部）的学生和毕业生进行了调查，了解他们在学习过程中获得的知识和技能的重要性以及对这些知识和技能的满意度。

不同群体的调查结果如表 12 所示。重要性和满意度按 5 分制评分。在这项调查中，不同群体从各自角度对一系列知识和技能的重要性和满意度进行了评价。管理者评价了这些知识和技能对员工工作的重要程度，以及他们对员工掌握程度的满意度；教师从培养合格员工的角度，评价了这些知识和技能对学生职业发展的重要性；毕业生作为企业员工，评

---

[1] Флек М. Б., Угнич Е. А. Роль базовой кафедры в формировании человеческого капитала предприятия // Государственное управление. Электронный вестник. 2018в. № 67. С. 292–313.

价了这些知识和技能对其工作的重要程度和自身掌握程度。总的来说，所有群体对获得的知识和技能的重要性和满意度都给予了满意（不低于 3 分）的评价。管理者高度重视专门知识的重要性（4.92 分），满意度为 4.31 分。毕业生对通用专业知识和专门知识的满意度最低（分别为 3.39 分和 3.56 分）。他们对在学习过程中获得的实践技能的满意度也相对较低（3.74 分）。这可以解释为在学习过程中获得的专门知识的快速过时。由此可见，所有群体的受访者都认为职业教育生态系统的成果令人满意且效果良好。

表12　各群体对获得的知识和技能的重要性和满意度评价

单位：分

知识和技能	重要性				满意度			
	管理者	教师	毕业生	学生	管理者	教师	毕业生	学生
通用专业知识	4.65	4.26	4.02	4.01	4.58	3.99	3.39	3.63
专门知识	4.92	4.48	4.27	4.49	4.31	4.24	3.56	4.42
通识知识	4.59	4.40	3.71	3.67	4.19	4.00	4.04	4.01
实践技能	4.72	4.55	4.34	4.53	4.63	4.11	3.74	4.03

资料来源：笔者自制。

开展此类调研，借助企业专家和员工对教学计划的评估，有助于教学内容与企业需求的精准对接、互联互通。譬如，在顿河国立技术大学航空制造业基础学部的课程体系中，特别开设了"航空制造企业经济与管理"这门课，旨在培养学生分析信息的能力，提高其管理决策的水平，并能在完成专业任务时灵活运用经济分析工具。

为直观描绘职业教育生态系统人力资本质量评估的全景图，我们采用需求与差距分析法（Needs & Gaps 分析法），绘制了形象的感知图谱。[1] 感知图谱绘制方法在市场研究领域获得了广泛认可。这些图谱的坐标平面鲜明地呈现了所研究特征（产品、服务、从业者、利益相关者等）的相对位置，它们形象地勾勒出消费者对产品及其属性的感知全貌。Needs & Gaps 分析法以受访者对特定属性重要性和满意度的 5 分制评分为基础，进而展开深入的研判。

在本研究中，受访者从通用专业知识、专门知识、通识知识和实践技能四个维度（见表 12），对职业教育生态系统的学习成效进行了全方位的"体检"。每位受访者都对这四个维度给出了重要性和满意度的评分。随后，笔者通过以下公式，计算出每个维度重要性的平均值。

$$I_j = \frac{1}{N}\sum_{i=1}^{N} I_{ij}$$

其中，I_j 代表第 j 个维度的重要性，I_{ij} 是第 i 位受访者对第 j 个维度重要性的评分，N 为样本总量。

与此同时，笔者以相似的方式，测算出每个维度满意度的平均值。

---

[1] N.Galport, T.Azzam, "Evaluator Training Needs and Competencies: A Gap Analysis," *American Journal of Evaluation*, Vol. 38, No. 1, 2017, p.91.

$$S_j = \frac{1}{N}\sum_{i=1}^{N} S_{ij}$$

其中，S_j 表示第 j 个维度的满意度，S_{ij} 是第 i 位受访者对第 j 个维度满意度的评分。

此外，笔者还计算了所有维度重要性和满意度的总平均值。这些平均值被视为交点坐标，其计算公式如下。

$$I_0 = \frac{1}{MN}\sum_{j=1}^{M}\sum_{i=1}^{N} I_{ij}$$

$$S_0 = \frac{1}{MN}\sum_{j=1}^{M}\sum_{i=1}^{N} S_{ij}$$

其中，I_0、S_0 是重要性和满意度坐标轴的交点坐标，M 为维度的总数。

为绘制清晰的感知图谱，我们确定了四组参与者各自的坐标平面。交点坐标（即所有维度重要性和满意度的平均值）如表 13 所示。

表13 每组职业教育生态系统参与者的交点坐标

单位：分

指标	管理者	教师	毕业生	学生
重要性	4.71	4.23	4.09	4.18
满意度	4.43	4.09	3.68	4.02

注：表 13 中"4.71""4.23"是原书数据，但根据表 12 中的数据计算，两数应分别为"4.72""4.42"，因后文分析与该数据相关，为保持学术严谨性，特此说明。

资料来源：笔者自制。

图 11 生动地呈现了四组参与者的感知图谱。维度编号（1—4）的具体内涵如表 12 所示。

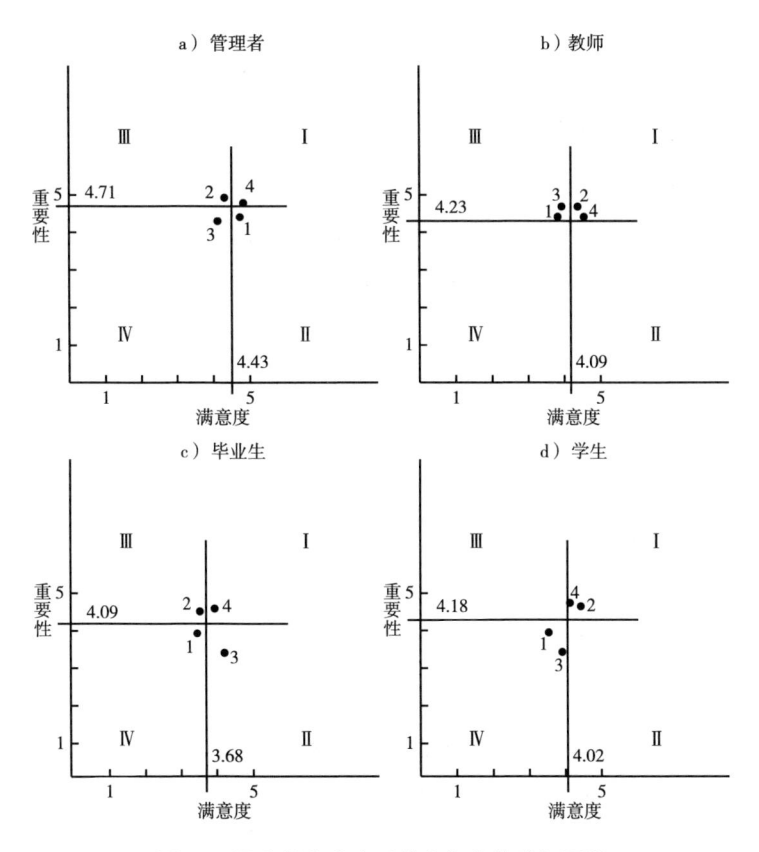

图 11　职业教育生态系统参与者的感知图谱

资料来源：笔者自制。

右上象限（Ⅰ）的特点是维度具有较高的重要性和较高的满意度。右下象限（Ⅱ）是具有次要优势或机遇的象限。

位于象限Ⅱ的维度亟须扶持和发展。左上象限（Ⅲ）对应基本短板。左下象限（Ⅳ）的特点是重要性和满意度均不高。改善该象限的维度需要付出更多努力，但对企业优质人力资本的养成至关重要。所有受访者一致认为，实践技能（第4个维度）是职业教育生态系统的显著优势（对所有受访者而言，它都稳居象限Ⅰ）。教师和学生还将专门知识（第2个维度）视为该系统的核心优势（位于象限Ⅰ）。相反，另外两组受访者——管理者和毕业生，却将第2个维度归为基本短板（象限Ⅲ）。换言之，管理者和毕业生认为，当学生完成学业步入工作时，企业需要的已是行业前沿的新知识，而非他们在校期间所学的专门知识。这凸显了持续更新专门知识的迫切需要。值得一提的是，学生认为，职业教育生态系统不存在基本短板（象限Ⅲ空白）。而教师则将通用专业知识和通识知识（第1个、第3个维度）列为系统的基本短板。学生将第1个、第3个维度归入象限Ⅳ，意味着通用专业知识和通识知识对他们而言重要性和满意度都不高。教师和学生对这些知识的看法表明，在通用专业知识和通识知识课程的教学中，内容设置和教学方法存在值得反思和改进之处。值得关注的是，毕业生将通识知识（第3个维度）划归象限Ⅱ——具有次要机遇或优势的象限。象限Ⅱ覆盖的所有维度，都需要精心呵护和悉心培育。由此可见，毕业生高度重视通识知识的积累，诸如外语能力、商务信函写作的要领等。

　　协调学习过程与企业需求，消弭各方分歧，将成为职业教育生态系统释放协同效应的"催化剂",而这种多方协同所衍生的化学反应,正是源于参与各方的充分连接和深度互动,这必将显著提升人才培养成效,助推企业人力资本的繁荣发展。

感知图谱为我们提供了一种直观的方式,从重要性和满意度两个指标来考察职业教育生态系统学习成果的关键维度。通过分析,我们发现企业人力资本载体获得实践技能是所有参与者公认的首要优势。另外,感知图谱还识别出职业教育生态系统的次要优势,并明确了其主要发展方向。在这一点上,各参与者的观点出现分歧:管理者将通用专业知识视为次要优势,而毕业生则更看重通识知识的重要性。值得注意的是,教师和学生这两类参与者并未特别强调任何维度。感知图谱同时揭示了职业教育生态系统发展中存在的主要不足。各参与者对此的看法再次出现分歧:管理者及毕业生认为专门知识的获得是主要短板,教师则认为通识知识的欠缺更为突出。因此,在职业教育生态系统发展的当前阶段,完善专门知识传授机制显得尤为重要。然而,提高职业教育生态系统的效率,还需要兼顾并紧密关联三个必要组成部分,即高校、企业和学生,唯有三者协同发展,方能实现整体效能的提升。

- 企业需明确规定对专业人才知识和技能的具体要求。
- 普通中等教育、中等职业教育、高等教育机构应确保其培养的人才具备充足的知识和技能,以满足企业的要求。

- 企业与教育机构需通力合作,共同制定行之有效的教学方法,以适应后工业社会的发展需要。

值得一提的是,一旦企业明确了对员工(特别是工程师)知识和技能的要求,教育机构就必须以此为基准,确保其培养的人才能够充分满足这些要求。而有效教学方法的制定,则需要企业与教育机构携手努力、共同推进。

总而言之,我们要强调,职业教育生态系统运作的成效,取决于其参与者在人力资本形成过程中,于特定社会经济环境下产生的错综复杂的关系及其动态变化。职业教育生态系统自身的可持续发展,一方面依赖于其结构趋于复杂化,另一方面则依赖于其在与时俱进中不断提高适应外部变化的能力。唯有参与各方深化合作、与时俱进,方能确保职业教育生态系统持续健康发展,为后工业社会源源不断地输送高素质专业人才。

第四章 塑造数智化管理人才：新方法与新技术

4.1 公务员工作内容转型研究：从行政走向管理

《俄罗斯联邦国家公务员法》（2004年7月27日第79-ФЗ号联邦法律）规定，国家公职服务是俄罗斯联邦公民的一项专业服务活动，旨在确保行政机关和担任俄罗斯联邦及其联邦主体职位的人员行使权力。因此，国家公职服务的基本原则之一是专业性，但法律没有对这一概念进行定义。

对这一法律条款进行解读的学术著作可分为三大类。

1. 将国家公务员的专业性定义为履行国家职能所需的知识、技能和能力。[1]

2. 认为专业性与能力概念等同，能力被理解为国家公务员对其权限范围的了解程度，以及对维持其在社会管理体系中的社会角色所需知识量的认识。[2]

---

1 Шамахов В. А. Профессионализм и компетентность государственных служащих — основные принципы российской государственной службы // Государственная служба. Вестник Координационного Совета по кадровым вопросам, государственным наградам и государственной службе при полномочном представителе Президента Российской Федерации в Северо-Западном федеральном округе. 2011. № 2. С. 4–9.

2 Черняк Т. В. Антикоррупционная компетентность государственных служащих: содержание и способы формирования // Актуальные вопросы разработки и применения современных практик реализации государственной политики в области противодействия коррупции // Материалы Всероссийской научно-практической конференции. Челябинск, 2017. С. 215–224.

3. 将专业性理解为工作效率，以及将自己视为国家公务员这一职业群体中的一员，并能够将自己的职业能力和需求与国家公务员职位要求相协调。[1]

然而，在评估所有国家公务员的专业水平时，决定性因素是他们的工作内容、工作职能以及履行职责时所追求的目标。同时，大多数作者一致认为，公务员的主要职能是行政工作。

近年来，社会呼吁转变公务员的工作内容，公民越来越多地要求加强管理能力在其工作中的作用。在俄罗斯联邦，公务员工作内容改革的方法论基础是新公共管理理念，但改革尚未取得明显成效。

研究的理论基础

在科学文献中，"改革"和"社会转型"是两个不同的概念。改革意味着自上而下启动的个别社会制度的渐进式变革，不涉及社会结构的基础。[2] 相比之下，社会转型是指整个系统的质变，基于决定社会结构本身的基本价值观的转变。[3] 20世

---

1 Дружилов С. А. Обобщенный (интегральный) подход к обеспечению становления профессионализма человека // Психологические исследования. 2012. № 1 (21). С. 2. URL: http://psystudy.ru/index.php/num/2012n1-21/621-druzhilov21.html e3 (дата обращения: 15.09.2019).

2 Ожегов С. И. Словарь русского языка. М., 1991; Ушаков Д. Н. Толковый словарь современного русского языка. М., 2014; Санжаревский И. И. Политическая наука: словарь-справочник. М., 2010.

3 Штомпка П. Социология социальных изменений. М., 1996. С. 38.

纪70年代以来，在不同国家进行的行政改革最初只是改革，其目标是降低官僚主义、形式主义、腐败、裙带关系等政府管理功能失调的影响。然而，在实施改革措施的过程中，人们意识到仅改变个别要素无助于改善整个系统，所以有必要重新审视国家与公民互动的基本原则。

俄罗斯联邦直到2003年才开始行政改革。其理论基础是马克斯·韦伯的理性官僚概念，并根据结构功能主义方法论进行补充。[1]在改革第一阶段制定的国家公务员法最终结合了"改革"和"社会转型"两个概念。一方面，对国家公务员质量的要求基于韦伯的价值观：专业精神、行政效率、权力等级制度、规则的形式化、非个人化和情感中立。[2]另一方面，国家公务员的目的是在塔尔科特·帕森斯提出的框架内制定的，即维护秩序、强制执行和组织"集体行动",[3]即管理。因此，从现代俄罗斯国家公务员形成之初，公务员活动的既定目标（国家管理）与这些活动的内容（行政工作）之间就存在内在矛盾。

虽然改革的第一阶段取得了成功，但后续阶段基于一个完全不同的理念——新公共管理理念，该理念预见了转型，即国家管理组织的基本原则的变革。这一概念的作者

---

[1] Атаманчук Г. В. Сущность государственной службы: история, теория, закон, практика. М., 2008; Магомедов К. О. Социология государственной службы. М., 2010.

[2] Вебер М. Избранные произведения. М., 1990. С. 657.

[3] Парсонс Т. Система современных обществ. М., 1998. С. 30.

（Д.Кеттл[1]、Г.Питерс и Дж.Пьер[2]、К.Худ[3] 等）指出，公民社会机构在国家管理中的作用日益增强，提高国家管理效率与公共服务质量迫在眉睫。因此，提高国家管理效率与公共服务的"管理主义化"联系在一起，即在国家公共服务中引入企业管理的原则和方法，特别是目标管理和客户导向管理的方法，以及三个"E"原则——经济、效率和效能。

新的理论方法揭示了国家公务员管理体系中存在的问题。传统的官僚制模式仅仅把可管理性看作一种工具，即被管理对象是否能够迅速准确地对管理行为做出反应。在这种模式下，社会和公务员系统本身被视为客体，而政治决策者则被视为主体。然而，当前的现实是，政治决策者已经深度融入公务员系统之中，[4] 使公务员系统成为国家管理的核心主体。官僚机构已经演化成一个自主的实体，对社会拥有巨大权力。在这种情况下，工具意义上的可管理性对改革的有效性已经不再重要，因为改革的成败实际上取决于官员的意愿。沟通层面的可管理性变得尤为关键，即公务员在目标、动机和行

---

1 D.Kettl, *The Global Public Management Revolution: A Report on the Transformation of Governance*, Brookings Institution, 2000.

2 B. G. Peters, J.Pierre, "Introduction: The Role of Public Administration in Governing," *Handbook of Public Administration*, Sage, 2003.

3 C.Hood, "Public Management: The Word, the Movement, the Science," *The Oxford Handbook of Public Management*, Oxford University Press, 2005.

4 Васильева Е. А. Модернизация государственной службы: тенденции и противоречия // Вестник Санкт-Петербургского университета. Серия 12. Социология. 2014. № 1. С. 183–188.

为规范上达成一致,并以此来指导他们如何与民众互动。[1] 行政改革的主要任务是改变官员与公民社会组织之间互动的原则:如果传统官僚依赖于家长制,即假设由国家调节社会生活的方方面面,以满足公民的所有需求,那么在新公共管理理念的框架内,两者之间需要建立起伙伴关系。正如波普尔(K. Popper)所指出的,全球社会转型的成功取决于社会的开放程度和政权的民主程度,为了达成社会共识,推动国家改革,公民社会组织必须直接参与国家治理过程。[2] 只有这样,才能形成一种社会自治机制,确保改革始终符合广大民众的利益和意愿。因此,国家公务员转型的关键在于将国家管理的本质从目的理性转变为价值导向。

价值导向管理作为一个科学和实践问题,受到了国内外学者的广泛关注。在国家治理的背景下,国内学者将价值观理解为公务员在履行职责、与该领域的其他参与者(政治家、公民和社会团体)以及在行政机关系统内部互动时所遵循的情感内化和深度内在化的原则。在国外的研究中,价值观被理解为"欲望、动机、快乐、信仰、态度或品位,以及社会认可的关于人类生存的主要目标的观念"。[3] 在深刻的社会转型中,价值导向管理的优势在于,如果成功内化新的价值观,

---

[1] Рубцова М. В. Управляемость: теоретико-социологический анализ понятий // Социологические исследования. 2007. № 12. С. 32–38.

[2] Поппер К. Открытое общество и его враги: в 2 т. Т. 1: Чары Платона. М., 1992.

[3] F. G.Hayden, "Values, Beliefs, and Attitudes in a Sociotechnical Setting," *Journal of Economic Issues*, Vol. XXII , No. 2, 1988, pp.415–426.

其他类型的权力影响就变得不重要了，因为变革的意愿已经成为行为者内心的渴望。因此，激励成为国家公务员人事管理的关键职能。

在国外管理实践中，学者已经制定了几种旨在提高国家公务员工作积极性的方法。班杜拉在其自我效能理论框架内提出的社会认知模型，[1] 将动机定义为公务员对自身能力的信心，即相信自己能够有条不紊地组织并采取必要行动，以解决问题或完成任务。在期望理论的框架内，[2] 康奈尔和韦尔本提出考虑决定动机态度的三个基本心理需求：能力、自主性和共同性。[3] 他们认为，相信自己能力的人表现出更强烈的自我控制愿望，行动更加有效。在这些研究的基础上，德西和瑞安提出了自我决定理论（self-determination theory），该理论基于这样一种判断：只有当主体感到自己有能力时，内在动机才能得以维持。[4] 这一理论与理性官僚体制的一个基本原则——专业主义原则密切相关。

---

[1] A.Bandura, *Self-Efficacy: The Exercise of Control*, W. H. Freeman and Company, 1997.

[2] V. C.Crandall, W.Katkovsky, V. J.Crandall, "Children's Beliefs in Their Own Control of Reinforcements in Intellectual-academic Achievement Situations," *Child Development*, Vol. 36, No. 1, 1965, pp.91–109; J. B.Rotter, "Generalized Expectancies for Internal versus External Control of Reinforcement," *Psychological Monographs*, Vol. 80, No.1, 1966, pp.1–28.

[3] J. P.Connell, J. G.Wellborn, "Competence, Autonomy, and Relatedness: A Motivational Analysis of Self-system Processes," *Minnesota Symposia on Child Psychology*, Vol. 23, 1991, pp.43–77.

[4] E. L.Deci, R. M.Ryan, *Intrinsic Motivation and Self-Determination in Human Behavior*, Plenum Press, 1985.

"善治"（Good Govermance）概念是新公共管理理念的延伸，它基于这样一种信念，即"善治是建立共同治理体系的必要前提"。[1]管理的效果如何，取决于公务员在履职时秉持的价值观与公共利益和需求的契合程度。研究表明，非物质动机（对工作的满意度和参与社会生活）对公务员比对商业组织的员工更为重要。[2]近年来，一些科学文献呼吁回归理性官僚体制的传统价值观，如专业精神和决策责任制，[3]因为这些价值观有助于提升公务员的工作积极性。

总的来说，行政改革是由社会呼吁改变政府与民众互动的基本模式而发起的，旨在将二者关系从家长制转变为伙伴关系。新公共管理理念的核心在于，将公务员系统视为一种可控的管理工具。改革的倡导者认为，引入在企业管理领域内开发的有效管理方法，可以显著解决政府管理中的低效问题。改革中首当其冲的是目标管理方法，它将关键绩效指标（Key Performance Indicators，KPI）作为评估公务员表现的主要依据，同时也强调预算支出的优化。然而，改革措施在实际执行过程中遭到了公务员的强烈抵制。改革者不得不承认，

---

[1] A. P.Diah, E. P. S.Meri, "An Analysis of Good Governance in the Public Service Sector of Batam," *Journal of Techno Social*, Vol. 9, No. 1, 2017, pp.71–80.

[2] J.Bullock, J.Stritch, H.Rainey, "International Comparison of Public and Private Employees' Work Motives, Attitudes, and Perceived Rewards," *Public Administration Review*, Vol. 75, No. 3, 2015, pp.479–489.

[3] R.Rhodes, "Recovering the Craft of Public Administration," *Public Administration Review*, Vol. 76, No. 4, 2016, pp.638–647.

基本改革方案未能得到全面落实。官员的组织文化依然以过程为导向，而非注重结果；理性官僚体制的某些原则，如谨小慎微、办事拖沓、官僚作风和等级森严等，也依然存在。[1]

近年来，科学文献的关注焦点已从政府机构活动的组织过程转移到其内容本身。"善治"的概念代表了一种尝试，即试图在国家治理实践中理解20世纪政府管理领域发生的深刻转变。在这一转变中，公务员实际上已成为唯一的管理主体，国家机构演变为一个可以实施自我管理的机构，其主要目标是自我保全，其核心价值是专业化分工，而官员的活动则集中在行政管理上，即控制和领导。与此同时，国家机构本身已失去同质性，实际上分为三个层次：进行国家管理的政治官员；与政治家形成"恩主—门客"关系、进行行政管理的机关领导；虽不独立做出国家决策，但直接与民众和公民社会组织互动的普通官员。

20世纪后半叶，公民渴望更积极地参与国家事务。传统的理性官僚体制已然力不从心，难以确保行政管理的高效运转。官员的封闭心态和精英意识导致了管理失调，大大损害了公众对政府的信任。改革伊始，其目标是引入工商部门行之有效的管理方法，以改进管理人员的工作。然而，随着时间的推移，人们认识到，要提升政府管理效率，从根本上改

---

[1]《公务员制度改革计划》, https://www.gov.uk/government/publications/civil-service-reform-plan, 最后访问日期: 2019年9月10日。

变公民与政府机构互动的原则势在必行。改革逐步被赋予了价值内涵，关注点也从优化政府机构的运作流程转移到其内容本身。在这一变革浪潮中，政府不再高高在上，而是渐趋开放透明、倾听民意、回应民需。公民不再是被动的管理对象，而是积极参与国家治理的主体。这一转变标志着现代国家治理模式的崛起，为实现高效、廉洁、人本的政府管理奠定了基础。

改革的主要任务已然明晰。

1. 通过引入评估政府机构效能的新方法（尤其是目标管理）来提升政府管理效率。

2. 在与社会团体合作的基础上，明确政府机构活动的目标。

3. 通过改变政府机构活动内容、承认其管理职能，提高公务员实现这些目标的内在动力。

4. 恢复专业精神作为公共服务（社会制度）的核心价值，评估能力的着力点从过去注重行政管理中的控制和领导转向侧重管理层面的决策机制。

在俄罗斯联邦，这些改革目标仅部分得到了实现。修改后的公务员相关法律法规明确指出政府管理应公开透明，应引入目标管理体系，并制定公务员专业水平的评估标准。但与此同时，立法中仍将行政管理视为官僚机构的主要职能，这在国家机构内部造成了价值观冲突，使改革的有效性受质疑。

本研究旨在揭示公务员对其活动内容认识的变化，探讨萨哈（雅库特）共和国公务员对其工作职责认知的转变，以及他们与阿莫索夫东北联邦大学学生在这些认知上的差异。其中学生的观点在一定程度上代表了公众的期望。

研究方法

研究采用问卷调查法，分三个阶段对萨哈（雅库特）共和国国家公务员进行调查：2015年、2017年和2018年。只在最后一个阶段使用类似的工具对学生进行调查。2016年，萨哈（雅库特）共和国进行了大规模的结构性重组，引发了部分共和国行政机关职能的变化。

研究的概念框架源于社会学的制度方法，将社会实践视为制度协调的专门机制。笔者认为，社会制度是根植于社会中、历史上形成的人类行为规范，通过建立社会认可的行为框架来调节社会生活。制度的创建源于个别行为者的创造性举措，但随后通过形成常规社会实践而逐步制度化。随着时间的推移，在社会化过程中，新创建的社会角色被个体内化，并在个人价值观体系中得以巩固，就本研究而言，个人价值观体系特指公务员个人的价值观。基于制度理论方法，学者构建了以下几种评估公共服务的模型：官僚模型、管理模型和多主体模型。

官僚模型的突出特点是采用主、客体二元对立的方法，在这一模型中，提供公共服务的政府部门被视为管理的主体，而接受服务的民众则被视为管理的客体。与此不同，管理模型则假设管理调节本身就是公共部门向民众提供的一项重要服务,政府与民众的关系并非简单的主、客二分,而是服务者与被服务者的关系。相比前两种模型,多主体模型则基于主体间理论方法,强调参与公共服务供给的各方主体具有多样性和平等性,政府、市场和社会组织都可能成为提供公共服务的主体。

上述评估模型的具体内容详见表14。

表14 公共服务评估模型对比

维度	官僚模型	管理模型	多主体模型
管理模式	民众是管理的对象,公务员是管理的主体	管理受市场影响。提供管理服务	共同管理:公民及其社团是管理的主体,公务员是管理的主体
评估主体	公务员代表委员会	"消费者"——公共服务的接受者	民间社会代表和专家团体
评估目的	确保活动符合官僚制定的标准	确保提供公共服务	专业协助社会大众与政治家(精英)进行沟通
评估标准	执行指令	对服务质量的满意度	公共管理规范和标准与公民社会需求相适应。公民个人发展
评估程序	书面程序	满意度调查	舆论监测
自我评估主体	行政人员	提供公共服务的人员	公共管理专家

资料来源:笔者自制。

我们通过以下问题来确定公务员的工作内容:"您认为下列哪项是行政机关的主要任务?"、"您认为公务员属于哪一类人（功能、角色定位）？"以及"在您看来，是什么吸引人们参加国家机关空缺职位的竞争？"第一个问题的答案揭示了作为职业活动的公务员工作的主要内容；第二个问题的答案反映了公务员的社会地位；在对第三个问题的答案进行梳理时，研究者可以了解受访者在国家行政机关工作的动机。

公务员职业选择动机是一个非常重要的问题，它既可以反映人们对公务员工作内容的期望，还能反映对公务员工作成效的满意度认知。

研究提出了以下几个假设。

1. 在工作内容方面，公务员更倾向于提及行政事务，而学生则更强调行使管理职能。

2. 相比公务员，学生更倾向于将官员的地位定义为管理活动的主体。

3. 在组织结构调整的过程中，可能会有更多的公务员感到失望，因为他们发现通过继续在行政机关工作来获得管理职能的机会变少了。

研究数据采用 Microsoft Excel 电子表格软件进行处理分析。为精确判断不同答案之间差异的统计显著性，研究运用了卡方检验，包括皮尔逊相关系数的计算。

研究结果

笔者将第一个问题的回答选项归为两类：行政管理和领导管理。行政管理被定义为对各个经济部门的正式指标进行控制。领导管理则被理解为管理主体为了使被管理系统达到主体所需状态而施加的有针对性的、有价值导向的影响。笔者将准备规范性文件和执行领导指示归类为行政管理,而制定管理决策、履行国家职能和管理下属组织则归类为领导管理。

2015年和2017年,大多数公务员将自己的工作内容定义为履行政府职能,与法律规定相符(2015年为42.0%,2017年为50.0%)。有趣的是,2018年持这一观点的公务员比例骤降一半。与此同时,认为自己的主要任务是在辖区内做决策的公务员比例增加到了25.0%。2015年,将工作内容定义为行政工作的公务员占17.0%。2017年,在大规模结构重组后,伴随各部门间职能负荷的重大变化以及相应的人员调整,这一比例上升到19.8%,而2018年再次回落至15.6%。学生更倾向于将公务员的工作内容定义为履行政府职能,持这一观点的比例为35.0%。认为公务员主要从事行政工作的学生占12.5%。(见表15)。

表15 对公务员工作内容问题的回答分布

单位:%

回答选项	公务员			学生
	2015年	2017年	2018年	
在辖区内做决策	8.0	11.5	25.0	22.5
行政工作	17.0	19.8	15.6	12.5
履行政府职能	42.0	50.0	25.0	35.0
准备辖区内的规范性文件	8.3	3.1	12.5	10.0

续表

回答选项	公务员 2015年	公务员 2017年	公务员 2018年	学生
执行领导的指示	17.0	13.5	9.4	10.0
管理下属机构	4.0	1.0	9.4	10.0
其他	3.6	1.0	3.1	0

资料来源：笔者自制。

因此，2015年，第一个问题的答案基本上各占一半——54.0%选择领导管理，42.3%选择行政管理。2018年重组后，认为自己主要工作是领导管理的公务员比例增加到59.4%。而在学生中，将公务员工作内容定义为行政管理的受访者仅占32.5%（见表16）。显而易见，随着时间推移，公务员对领导管理职能的需求在不断增加，这可能意味着新公共管理原则得到了成功内化。

表16　按照回答统计的公务员工作内容

单位：%

回答选项	公务员 2015年	公务员 2017年	公务员 2018年	学生
行政管理	42.3	36.4	37.5	32.5
领导管理	54.0	62.5	59.4	67.5

资料来源：笔者自制。

追踪不同年龄段公务员对工作内容认知的转变颇具意义。2015年，大多数年轻公务员将自己的工作定义为行政管理（52.6%），而到 2018 年，这一比例锐减至 14.3%。相比之下，2015 年，接近退休年龄的公务员更倾向于将工作内容定义为领导管理（51.3%），重组后，他们的观点转向了行政管理（66.7%），到 2018 年，两类回答各占一半。由此可见，在与职能内容变革以及失业威胁加剧相关的压力下，接近退休年龄的公务员求助于国内法律所确立的传统模式，而年轻公务员则相反。

在确定自身功能与角色定位时，2015 年的公务员更倾向于选择传统的"行政人员"这一选项（37.4%），2017 年更多选择"行使国家管理职能的人员"（30.9%），而 2018 年则更青睐"专业人士"（43.8%）。学生更倾向于选择"行使国家管理职能的人员"（42.5%）（见表 17）。这表明，公务员中对管理职能作用提升的诉求正在增加，这符合公众的期望。虽然受访公务员努力让自己对工作内容的描述符合法律规定，但同时他们也在设法通过强化管理职能来提升自身的社会地位。

这样看来，在国家公务员管理体制改革的进程中，公务员的自我定位也从单纯的行政人员转变为积极的管理人员。改革后，专业人士身份对公务员最具吸引力，这与公共服务的管理模式相契合。政治家身份在公务员中最不受欢迎，而在学生群体中却位居第三。这种差异的原因可能在于，俄罗斯法律明确禁止国家公务员从事政治活动。然而，在公众的认知中，国家公务员还包括担任国家职务的人员（如俄罗斯联邦高级官员、联邦行政机关负责人,以及俄罗斯联邦主体负责人、行政机关负责人、立法机关代表等),他们实际上是政治管理的主体。这正是学生将国家公务员定义为政治家的原因。

表17 公务员身份认同分布情况

单位:%

回答选项	公务员			学生
	2015年	2017年	2018年	
员工	14.3	18.6	0	2.5
行使国家管理职能的人员	25.3	30.9	40.6	42.5
专业人士	20.1	21.6	43.8	42.5
政治家	2.2	2.1	3.1	7.5
行政人员	37.4	25.8	9.4	2.5
其他	0.7	1.0	3.1	2.5

资料来源:笔者自制。

通过分析受访者列举的参加国家公务员空缺职位竞争的动机,我们发现,对学生而言,高收入和社会地位是优先考虑的因素(分别占25%)。2015年,对于在职国家公务员来说,主要的激励因素是就业稳定(23.8%)和职业发展前景(22.2%)。2015年,只有6.2%的国家公务员表示,有机会影响重要社会问题的决策是动机之一;2018年,虽然选择有机会影响重要社会问题的决策这一动机的公务员比例上升至18.8%,但公务员选择从政动机的优先选项仍保持不变。有趣的是，只有 2.5% 的学生选择了"有机会影响重要社会问题的决策"这一动机（见表18）。

这种回答分布表明，虽然公务员在行政改革过程中将自己视为国家管理过程的积极参与者，但对他们而言，最有效的动机仍然是基于传统官僚价值观的动机——就业稳定、有机会影响重要社会问题的决策和职业发展前景。然而，与行使管理权力相关的动机（社会地位和有机会影响重要社会问题的决策）的重要性持续提高，表明价值观正在经历转型。

表18　关于加入公务员队伍的动机分布情况

单位：%

回答选项	公务员 2015年	公务员 2017年	公务员 2018年	学生
高收入	11.6	12.7	9.4	25.0
社会地位	16.9	14.6	18.8	25.0
有机会影响重要社会问题的决策	6.2	7.3	18.8	2.5
额外的养老保障	7.8	7.3	3.1	12.5
福利和保障	11.5	10.9	3.1	2.5
就业稳定	23.8	24.9	21.9	15.0
职业发展前景	22.2	22.4	25.0	17.5

资料来源：笔者自制。

对不同年龄段的受访公务员职业动机变化进行分析，结果同样引人深思。30岁以下的年轻公务员更多地将就业稳定视为主要动力，而在机构重组后，这一动机的吸引力翻了一番（从 27.2% 飙升至 57.1%）（见图 12）。由此可见，在压力不断加大的情况下，价值观的转型正经受着重新审视的考验，传统价值观重新跃居前台。

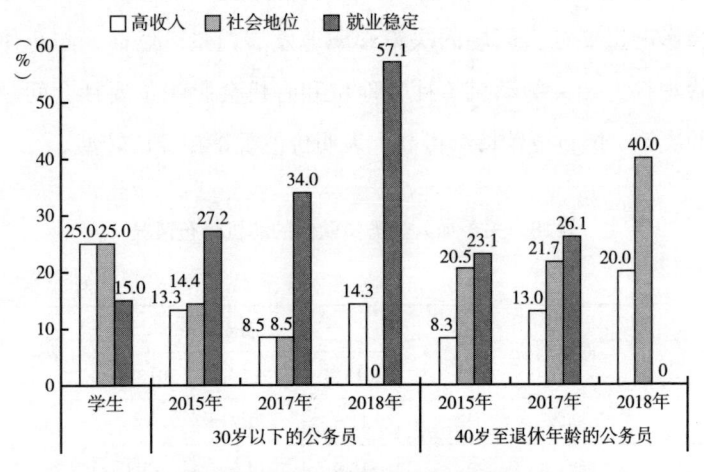

图 12 公务员主要动机变化趋势

资料来源：笔者自制。

我们对公务员工作动机下降的因素进行了分析，结果进一步支撑了上述观点。2015 年，公务员更多地将低工资（28.0%）和缺乏职业发展前景（24.0%）列为降低工作吸引力的主要原因。而到了 2018 年，工作压力大开始被视为主要原因（57.1%）。学生也将这一因素列为公务员工作缺乏吸引力的首要原因（46.4%）（见表 19）。

表19 关于降低公务员工作吸引力原因的回答分布

单位：%

回答选项	公务员 2015年	公务员 2017年	公务员 2018年	学生
低工资	28.0	31.3	0	0
工作压力大	8.0	31.3	57.1	46.4
心理负担	16.0	12.5	0.0	28.6
缺乏职业发展前景	24.0	0	28.6	21.4
额外限制	4.0	12.5	14.3	3.6

注：原书数据如此。
资料来源：笔者自制。

上述分析表明，对于当今的公务员而言，工作内容相比物质回报更为重要。考虑到认为自己从事国家管理工作的官员比例不断攀升，可以推断，既缺乏真正的管理权力，又需承担相应责任，导致公务员产生失望情绪，从而降低了公务员工作吸引力。尽管如此，在回答如何提高公务员积极性这一问题时（可选择4个选项），2018年几乎所有受访者都偏向于货币激励。最具吸引力的是提高职位工资（57.6%的公务员和66.7%的学生），提供公务住房、公务车等（33.3%的公务员和48.7%的学生）以及引入额外的物质激励（奖金、个人激励性奖金等）（42.4%的公务员和35.9%的学生）（见表20）。

表20 关于提高公务员积极性方法的回答分布

单位：%

回答选项	公务员 2016年	公务员 2018年	学生
提高职位工资	45.7	57.6	66.7
提高社会地位	12.0	21.2	30.8
引入灵活的工作时间表	8.8	15.2	20.5
引入额外的物质激励（奖金、个人激励性奖金等）	35.1	42.4	35.9
提供公务住房、公务车等	30.6	33.3	48.7
额外的医疗服务和保险、疗养服务	23.4	12.1	12.8
在获得第二学士学位或接受研究生教育（硕士、博士、博士后）时提供学习假期	11.7	24.2	20.5
加班的额外补偿	27.4	30.3	30.8
在出差时有权使用机场、航站楼、海港等的官员和代表团休息室	0.3	0.0	0.0
有机会以自己的名义提出法规草案	3.5	9.1	0.0
在工作场所提供免费餐食	5.1	6.1	7.7
保证获得额外教育，包括研究生教育	13.3	12.1	10.3
有机会参与管理（例如独立确定下属组织的范围、工作职能等）	8.0	21.2	23.1
交通费用、住房和公用事业服务费用、手机费用、互联网费用等的支付	12.0	9.1	12.8
有机会独立提出改进相关领域国家管理的倡议和建议	13.8	33.3	28.2

资料来源：笔者自制。

对受访者来说，最不具吸引力的激励方法是在出差时有权使用机场、航站楼、海港等的官员和代表团休息室，在工作场所提供免费餐食，有机会以自己的名义提出法规草案，以及交通费用、住房和公用事业服务费用、手机费用、互联网费用等的支付。

如果将激励的方法分为四类——物质激励、与提升社会地位相关的激励、与提高工作舒适度相关的激励以及与增加管理权力相关的激励，那么，最不受欢迎的是与提升社会地位相关的激励。这可能暗示公务员的价值观正在发生转变，他们不再像以前那样，拥有一种特殊的、受制度保障的社会地位。2018年物质激励的比例有所增加，有机会参与管理（例如独立确定下属组织的范围、工作职能等）的吸引力也增加了不到两倍。这进一步证实，对于公务员来说，他们的工作内容越来越多地与管理职能挂钩。

因此，可以得出结论，第一个假设部分得到验证。事实上，大多数接受调查的学生认为，公务员的工作内容是履行国家管理职能。然而，只有不到一半的公务员表示他们的工作内容是国家管理，并且在整个观察期内呈现下降趋势。

第二个假设充分得到证实。大多数接受调查的学生表示，他们将公务员视为国家管理的主体。同时值得注意的是，在研究过程中，公务员身份的自我定位发生了变化：在第一阶段，公务员更多地选择传统的选项，即履行行政职能；在第二阶段和第三阶段，大多数受访者选择了凸显管理能力主导地位的选项。

第三个假设也得到了证实。伴随着对自身工作内容的失望,公务员对获得管理职能的需求增加。正是这种失望成为主要的消极因素,降低了行政机关的工作效率。

综上所述,通过对研究结果的分析和总结,我们可以得出以下结论:在行政改革的浪潮中,社会对公务员功能和角色定位的认知正在经历一场深刻的变革。传统观念认为,公务员是依据现行法律从事行政管理的特定职业群体。然而,随着改革的不断深入,公务员自身和社会各界对其工作的期望已悄然发生改变。如今,公务员被视为国家管理的中坚力量,这一改变不仅赋予了公务员更大的权力,也在无形中加重了他们肩上的责任。

4.2 人力资源管理专业人才的高校培养：问题审视与出路探索

职业教育体系需要适应劳动力市场的变化已经成为一个广为接受的事实。[1] 为了深入了解当前的发展趋势，有必要通过具体案例分析职业活动对人才的需求与培养相关专业人才的教育课程内容是否相符。企业员工能力评估是人力资源管理部门的职责所在，而这些部门员工的专业化程度决定了人力资源管理各个方面工作的成效，无论是招聘、培训还是绩效评估。

正因如此，我们选择人力资源管理领域及相关高校专业作为案例。为了分析劳动信息化进程与创新方法在圣彼得堡人力资源管理职业教育体系中的应用之间的关系，笔者开展了一项社会学研究。

研究将半结构化专家访谈作为一手数据收集方法。数据收集于2019年3月至5月在圣彼得堡进行，并使用Atlas.ti软件进行处理。为方便读者理解，每位专家的言论均已匿名处理，并按顺序编号，以便在研究中追踪不同专家的观点。受访专家来自商业领域和科研机构：国际酒店集团人力资源总监（专家1）、科研院所人力资源管理部主任（专家2）、生

---

[1] Карапетян Р. В., Никифорова О. А. Молодежь на рынке труда Санкт-Петербурга: динамика основных показателей // Вестник Московской международной высшей школы бизнеса МИРБИС. 2018. № 2 (14). С. 124–131.

产企业人力资源总监（专家3）、能源公司人力资源与组织设计部主任（专家6）、零售连锁企业人力资源总监（专家7），以及两名人力资源管理专业负责人（专家4和专家5）。

人力资源管理职业教育形成的影响因素和问题

人力资源管理专业人才群体和俄罗斯劳动力市场都还处于相对年轻的阶段。最早期的人力资源经理多是源自苏联时代的人事部门主管，他们在面对自由劳动力市场环境下的招聘工作时，常感到难以适从。那时的人事部门主管大多是勤恳尽责、严于律己之人，能够一丝不苟地处理人事档案和统计数据，手下会配备几名助理，具体人数取决于企业规模。但总的来说，人事部门的职能有限，对从事人事管理的员工的能力要求也不太高。而如今，人力资源管理部门已经凭借其现代化的员工招聘、评估、发展、激励方法以及人才管理策略，跃升为企业高层管理团队的重要一员。

20世纪90年代末，心理学家开始积极涉足人力资源管理领域，他们擅长员工招聘和评估方法。过度偏重心理学方法并非总能带来好的结果。企业管理者迫切需要专业人才来管理与员工相关的各项事务。21世纪前十年，众所周知，在VUCA[1]（易变性、不确定性、复杂性、模糊性）时代，人力资

---

[1] VUCA是四个英语单词的首字母缩写：volatility（易变性）、uncertainty（不确定性）、complexity（复杂性）和ambiguity（模糊性）。VUCA世界是一个难以完成预测任务的世界。

源可以成为资本来源。[1]

2010年，人力资源管理专业和标准被纳入高等职业教育体系，标志着"HR专业人士"在俄罗斯的制度化进程得以完成。[2]因此，最早获得人力资源管理专业本科学位的毕业生在5年前才进入就业市场。在过去的5年里，人力资源管理领域经历了重大变革，这得益于新技术在员工培训体系和整个企业经营管理中的广泛应用。

目前，专家认为，人力资源管理专业的首批毕业生尚未建立起相应的声誉，因此该领域主要从业者多来自相关行业，缺乏专业教育背景。他们通过在工作中直接学习前辈的经验、参加各种教育机构的培训或进修以提升技能。

专家指出从业者主要有以下背景：心理学、法律、管理学、理工科专业、教育学。"现在教育学背景的人才可能比以前少，但他们仍然非常重要。因为他们掌握教学技能，知道如何传授知识、培养人才。（人力资源管理知识）应是多个学科的交叉：心理学、教育学、法律。如何将它们结合起来？这需要我们具备跨学科的思维。"专家3如是说。

目前，人力资源管理专业的背景在求职时还不算优势。

---

[1] N.Bennet, G. J.Lemoine, "What a Difference a Word Makes: Understanding Threats to Performance in a VUCA World," *Business Horizons*, Vol. 57, No. 3, 2014, pp.311-317.

[2]《关于修订由俄罗斯联邦教育和科学部2009年9月17日第337号命令批准的高等职业教育培训方向清单（经2010年3月9日俄罗斯联邦教育和科学部第168号命令修订）》，2010年8月12日第856号命令，https://normativ.kontur.ru/document?moduleId=1&documentId=163657，最后访问日期：2019年9月10日。

专家 1 表示："人力资源管理岗位在招聘时偶尔会注明'人力资源管理专业'，但这个专业背景大多是锦上添花，应聘者普遍都写自己具有心理学、教育学、经济学背景。看来人力资源管理专业还没站稳脚跟。"可见，用人单位首要考虑的是应聘者的技能。

大多数专家认为，年轻人力资源从业者所受的教育还不能完全满足市场需求。让我们来分析这一新兴职业所面临的问题。

第一，人力资源从业群体十分多元化，市场上高水平人才稀缺。Kelly Services 公司调查显示，俄罗斯西北地区尤其缺乏中高层 HR 专业人士。专家解释说，这与职业教育不足有关。高等教育的不足常常由继续职业教育来弥补，包括短期培训和中期项目（第二学位）。此外，还可以参加国外实习和外企培训项目。[1]

第二，专家表示，专门人才匮乏导致师资力量不足。也就是说，"能分享这方面经验的专家在市场上很少。西方公司可能更重视 HR 所做的数据分析，但这在俄罗斯公司还是新生事物，尚无专门人才"（专家1）。

第三，人力资源管理专业学生实践机会不足。毕业生掌握了从事 HR 工作所需的基础，但要在市场立足还远远不够。

---

1 《人力资源专业人士劳动力市场概述》，https://job.academ.info/articles/137，最后访问日期：2019 年 12 月 11 日。

他们缺乏实践经验和最新理论知识。[1] 专家 1 强调："学生了解许多经典理论，如马斯洛理论和组织行为学，但不太明白如何应用于实践。"

第四，多数专家承认，所学知识与市场现实存在很大差异。专家 3 指出："学术教育往往缺乏实践案例，无法通过游戏、情境等形式演练解决真实问题。因此在教学实习、生产实习和毕业实习阶段，必须展示理论和方法如何在实践中运用，因为职场瞬息万变，给学生分析的案例要贴近当下现实。人力资源管理专业实习生来我这里，我发现他们离现实有差距。"

众所周知，虽然市场对毕业生有特定要求，但不能忘了传统教育的目的所在。虽然实践运用能力很重要，但是理论知识同样不可或缺。专家 4 认为，"（学生在校学习时）培养方案中理论与实践的比例应为 50% 和 50%，而在之后的工作中可采用 70%—20%—10% 原则，即侧重基于实践和个人经验的学习"。多位专家（专家 1、专家 4、专家 5）强调理论知识的重要性，认为"不应片面追求实践"。与此同时，学生仍然需要在学习阶段就意识到理论联系实际的重要性，否则用一位人力资源总监的话说，"人们带着一堆知识来到这里，却不知如何运用"（专家 1）。

---

[1] 《2025 年俄罗斯：从人力到人才》，https://worldskills.ru/assets/docs/media/Skills_Outline_web_tcm27-175469.pdf，最后访问日期：2019 年 3 月 11 日。

高校人力资源管理专业课程设置中理论与实践的比重问题一直备受争议、众说纷纭。支持者认为，教育应立足实际，以实践为导向，培养学生的实操能力。而反对者则坚持，扎实的理论知识基础必不可少，只有理论联系实际，方能学以致用。选择何种配比在很大程度上取决于学生的职业规划是从事专业工作还是学术研究。专家 7 认为，毕业生若立志投身商界，理论课程应占比 30%—40%，其余时间则需全身心投入实践。只有掌握必要的工具和技术，熟悉业务流程，才能胜任 HR 的工作。

第五，毕业生缺乏对当下非常流行并在全球范围内广泛使用的创新方法的了解。专家 6 犀利地指出："我们期望新一代人比我们更精通一些创新方法，期望这是他们在校期间学到的。现实却与之相悖。"由此可见，对课程内容进行优化势在必行。专家 5 也表示："我们按照自己设定的标准培养学生。但还有通用教育标准，其中许多内容尚未被纳入考量。"这凸显了人力资源管理专业教育中的另一个问题：不仅理论与实践脱节，实践与专业标准也不一致，而 HR 专业人士的工作理应以专业标准为依据。在当今数字化时代，人力资源管理专业人才被要求掌握数字化能力，但这一需求未必已在专业标准中有所体现，遑论教育标准了。

因此，人力资源管理专业人才培养的主要问题包括：专业发展进程尚未完成、领域内缺乏教师队伍和教学法支持、现代人力资源管理工具飞速发展、理论与实践脱节。

人力资源管理专业人才培养中专业技能、通用技能和数字技能的比例

人力资源管理专业以人力资源管理领域的从业目标为导向,即人力资源管理专员和招聘专员(招聘人员)。目前俄罗斯科学与高等教育部的总体政策是:所有教学计划必须与专业标准相互呼应。

招聘专员的培养目标包括为人员招聘服务提供质量保证,其中涵盖了以下几个方面的职责:寻找、吸引、筛选和评估求职者;在雇主进行各个阶段的选拔过程中展示候选人的优势;与雇主和候选人就雇用条件进行协商;制订候选人搜索计划;确定人力资源需求并编写岗位说明;分析劳动力市场的动态。[1] 因此,一名合格的招聘专员应当具备与人员招聘直接相关的专业能力,同时还需要具备出色的分析和沟通技巧。相比之下,对人力资源管理专员的任职要求则更加严格,因为他们的工作范围更广。[2] 为了证明自己的能力,这类专业人士需要精通人事档案管理、人员配置、绩效评估与考核、员工发展、工作安排以及薪酬管理等多个领域的技能。此外,企业社会政策的制定、人力资源部门的运营管理以及公司的

---

1 《招聘人员职业标准》,俄罗斯劳动部 2015 年 10 月 9 日第 717н 号命令,https://www.hr-director.ru/profstandart_rekrutera,最后访问日期:2019 年 12 月 11 日。
2 《关于批准"人事管理专家"职业标准》,俄罗斯联邦劳动和社会保障部 2015 年 10 月 6 日第 691н 号命令,http://base.garant.ru/71225016/ixzz68Bn0q6D1,最后访问日期:2019 年 12 月 11 日。

人力资源战略管理也是他们工作中不可或缺的重要组成部分。因此，一名优秀的人力资源管理专员不仅要展现与职位直接相关的专业技能，还需要具备卓越的管理能力。

为了评估人力资源管理专业教育的成效，让我们以圣彼得堡国立大学（СПбГУ）的人力资源管理专业为例。该专业设置的一个关键原则是在制订教学计划时，兼顾了专业标准和教育标准所要求的能力。通过仔细梳理该专业教学计划的能力列表，我们发现其教学科目几乎覆盖了所有综合工作职能。

除了专业知识外，圣彼得堡国立大学人力资源管理专业还致力于培养学生的通用技能。这些技能可以被描述为超越专业领域的能力，个人可以在各个领域灵活运用。与之相对的是专业技能，它通常指在特定领域工作所需的一套专业技能，换言之，是职业对从业者的要求。随着科技的发展，数字技能也日益成为现代职场不可或缺的一部分。

随着新的工作技术不断涌现，人力资源管理领域也衍生出诸多新兴职能，这对 HR 专业人士提出了更高的要求。通用技能和数字技能日益受到重视，但与此同时，各种专业技能的重要性并未降低。其中，人事档案管理就是一个不可或缺的组成部分。正如专家 5 所言："以前这可能由单独的人员负责，但现在这一职能应融入所有 HR 工作中。"因此，毕业生需要掌握一系列与人事档案管理以及人事基础管理相关的技能；还要了解法律领域的知识，尤其是劳动法方面的知识，这一点在人力资源管理专员培养标准中也被明确指出。

作为 HR 专业人士，其职能包括人员规划、招聘选拔、培训评估、激励机制设计等。他们不仅要会创建项目，还要负责项目的推广，因此需要掌握市场营销和公关方面的知识。此外，撰写各类文件也是 HR 专业人士的必备技能，这可能包括规章制度、说明书和其他规范性文件。在当今全球化的职场环境下，掌握外语尤其是英语已成为必要的要求，特别是在国际公司工作时。而且，精通外语还能提高 HR 专业人士在市场上的竞争力。除了上述技能外，他们还需要心理学方面的知识，如激励心理学、管理者工作心理学、组织心理学等。从本质上讲，优秀的 HR 专业人士应该能够运用组织设计和组织心理学的原理来管理组织，提升组织效能。

根据人力资源管理专业人才的职业发展轨迹来看，分析能力和分析技能正逐渐成为最重要的能力。在硕士研究生阶段，人力资源管理专业的培养方案更加侧重应用型人才的培养，重点培养学生的分析能力。这些能力包括制定 HR 指标，以及收集、分析、整理信息并得出具有实践意义的结论的能力。这需要审阅简历，分析面试材料，包括对口头和非口头交流的分析。在学习过程中，学生能够独立为公司完成咨询项目，利用各种模型完成分析，例如对人力资源管理中的业务流程进行建模。

此外，人力资源管理专业人才应当了解企业的运作方式，应当明确员工以及自身在企业中的角色。这一要求源于人力资源部门角色和地位的变化。人力资源管理专业人才还需要具备团队合作能力、项目管理能力以及沟通能力，需要掌握谈判技巧。沟通能力尤为重要，因为人力资源管理专业人才需要与组织内外保持频繁互动。人力资源管理专业人才需要经常与求职者、员工、工会和管理者进行谈判。此外，他们还参与劳动争议的解决。不仅需要掌握口头沟通技巧，书面沟通能力也同样重要，因为许多问题都需要通过沟通来解决。

  人力资源管理专业人才还需要具备决策能力。硕士毕业生应当具备从事管理工作的能力。在人力资源管理专业学习期间，学生在毕业时已经获得了这方面的经验。硕士研究生培养方案中设置了教学实践环节，由硕士研究生指导本科生共同完成企业项目实习。专家5对此进行了如下评论："我们在本科一年级和三年级开设了实习课程。我们组建硕士研究生和本科生的联合小组，本科生在硕士研究生的指导下完成实习项目。硕士研究生负责组织工作，与客户沟通，在遇到困难时与我们这些负责实习工作的老师沟通。他们的实习成绩取决于他们指导的本科生项目答辩的成功与否。通过这个过程，硕士研究生已经明白了什么是管理一个小团队。他们参与项目的全过程，从开始到结束，包括答辩。"

  掌握演讲和自我展示的技巧也很重要。人力资源管理专业人才应当做好与人打交道的准备。此外，他们还应当能够规划和组织工作。例如，不仅要开展岗位分析、评估和培训，还要组织这些流程。人力资源管理专业人才还应当具备项目工作能力和战略管理能力。

数字运用能力和处理海量信息的能力对人力资源管理专业人才而言也十分重要。专家7认为："他们应当能够计算离职率，因为管理离职率是他们负责的一项关键工作。他们还应当能够计算工资和工资总额。"

人力资源管理领域受《劳动法》、《民法典》和《刑法》等多部法律法规的约束，从业者需要在管理实践中找到正确的工作路径。专家1认为："即便你不打算专攻这个领域，如果你打算在人力资源管理领域有所发展，那就意味着你也要成为一名全面发展的专业人员。也就是说，即便是一些基本的东西，比如如何签订劳动合同、如何填写劳动手册或者为什么不能解雇怀孕女性，作为这个专业的毕业生都应当了然于胸。"此外，该专业学生还需要了解职业培训、继续教育及二者的区别。

人力资源管理是一个交叉学科，要求毕业生掌握组织行为学方面的基础知识。需要了解什么是组织、现代组织如何运作、组织的管理方式以及现有的管理理念。培养方案要求学生掌握经济学和统计学工具，包括经济评估技能。掌握使用统计方法处理各类数据的能力十分重要，这些数据包括相关法律法规（如《个人信息保护法》）允许收集的关于人员的数据（这取决于管理行为所需的信息）。通过学习使用分析统计工具，学生能够了解控制组织内部人力资源指标的重要性。在业务扩张时，他们需要招聘人员；而在提升效率时，则需要优化人员。为适应业务需求的变化，人力资源相关的统计口径和数据维度也会随之动态调整。

值得一提的是，培养方案中还纳入了当前备受关注的数字技能。这意味着学生需要学会使用各类数字化解决方案和数字产品，如 SAP Success Factors、Skillaz 等，以及针对企业需求做出合适的选择。不可否认，圣彼得堡大学的人力资源管理专业目前还未完全契合市场对相关人才的需求。然而，即便如此，该专业的学生仍然掌握了诸多宝贵技能。他们学习了如何利用 Excel 进行数据分析、如何运用 Bloomberg 等信息分析数据库以及如何处理海量数据。在当今时代，这些技能显得尤为重要和珍贵。

专家还提到了通过社交网络进行沟通的能力和使用搜索引擎的能力以及根据具体问题调整现有数字工具的能力。专家 3 指出："如今，许多学生能够出色地完成指定的任务，但在人才市场上，这样的能力已经司空见惯，并不能让他们脱颖而出。真正能够吸引雇主并愿意支付更高报酬的，是那些能够提供解决方案的人才。想象一下，你面对一个程序，打开一张数据卡，然后开始输入数据。但是，仅仅输入数据远远不够，你需要思考如何处理这些数据、如何对其进行分析、是否还缺少关键的数据，以及如何优化现有的工具以发挥更大的作用。这些才是真正的技能所在。"

随着人力资源领域数字化进程的推进，人力资源管理从业人员的职能也在发生变化。作为人力资源管理专业的负责人，专家4在对话中指出，人力资源管理正朝着数字化的方向发展，"行政工作和文书工作将通过专门开发的自动化程序来完成，而经理的职能将转向人力资源分析。因此，他们（人力资源经理）需要非常熟练地掌握大数据工作工具，如未来的区块链。也就是说，他们需要在掌握大量信息的情况下做出决策，而像Vera机器人这样的设备将承担日常操作。因此，在我们这里，所有学生都必须学习'数字文化'课程，在这门课里，学生学习现代世界中所有基本的数字技能"。

在人才发展领域，远程培训、各类网络研讨会和数字化测试已然成为关键所在，电子学习的功能也得到了广泛应用。此外，革新的虚拟现实技术更是别具一格，通过特制眼镜，可以生成栩栩如生的画面，营造逼真的场景，让人身临其境，既可实时练习理论知识，又能锻炼实践技能，最后还能参加考试。而系统管理员则可决定是否让其通过考核。

专家2举例阐述了数字化进程："人力资源副总监的平板电脑显示人事部门正在进行的所有流程：新员工的招募、面试者的筛选情况、员工所处的阶段、办理手续的进度、培训申请的审批等。尽在掌控。他不仅能全面监控，更可实时管理，无论是在候机时，还是在夜深人静的家中，都能运筹帷幄。这带来了巨大的益处——流程得以加速。当然，也存在弊端，因为他需要一周7天、一天24小时保持在线。以前，他需要在周六加班，现在则不必亲临办公室。因为他随时随地都有远程办公的机会，至少在必要时可以这样做。"

随着科技的进步，人力资源领域也出现了新的发展趋势。虚拟导师应运而生，致力于开发各种创新的商业功能，如虚拟人员评估等。总的来说，人力资源管理专业人才的职能正逐步实现自动化，并出现了与外部人才库合作的新技术。

专家 7 分享了他的公司在这一领域的宝贵经验："我们正在实施一个人才管理系统项目。这个系统类似于零售业中旨在与所有客户建立联系的 CRM 系统。而我们的目标是与所有潜在人才合作，从学生群体开始。我们计划明年正式启动该项目。届时，我们将录入所有学生，包括技术学校毕业生、大学毕业生，以及拥有能源教育背景和能源领域工作经验的开放市场人员的数据。这些人都是我们潜在的人才储备，如果他们的数据进入公开渠道并且个人同意我们处理这些数据，我们就可以访问并利用这些数据。这将大大简化我们从外部人才库中招聘人才的流程。事实上，许多大型零售公司已经采用类似的模式运作了相当长的一段时间。"

与此同时，人事文书工作系统的引入也在快速进行。这些系统可以自动应用各项功能，摆脱烦琐的纸质工作，转向高效的自动化模式。正如专家 7 所言："如果说 10 年前一切都是纸质化的，那么现在已经有 70% 甚至 80% 的工作实现了自动化。"企业正致力于实现报告流程的自动化，确保一次输入的数据不需重复输入，并能在人力资源工作的各个环节中高效利用。

关于哪些技能最为重要，专家们各执己见。然而，我们可以从中提炼出几种关键观点。第一种观点认为，专业技能、通用技能和数字技能的优先次序，取决于公司的类型。对于国际组织而言，人力资源领域至关重要的通用技能和数字技能往往被置于首位。相比之下，俄罗斯企业则更看重专业技能。正如专家1所言："打个比方，如果你不懂1C（一种企业管理软件），基本上就没有机会获得工作。"

第二种观点认为，技能的选择应根据个人申请的工作方向而定。如果工作涉及数据的统计分析，那么掌握数据库使用、根据所用数据库类型使用相应的报表生成工具、熟练使用Excel等软件绘制图表以及理解统计分析方法等必要的专业技能就显得至关重要。而如果工作主要涉及与人互动，那么通用技能的重要性就凸显出来。如果主要从事文书工作，HR就需要清晰地了解法律、政策，知晓各类命令的制定方式。在这种情况下，专业技能同样是最为重要的。由于工作包含多个方面，因此从业者要全面发展，兼顾通用、专业技能。

第三种观点认为，在职业生涯初期，无论招聘谁都大同小异，但拥有专业技能会成为求职者的显著优势。专家3指出："即使是无偿的工作经验，只要有，就已经是一种优势了。掌握这些实际技能，会大大提升应届生的入职价值。"按照这一观点，如果求职者缺乏专业技能，那么其价值就会相对较低。相应的，如果求职者掌握了专业技能，其价值就会更高。

第四种观点强调通用技能的重要性。专家7指出："对于应届生，我们更看重他们的知识储备而非经验。从专业技能的角度来看,我们可以通过知识评估,了解他们在法律领域的专业程度,以确定是否符合我们 HR 招聘的要求。总的来说,在选拔专业人员时,我们坚持一个简单的原则:对于大多数 HR 岗位,我们总是优先考虑通用技能,因为通用技能较难提升,而专业技能可以通过工作、学习和实践不断积累。任何应届生,经过一年的磨砺,其专业技能都可以赶上资深员工,但通用技能的培养则大不相同。"

第五种观点主张在各种能力之间取得平衡。作为教育界的代表,专家 5 认为:"能力的培养需要均衡分配。如果一个人能识字算术,却无法向他人展示自己的成果,那么一切都是徒劳。同样,如果一个人口才出众,善于建立关系,但那只是华丽的外表,内在空无一物,那么也不会有什么结果。作为管理者,虽然其职业本质上偏向于沟通,但仍需要具备专业的核心技能,即专业技能。"专家 5 坚信,人力资源管理专业人才的能力培养需要系统化,"高等教育不同于各种进修培训或研讨会,因为它应该全面涵盖各方面的内容。我们不应偏重某一方面,因为四年的时间相当充裕。诚然,掌握高效招聘人才这种专业技能,可能只需要两周时间。但在四年的学习中,我们要树立更具战略性的人才培养目标"。

综上所述,专家对哪些技能更为重要尚未达成共识:有人认为专业技能或通用技能至关重要,也有人根据公司类型或候选人需要完成的工作来区分其重要性。但我们可以看到,教育界给出了一个很好的答案。教育界人士认识到,各种能力的发展需要保持均衡、不可偏废。只有全面发展，才能造就卓越的人才。

高校与企业在 HR 专业人士培养中的互动

随着新技术在人力资源领域的广泛应用，高校人力资源管理专业的课程设置也需要与时俱进。圣彼得堡国立大学在推动高等教育面向实践方面取得了重要成果，其中一项举措就是成立了专业教学委员会，为学校每个在读专业的教学、管理和发展提供专家意见和咨询。[1]人力资源管理专业教学委员会由来自国内外大型企业人力资源部门的负责人、人力资源专业群体代表以及管理劳动就业领域的政府机构负责人组成。这种多元化的委员会构成，有助于及时捕捉市场需求的变化，并做出相应的课程调整。例如，当市场提出新的人才需求时，委员会会进行讨论并决定在课程中增设相关内容，以确保学生掌握最新的知识和技能。此外，教师也积极将新兴的人力资源技术纳入各自学科的教学内容中，并通过举办课外活动，让学生全面了解人力资源实践领域的最新动向。这种理论与实践相结合的教学模式，不仅有助于学生掌握扎实的专业知识，还能提高他们的实践能力和就业竞争力。

---

1 《专业教学委员会是一个协商机构，旨在提高主要教育课程的教学效果，控制课程的质量，制定课程发展战略》，圣彼得堡国立大学官方网站，https://spbu.ru/universitet/podrazdeleniya-i-rukovodstvo/sovety-obrazovatelnyh-programm，最后访问日期：2019年11月1日。

在专业教学委员会中，经验丰富的业界专家会全面评估教学大纲和方法文件，并对教学计划的改进提出宝贵建议。专家与学生的互动在很大程度上发生于各种实践活动中。在实践环节，学生直接与企业或机构合作，完成实际项目，积累宝贵的实战经验。

为了确保毕业生能够满足当今瞬息万变的职场需求，教学过程不仅要传授专业知识和技能，更要培养学生在实践中所需的综合素质。然而，这绝非易事。问题在于，专业标准中涵盖了复杂的职业能力，其表述较为宽泛，难以制定明确的评估标准来衡量课程是否真正提升了学生的实际能力。对此，专家有如下见解："在将专业标准与教学内容相对应的过程中，我们面临一些特殊挑战。我们必须将课程培养的各项能力与专业标准中的能力体系紧密关联起来。但具体如何实现这一目标，还存在诸多不确定因素。尽管如此，俄罗斯科学与高等教育部的政策明确要求：所有教学计划必须与专业标准相互呼应。"（专家4）

业界专家普遍认为，当前人力资源管理专业的毕业生尚不具备全面掌握现代理论、工具和创新方法的能力。在他们看来，目前的教学环境还不足以让学生将所学知识灵活运用到实践中去。

虽然教学计划正在努力适应实践的需求，但进展不及预期。人力资源专家也指出，目前尚无一套统一的评估体系，用以衡量毕业生是否已经形成了特定的能力。

虽然实务专家对培养人力资源管理专业年轻人才方面存在的问题提出了批评，但他们也注意到，如今的专业负责人正与雇主保持着密切沟通，时刻关注市场的最新动向，并在教学过程中引入创新方法。专家4表示："我们始终保持对劳动力市场各种趋势的敏锐洞察，竭尽全力为学生提供劳动力市场所需的关键能力，并与雇主保持持续互动。"

虽然教育信息化水平不断提高，但专业负责人并未急于将课程全面转为在线模式。虽然如此，但学生仍然被鼓励将在线课程作为选修课。现有教学计划难以满足学生对该领域深入探索的需求，但学生可以通过教育平台深入了解这一主题。教师会先浏览Coursera或"开放教育"平台上的一些课程，然后再推荐给学生。此外，在线课程也涵盖了各种学习方法。专家4指出："在评估客户忠诚度时，我们采用了弗拉季斯拉夫·多米尼亚克的方法。他在Coursera平台上开设了一门课程，所以最好直接从他那里获取第一手信息，而非二次转述。我们与学生一同观看了他的课程中关于忠诚度评估的片段，他阐述了自己的方法，并将其与其他方法进行了比较和评估，这正是他论文的主题。聆听他的讲解并展开讨论，这样的互动非常有意思。"显然，在当今时代，教师也必须掌握数字技能，在教学过程中积极利用数字成果。

除了利用在线技术外，现代实践导向型教学计划的另一重要组成部分是国际化，即邀请国外同行授课，他们可以引入不同的教学方法和技巧，为学生带来全新的视角和体验。

大师班是学习过程中不可或缺的一环。根据国家对相关专业技能培训项目的要求，在此类项目中，来自业界的实务专家应当占比较高。为满足这一要求，主办方邀请了来自各行各业的专家举办大师班。例如，举办过药店人力资源管理大师班，由于药店人力资源管理是一个高度专业化的领域，有这方面就业意愿的毕业生必须深入了解该领域员工管理和人力资源工作的特点。此外，大师班还特别设计了人力资源实务咨询环节，专门邀请资深的人力资源从业者主讲。他们通常担任公司高管、人力资源部门主管或人力资源总监等要职，具有丰富的实战经验。除了药店和人力资源实务领域，大师班还邀请过金融领域的专家，因为金融行业对员工的专业素质有特殊要求。

大师班的第二个模块专注于人力资源领域的特定实践，如构建能力模型。人力资源管理专业的负责人专家4介绍说："我们与SHL公司建立了良好的合作关系，我们认同他们对能力的看法。为此，我们邀请SHL公司的代表为我们的学生讲授如何开发公司的能力模型。这至关重要，因为当前所有的人事管理工具都以能力模型为基础。"

大师班的第三个模块是人力资源分析，包括内部分析和外部分析。与猎头公司的合作在这方面发挥了重要作用。猎头公司代表展示了他们拥有的大数据分析工具，阐述了这些工具提供的可能性，并详细介绍了分析技术。

圣彼得堡国立大学人力资源管理专业的毕业生可以选择

从事咨询工作，尤其是在招聘领域，也可以选择在企业内部的人力资源部门工作。为了让他们更好地了解咨询公司的架构和运作模式，该专业特别邀请了安可公司的专家前来讲授。这些专家分享了他们的宝贵经验，详细阐述了招聘公司的创建过程、运营方式、发展方向以及所使用的技术等。

除此之外，该专业还邀请了来自传统制造业的资深人士开设大师班。人力资源管理专业与俄罗斯天然气工业股份公司及其分公司展开合作，他们派出专家主讲大师班，重点介绍他们所在领域的管理的特点、发展趋势以及人事管理等内容，这些领域与零售、物流等行业息息相关。

此外，该专业还组织了一些由学生和教师共同参与的联合项目，并邀请了汽车修理厂的代表开设大师班。专家4指出："我们也在那里开展了一个咨询项目，其间我们开设了大师班，他们向我们详细讲解了真实部门的运作方式。"

通过这些多样化的学习机会，该专业致力于为学生提供全面而深入的知识和实践经验，帮助他们在未来的职业生涯中取得成功。无论是在咨询公司、企业内部，还是在与之相关的领域工作，毕业生都能够充分运用所学，成为行业中的佼佼者。

同样，根据专业负责人专家5的介绍，此次活动还邀请了零售连锁店的代表，因为人力资源管理专业的毕业生通常会在这一领域就职。他说："这一次，'220伏特'公司为我们的学生举办了大师班。该公司从事各种技术的批发和零售，涵盖建筑、园艺和其他技术。"通过这次活动，学生们一方面对特定行业管理的细节有了更深入的了解，另一方面也接触到了人力资源分析等关键业务。

随着劳动力信息化的发展，许多行业都发生了巨大的变革。人力资源专家的职能也在不断演变，常规流程正在实现自动化，人力资源分析已然成为前沿领域，创新技术正被广泛应用于员工培训。为适应这一趋势，教育体系也在不断转型。学生被推荐参加各种在线课程，学习如何使用人力资源分析软件；人力资源管理专业引入了由外国教师授课的教学模块，邀请业界专家举办大师班，并就改进教育项目提供宝贵建议。

本研究探讨了人力资源管理从业人员应具备的关键能力。这些能力包括：分析化思维；团队合作；项目管理；沟通、谈判、决策能力；组织活动；演示的能力；自我展示的技巧；规划和组织工作。

如今，在人力资源管理教育标准指导下实施的项目，为人力资源管理专业人才社区搭建了一个优质平台。这个平台不仅为他们提供了职业发展的广阔空间，也为人才再培养和高质量的职业发展创造了良好条件。借助这一平台，人力资源管理专业人才能够不断提升专业素养、拓宽职业视野，在职场中大展宏图，实现自身价值。

结 语

在数字技术得以广泛应用的现代经济中，研究劳动者和劳动关系问题的重要性日益凸显。本书深入剖析了数字经济为劳动领域带来的一系列转变趋势，并就新就业形式、劳动组织、人力资源管理以及培养数字经济管理人才等问题提出了切实可行的解决方案。

本书的研究结论表明，技术革命的新阶段正在推动劳动活动制度环境的更新。数字化的广泛应用促进了新型劳动领域、类型和手段的普及，数字劳动力市场应运而生，在线业务得以广泛开展，虚拟组织蓬勃发展。在这一新形势下，工作不再被狭隘地视为一种旨在取得特定结果、持续一段固定时间的职业活动。劳动过程本身被分解为一个个关联不大的任务，任何具备能力和积极性的人都可以参与完成这些任务。员工首先需要具备的是完成不同复杂程度工作任务的能力。总而言之，混合化和多任务处理正在成为数字化条件下企业运作的新方式和劳动组织的新原则。

在数字经济时代，传统职业和工作活动的界限正在被打破，一种由多种要素构成的全新劳动模式正在形成。这种模式包括持续学习的能力、自主安排工作空间的灵活性、出色的沟通技巧、娴熟的数字技能，以及根据瞬息万变的劳动力市场需求快速转换工作的适应力。

随着数字革命的深化，员工的角色正逐渐被一种新型劳务提供者取代。他们在现有选择自由的框架内灵活行事，不再受传统雇佣合同的束缚。与此同时，雇主更加注重塑造以共同价值观为基础的紧密团队。过去那种指令式的管理方式正逐步让位于一套基于责任、信任、忠诚和参与的道德准则。在组织层面，劳动关系呈现前所未有的个性化特点。雇佣劳动、合同工作、借调人员、自雇者和个体创业者等多种形态共存，构成了一幅绚丽多彩的劳动世界新图景。

本书指出，俄罗斯向数字经济的转型之路充满挑战与阻碍。随着就业形式和类型的转变以及劳动组织方式的调整，完善劳动成本和劳动成果的核算体系已成当务之急。首要任务是编制一部数字经济词典，在此基础上，方能进一步思考数字经济的测量需求，尝试构建一套从微观经济主体到宏观指标再到国民经济核算体系的关联指标体系。官方统计部门应当建立满足新要求的原始数据和汇总数据信息流，以满足数字经济蓬勃发展的需要。

随着数字经济的蓬勃发展，科学界、企业界与政府之间的合作关系日益紧密,三者相互支持、相互促进的一体化综合体系亟须得到特别关注和重视。无论在地方层面还是在全球层面,税收制度都需要进行根本性的变革。唯有协调各国立场,制定公平分配数字业务税收收入的办法,方能得出全球经济的税收解决方案。

在新经济时代,对现代劳动力资源管理工具的需求正在不断增加,特别是那些能够进行战略性劳动力预测和规划的工具。与此同时,系统化的人力资源管理方法也备受青睐。在组织层面,考虑员工发展的心理因素变得至关重要,包括心理过程、价值观、意义特征以及个性取向。数字技术的引入对员工提出了更高的要求,他们需要具备更加复杂的思维能力、掌握多方面的业务,并时刻准备好适应瞬息万变的环境。此外,组织环境的转型也是一个值得关注的重点。新的组织结构需要业务流程参与者之间建立更多的信任,培养自组织能力,明确专业活动的目标,并形成管理能力。员工培训和发展对新型心理技术提出了需求,这些技术旨在提高员工掌握必要技能的积极性,激发他们参与数字生产力提升的热情。

在经济变革的浪潮中,人力资源管理流程数字化的趋势愈发强劲。这意味着企业需要将数字工具和技术全面引入人力资源管理的各个领域,从优化组织内部沟通流程到使人力资源职能自动化,再到整合各项人力资源管理活动。人力资源管理流程数字化的趋势主要体现在两个方面。第一个方面是企业致力于改进 HR 专业人士的运营活动，以减轻人力资源部门的行政负担。这一努力的成果便是形成了人力资源管理职能的综合信息管理系统。第二个方面则与完成人力资源管理的战略任务密切相关。企业可以利用数字工具和技术来协调企业所有者、管理层和普通员工的利益，确保公司的可持续发展并发挥竞争优势。因此，大数据、人力资源分析、员工行为监测和预测等领域在人力资源管理中的地位日益突出。在这些变革的推动下，一种新的管理模式应运而生——电子人力资源管理。在这一模式下，数字技术成为连接和协调所有人力资源管理流程的纽带。为了顺利过渡到电子人力资源管理模式，企业需要借助生态系统的方法，深入分析当前正在发生的变化，预测不同利益相关者的诉求和行动，并据此制定协调一致的人力资源管理策略。

通过对经济与管理领域数字化进程的深入剖析，笔者得出以下结论：虽然俄罗斯数字经济运行的基础设施发展迅猛，但目前公民在计算机素养和信息技术掌握方面仍显不足。数字素养不高，对公民在数字金融环境中的行为产生了一些不良影响。部分公民在使用现代金融服务进行金融操作时感到不适，更青睐传统的银行服务。与此同时，一些公民自认为具备很高的数字素养，却行为草率，最终沦为金融欺诈的受害者。在遭遇不愉快的经历后，他们往往会对数字金融服务望而却步。有鉴于此，国家机关和整个银行业亟须协助民众掌握数字技术，尤其应当关注那些数字和金融素养很低的群体。

本书还提出了一条建议：为了有效应对劳动领域和整个经济数字化所带来的挑战，管理人员的培养模式亟须与时俱进。

笔者在本书中提出的诸多见解，都有待进一步探究和论证。这需要来自不同学科领域和学派的专家们通力合作，开展跨学科的研究项目，以期从科学的视角深入理解并阐释数字经济中影响劳动者的各种新兴进程。

参考文献

Аганбегян А. Г. Кризис. Беда и шанс для России. М., 2015.

Айрапетова О. Что такое ATS (Система по управлению кандидатами). 30.07.2019. URL: http://hr-portal.ru/blog/chto-takoe-ats-sistema-po-upravleniyu-kandidatami (дата обращения: 29.09.2019).

Аксеновская Л. Н. Ордерная концепция организационной культуры: в 3 кн. Кн. 2. Саратов, 2005.

Арпентьева М. Р. Люди-беспризорники: жители инфокоммуникационной культуры // Научное обозрение: электрон. журн. 2018. № 1. С. 1–7.

Атаманчук Г. В. Сущность государственной службы: история, теория, закон, практика. М., 2008.

Атлас новых профессий. М., 2014.

Атлас новых профессий. М., 2015.

Атлас профессий будущего / под общ. ред. Л. М. Гохберга, Я. И.

Кузьминова, Н. А. Шматко. М., 2019.

Бариляк И. А. Организационная культура и профессиональный стресс сотрудников // Психология труда и управления как ресурс развития общества в условиях глобальных изменений. Тверь, 2018. С. 177–182.

Бауман З. Текучая современность. СПб., 2008.

Беззубко Л. В., Новикова И. В., Полянская Л. Я. Экономика современного города: опыт России и Украины. Благовещенск, 2012.

Белл Д. Грядущее постиндустриальное общество. Опыт социального прогнозирования. 2-е изд., испр. и доп. М., 2004.

Бессонов В. А. Выступления и комментарии к докладу Р. М. Энтова // Истоки. М., 2019. С. 275–286.

Бехтель М. Будущее труда. Размышления, взгляды перспективы. М., 2000.

Боголюбов Л. Новое видение Microsoft: mobile-first уходит, приходит AI-first// APPTRACTOR. 04.08.2017. URL: https://apptractor.ru/info/news/novoevidenie-microsoft-mobile-first-uhodit-prihodit-ai-first.html (дата обращения: 10.09.2019).

Бочаров В. В., Тукумцев Б. Г. Социальное партнерство на промышленных предприятиях // Петербургская социология сегодня. Вып. 6. СПб., 2016. С. 10–63.

Васильева Е. А. Модернизация государственной службы: тенденции и противоречия // Вестник Санкт-Петербургского университета. Серия 12. Социология. 2014. № 1. С. 183–188.

Вебер М. Избранные произведения. М., 1990.

Веблен Т. Теория праздного класса. М., 2011.

Верховская О. Р., Александрова Е. А. Индекс мотивации предпринимательской активности и институциональная среда // Вестник Санкт-Петербург-ского университета. Экономика. 2018. Т. 34. Вып. 4. С. 511–533. https://doi.org/10.21638/spbu05.2018.

Викторова Н. Г., Вылкова Е. С., Покровская Н. В. Налоговое стимулирование НИОКР малого и среднего бизнеса // Финансы и кредит. 2019. № 2. С. 409–425.

Владимирова О. Н., Малаховская М. В. Подход к определению инструментов управления инновационной деятельностью региона на основе рейтингов // Экономические стратегии. 2016. Т. 18, № 5 (139). С. 98–105.

Водопьянова Н. Е., Гофман О. О. Профессиональная ответственность: понятие и модели в организации // Психология, управление, бизнес: проблемы взаимодействия. Тверь, 2016. С. 88–97.

Водопьянова Н. Е., Гофман О. О., Мальцев И. Ю. Постановка проблемы ответственности за здоровый образ жизни персонала (индивидуальный и организационный аспект) // Международная научно-практическая конференция «Психология труда и управления как ресурс развития общества в условиях глобальных изменений». Тверь, 2018. С. 30–37.

Водопьянова Н. Е., Гофман О. О., Никифоров Г. С. Субъектно-ресурсная модель развития профессиональной ответственности // Международная научно-практическая конференция «Психология развития человека как субъекта труда. Развитие творческого наследия Е. А. Климова». М., 2016. С. 166–172.

Войскунский А. Е. От психологии компьютеризации к психологии интернета// Вестник Московского университета. Психология. 2008. № 2. С. 140–153.

Воловик Е. Налогообложение цифровой экономики. Какие проблемы влечет цифровизация // Финансовая газета. 2017. № 48.

Воловик Е. Цифровой налог. Существует ли цифровая экономика // Финансовая газета. 2018. № 6.

Вольтерра В. Математическая теория борьбы за существование. М., 2004.

Гайсельхарт Х. Обучающееся предприятие в XXI веке. Калуга, 2004.

Гимпельсон В. Е. Возраст, производительность, заработная плата. М., 2018.

Гимпельсон В. Е., Капелюшников Р. И., Шарунина А. В. «Дороги, которые мы выбираем»: перемещения на внешнем и внутреннем рынке труда. М., 2016.

Глазьев С. Ю. Как построить новую экономику? // Научные труды Вольного экономического общества России. 2013. Т. 168. С. 34–46.

Глазьев С. Ю. О новой парадигме в экономической науке: в 2 ч. Ч. 2 // Экономическая наука современной России. 2016. № 4 (75). С. 10–22.

Гнездова Ю. В. Развитие цифровой экономики России как фактора повышения глобальной конкурентоспособности // Интеллект.

Инновации. Инвестиции. 2017. № 5. С. 16–19.

Гофман О. О. Программа формирования управленческого типа профессиональной ответственности у организаторов строительного производства // Теория и практика управления в строительстве. СПб., 2019. С. 87–95.

Гофман О. О. Типы профессиональной ответственности на примере строительных профессий // Вестник ТвГУ. Педагогика и психология. 2016. № 4. С. 175–178.

Гребер Д. Бредовая работа. Трактат о распространении бессмысленного труда. М., 2020.

Грекова А. А. Особенности мышления представителей «цифрового поколения» // Вестник ЮУрГУ. Психология. 2019. Т. 12, № 1. С. 28–38. DOI: 10.14529/psy190103.

Данилькевич М. А. Налогообложение электронной коммерции // Финансовый журнал. 2013. № 1. С. 151–158.

Декина М. П. Статистическая оценка уровня оплаты труда в России // Финансы и бизнес. 2018. № 1. С. 28–53.

Добрецов Н. Принципы М. А. Лаврентьева по организации науки и образования и их реализация в Сибири // Наука в Сибири. № 47 (2283). 2000. 1 дек. URL: http://www.nsc.ru/HBC/hbc.phtml?5+121+1 (дата обращения: 10.09.2019).

Дружилов С. А. Обобщенный (интегральный) подход к обеспечению становления профессионализма человека // Психологические исследования. 2012. № 1 (21). С. 2. URL: http://psystudy.ru/index.php/num/2012n1-21/621-druzhilov21.html e3 (дата обращения:

15.09.2019).

Дружкин М. Налоговый агент по НДС при заключении сделок с иностранными контрагентами // Административное право. 2018. № 3. URL: https://www.top-personal.ru/adminlawissue.html?526 (дата обращения: 10.09.2019).

Дюркгейм Д. Э. О разделении общественного труда. Метод социологии. М., 1991.

Дубова Н. E-Learning – обучение с приставкой «е» // Открытые системы. 2004. № 11. URL: http://www.cpk.mesi.ru/materials/articles/other08/ (дата обращения: 11.12.2029).

Ем А. В. Налог на добавленную стоимость при оказании иностранными организациями услуг в электронной форме: проблемы администрирования// Налоги. 2017а. № 6. С. 7–12.

Ем А. В. Определение места оказания услуги в сфере электронной коммерции для целей НДС: анализ законодательных новелл // Законодательство. 2017б. № 12. С. 36–42.

Ермакова С. Н. Даунштифтинг: социально-психологический феномен // Мониторинг общественного мнения: экономические и социальные перемены. 2012. № 6 (112). С. 97–107.

Журавлев А. Л., Занковский А. Н. Личность и виртуальная организация: психологические проблемы и перспективы научных исследований // Изв. Сарат. ун-та. Нов. сер. Сер. Акмеология образования. Психология развития. 2017. Т. 6, вып. 4 (24). С. 318–323. DOI: 10.18500/2304-9790-2017-6-4-318-323.

Зарина И. Цифровая трансформация в сфере HR. 2017. URL: https://

www.shl.ru/cifrovaja-transformacija-v-sfere-hr (дата обращения: 29.09.2019).

Зинченко В. П., Моргунов Е. Б. Человек развивающийся. Очерки российской психологии. М., 1994.

Золотарева О. А. Реформирование институтов финансово-кредитных систем стран с формирующимися рынками. Пинск, 2017.

Иванов В. В. Развитие институциональных основ кредитно-финансовых систем Российской Федерации и Республики Беларусь. СПб., 2016.

Иванов В. В., Бушуева Н. В. Внешние источники финансирования российских предприятий: реалии и перспективы // Вестник Санкт-Петербургского университета. Экономика. 2007. № 1. С. 96–107.

Калабина Е. Г. Эволюция системы отношений «работник — работодатель» в экономической организации. Екатеринбург, 2011.

Карапетян Р. В., Никифорова О. А. Молодежь на рынке труда Санкт-Петербурга: динамика основных показателей // Вестник Московской международной высшей школы бизнеса МИРБИС. 2018. № 2 (14). С. 124–131.

Квинт В. Л. Концепция стратегирования: в 2 т. Т. 1. СПб., 2019.

Квинт В. Л. Стратегическое управление и экономика на глобальном формирующемся рынке. М., 2012.

Кейнс Дж. М. Общая теория занятости, процента и денег // Антология экономической классики: в 2 т. Т. 2. М., 1993.

Клейнер Г. Б. Экономика экосистем: шаг в будущее // Экономическое возрождение России. 2019. № 1 (59). С. 40–45.

Клейнер Г. Б. Экосистема предприятия в свете системной экономической теории // Стратегическое планирование и развитие предприятий: материалы Девятнадцатого всероссийского симпозиума. М., 2018. С. 88–98.

Коблова Ю. А. Виртуальные организации как новейшая форма сетевых структур // Вестник Саратовского государственного социально-экономического университета. 2013. Вып. 3. С. 18–21.

Кобяков А. Вызовы XXI века: как меняет мир четвертая промышленная революция. РБК. 12.02.2016. URL: http:// www.rbc.ru/opinions/economics/12/02/2016/56bd9a4a9a79474ca8d33733 (дата обращения: 29.09.2019).

Коммонс Дж. Правовые основы капитализма. М., 2011.

Кондаков А. М. Разработка базовой модели компетенций цифровой экономики. 2019. URL: http://profstandart.rosmintrud.ru/upload/medialibrary.pdf(дата обращения: 29.09.2019).

Копин Д. В. Налог на доходы, полученные от деятельности в сети интернет, опыт Евросоюза и Италии // Налоги. 2018. № 14. С. 1–5.

Крылова Ю. В., Нестеренко Н. Ю. Ключевые задачи управления персоналом в инновационной компании // Региональная экономика и управление: электронный научный журнал. 2014. № 1 (37). С. 24–36.

Кузнецов Ю. В., Мелякова Е. В. Формирование и развитие виртуальной организации // Экономика и экологический менеджмент: научный журнал НИУ ИТМО. 2015. № 4. С. 248–256.

Кулешов В. В. Современные вызовы социально-экономическому развитию России // ЭКО. 2014. Т. 44, № 12. С. 3–25.

Куприяновский В. П., Сухомлин В. А., Добрынин А. П., Райков А. Н., Шкуров Ф. В., Дрожжинов В. И., Федорова Н. О., Намиот Д. Е. Навыки в цифровой экономике и вызовы системы образования // International Journal of Open Information Technologies. 2017. Vol. 5, no. 1. pp. 19–25.

Кученкова А. В. Big Data как источник информации для изучения субъективного благополучия: возможности и ограничения // Будущее социологического знания и вызовы социальных трансформаций (к 90-летию со дня рождения В. А. Ядова) / отв. ред. М. К. Горшков. М., 2019. С. 332–336.

Лисова Е. В. Дауншифтинг: стратификационные эффекты // Экономическая социология. 2008. Т. 9, № 2. С. 56–65.

Локтюхина Н. В., Новикова И. В. Регулирование рынка труда и занятости населения в условиях развития информационно-коммуникационных технологий // Уровень жизни населения регионов России. 2017. № 1. С. 45–57.

Львова Н. А., Покровская Н. В., Воронова Н. С. Концепция финансовых парадоксов: предпосылки становления и траектории развития // ЭКО. 2017. № 6. С. 164–177.

Магомедов К. О. Социология государственной службы. М., 2010.

Макарова И. К., Романчевский Б. В. Современные подходы к

проектированию виртуальных организаций в условиях развития инновационной экономики // Инновации и инвестиции. 2012. № 1. С. 7–10.

Малаховская М. В., Павлова И. А., Кобзева Л. В. Университетская инфраструктура инноваций: в поисках коллаборативных моделей // Университетское управление: практика и анализ. 2018. Т. 22, № 5 (117). С. 32–42.

Мальтус Т. Опыт о законе народонаселения // Антология экономической классики: в 2 т. Т. 2. М., 1993.

Маркс К. Капитал. Т. 1 // Маркс К., Энгельс Ф. Сочинения: в 50 т. 2-е изд. Т. 23. М., 1960.

Маркс К. Критика политической экономии // Маркс К., Энгельс Ф. Сочинения: в 50 т. 2-е изд. Т. 46, ч. 1. М., 1968. С. 116–117.

Маркс К. Критика политической экономии (черновой набросок 1857–1858 гг.)// Маркс К., Энгельс Ф. Сочинения: в 50 т. 2-е изд. Т. 46, ч. 1. М., 1968. С. 43–69.

Маршалл А. Принципы экономической науки: в 3 т. М., 1993.

Масакова И. Д. Производительность труда. М., 2019. URL: https://rosstat. gov.ru/free_doc/new_site/rosstat/NMS/Prez010719.pdf (дата обращения:29.09.2019).

Махалин В. Н., Махалина О. М. Роль государства и бизнеса в проведении цифровой трансформации в России // Научный форум: экономика и менеджмент. М., 2017. С. 135–144.

Митин Д. А. Налогообложение электронной коммерции: российский и европейский опыт // Налоги. 2018. № 6. С. 36–39.

Михайлов В. Вихри «Тройной спирали» // Эксперт Сибирь. 2015. 26 августа. URL: https://expert.ru/siberia/2014/42/vihri-trojnoj-spirali/ (дата обращения: 10.09.2019).

Налоги в цифровой экономике. Теория и методология / под ред. И. А. Майбурова, Ю. Б. Иванова. М., 2019.

Национальные счета России в 2011–2016 годах: стат. сб. М., 2017.

Неустойчивая занятость: теория и методология выявления, оценивание и вектор сокращения / под ред. В. Н. Бобкова. М., 2018.

Никифоров Г. С., Шингаев С. М. Психология профессионального здоровья как актуальное научное направление // Психологический журнал. 2015. Т. 36, № 2. С. 44–54.

Новикова И. В. Концепция стратегии занятости населения в цифровой экономике. Кемерово, 2020.

Новикова И. В. Стратегирование трудовых ресурсов промышленного предприятия // Проблемы и перспективы развития промышленности России. М., 2019. С. 47–52.

Новикова И. В. Регулирование занятости населения на Дальнем Востоке Российской Федерации. М., 2017.

Новикова И. В. Стратегическое управление трудовыми ресурсами предприятия // Экономика в промышленности. 2018. Т. 11, № 4. С. 318–326.

Овечкина Я. В. Интернет-сообщество дауншифтеров: особенности стиля жизни // Социологические исследования. 2016. № 4. С. 131–137.

Ожегов С. И. Словарь русского языка. М., 1991.

Парсонс Т. Система современных обществ. М., 1998.

Пепеляев С. Г. Правовые основы косвенного налогообложения. М., 2015.

Переслегин С. Б. Процессы в мире. Мышление как технологии воздействия. 2018. URL: https://www.youtube.com/watch?v=kgg9sROWzBc (дата обращения: 29.09.2019).

Перспективная модель государственной статистики в цифровую эпоху / науч. ред. Л. М. Гохберг. М., 2018.

Петрова А. Т., Малаховская М. В., Шершова Л. В., Владимирова О. Н. Гендерные аспекты (основания) экономического регулирования рынка труда и их реализация в территориальной политике. Красноярск, 2017.

Погосов И. А. Тенденции воспроизводства в России и проблемы модернизации экономики. М.; СПб., 2012.

Покровская Н. В., Романова М. Е. Налогообложение прибыли в налоговых системах развитых стран // Финансовый мир. Вып. 5. М., 2014. С. 8–23.

Поппер К. Открытое общество и его враги: в 2 т. Т. 1: Чары Платона. М., 1992.

Резник Ю. М. Социальная инженерия как профессия // Известия Томского политехнического института. 2011. Т. 318, № 6. С. 124–130.

Романов В. П., Ахмадеев Б. А. Моделирование инновационной экосистемы на основе модели «хищник-жертва» // Бизнес-информатика. 2015. № 1 (31). С. 7–17.

Романова И. А., Гурова Е. В., Ласс Н. И. Искусственный интеллект и HR — эффективное взаимодействие // Психология труда и управления как ресурс развития общества в условиях глобальных изменений. Тверь, 2018. С. 253–267.

Ротштейн А. И. Основы статистики социалистической промышленности: в 2 ч. Ч. II: Факторы производства. М.; Л., 1934. С. 255–328.

Рубцова М. В. Управляемость: теоретико-социологический анализ понятий // Социологические исследования. 2007. № 12. С. 32–38.

Руденко Г. Г., Муртазаев Б. Ч. Формирование рынка труда. М., 2004.

Рылько Е. Д. Насколько компетентны сегодня взрослые россияне // Результаты Программы международной оценки компетенций взрослых (PIAAC) в РФ. М., 2015.

Санжаревский И. И. Политическая наука: словарь-справочник. М., 2010.

Сизова И. Л. Прекаризация трудовой сферы России // Петербургская социология сегодня. СПб., 2015. С. 122–158.

Сизова И. Л., Григорьева И. А. Ломкость труда и занятости в современном мире // Социологический журнал. 2019. Т. 25, № 1. С. 48–71. https://doi. org/10.19181/socjour.2018.

Сизова И. Л., Хусяинов Т. М. Практики самоактивизации в поиске работы в профессиональных сообществах социальной сети «В контакте» // Глобальные социальные трансформации XX —

начала XXI века (к 100-летию Русской революции): материалы Всероссийской научной конференции XI «Ковалевские чтения». СПб., 2017а. С. 699–701.

Сизова И. Л., Хусяинов Т. М. Труд и занятость в цифровой экономике: проблемы российского рынка труда // Вестник СПбГУ. Социология. 2017б. Т. 10, вып. 4. С. 376–396. https://doi.org/10.21638/11701/spbu12.2017.401.

Смит А. Исследование о природе и причинах богатства народов: в 2 т. Т. 1, кн. 1–3. М., 1993.

Спицына Т. В. Налог для самозанятых граждан, или экспериментальный НПД // Актуальные вопросы бухгалтерского учета и налогообложения. 2019. № 1.

Стребков Д. О., Шевчук А. В., Спирина М. О. Развитие русскоязычного рынка удаленной работы, 2009–2014 гг. (по результатам переписи фрилансеров) // Аналитика ЛЭСИ. № 16. М., 2015.

Стрелков Ю. К. Психологическое содержание операторского труда. М., 1999.

Струмилин С. Г. Проблемы экономики труда. М., 1982.

Сухомлин В. А. Открытая система ИТ-образования как инструмент формирования цифровых навыков человека // Стратегические приоритеты. 2017. № 1 (11). С. 70–81.

Теневая экономика и уклонение от уплаты налогов / под ред. А. П. Киреенко, Д. Ю. Федотова. Иркутск, 2017.

Тимофеева Ю. О. Виртуальная организация: проблемы и преимущества жизни и работы «в облаке» // Психология труда и управления как ресурс развития общества в условиях глобальных изменений. Тверь, 2018. С. 200–204.

Тоффлер О. Предисловие // Пригожин И., Стенгерс И. Порядок из хаоса: Новый диалог с природой. М., 1986.

Третьяк Л. Л. Поколение «Зима». 2016. URL: http://psymaster.spb.ru/articles/pokolenie-zima.html (дата обращения: 29.09.2019).

Тугускина Г. Моделирование структуры человеческого капитала // Кадровик. 2010. № 10-2. С. 6–14.

Уилбер К. Интегральное видение. М., 2009.

Урбан О. А. Набор в вузы как фактор кадровых рисков модернизации // Социологические исследования. 2018. № 3. С. 53–61. https://doi.org/10.7868/S0132162518030054.

Ушаков Д. Н. Толковый словарь современного русского языка. М., 2014.

Финансовая система Китая / под ред. В. В. Иванова. М., 2018.

Финансовое поведение пожилых людей в контексте дигитализации / Т. А. Аймалетдинов, С. С. Антонян, Л. Р. Баймуратова, Г. Р. Имаева, О. В. Томилова, О. А. Шарова. М., 2017.

Флек М. Б., Угнич Е. А. Подготовка инженерных кадров в условиях цифровой трансформации: роль стратегического взаимодействия предприятия и университета // Стратегическое планирование и развитие предприятий: материалы Девятнадцатого всероссийского симпозиума. М., 2018а. С. 201–205.

Флек М. Б., Угнич Е. А. Профессионально-образовательный кластер как экосистема: развитие в условиях цифровой трансформации //

Journal of Economic Regulation. 2018б. Т. 9, № 4. С. 146–159.

Флек М. Б., Угнич Е. А. Роль базовой кафедры в формировании человеческого капитала предприятия // Государственное управление. Электронный вестник. 2018в. № 67. С. 292–313.

Флек М. Б., Угнич Е. А. Управление промышленным предприятием в современных условиях. Ростов н/Д., 2017.

Фридмен М. Количественная теория денег. М., 1996.

Хансен М. Коллаборация. Как перейти от соперничества к сотрудничеству. М., 2017.

Ходжсон Дж. Эволюционная или институциональная экономика как новый мейнстрим? // Экономический вестник Ростовского государственного университета. 2008. Т. 6, № 2. С. 23–29.

Хромов И. Е. Основные виды и характеристики виртуальных организаций// Вопросы экономики и права. 2018. № 122. С. 95–99.

Цифровая грамотность для экономики будущего / Л. Р. Баймуратова, О. А. Долгова, Г. Р. Имаева, В. И. Гриценко, К. В. Смирнов, Т. А. Аймалетдинов. М., 2018.

Цифровая экономика: глобальные тренды и практика российского бизнеса. М., 2017. URL: https://imi.hse.ru/pr2017_1 (дата обращения: 29.09.2019).

Цифровые технологии налогового администрирования / под ред. И. А. Майбурова, Ю. Б. Иванова. М., 2019.

Черняк Т. В. Антикоррупционная компетентность государственных служащих: содержание и способы формирования // Актуальные вопросы разработки и применения современных практик реализации государственной политики в области противодействия коррупции // Материалы Всероссийской научно-практической конференции. Челябинск, 2017. С. 215–224.

Что такое цифровая экономика? Тренды, компетенции, измерение: докл. к XX Апр. междунар. науч. конф. по проблемам развития экономики и общества, Москва, 9–12 апр. 2019 г. / науч. ред. Л. М. Гохберг. М., 2019.

Шамахов В. А. Профессионализм и компетентность государственных служащих — основные принципы российской государственной службы // Государственная служба. Вестник Координационного Совета по кадровым вопросам, государственным наградам и государственной службе при полномочном представителе Президента Российской Федерации в Северо-Западном федеральном округе. 2011. № 2. С. 4–9.

Шелепов А. В. Проект BEPS: глобальное сотрудничество в сфере налогообложения // Вестник международных организаций. 2016. Т. 11, № 4. С. 36–59.

Шнейдер Л. Б. Цифровые аддикты: формирование новых зависимостей и изменение личности молодого человека // Актуальные проблемы психологического знания. Теоретические и практические проблемы психологии. 2017. № 1 (42). С. 72–80.

Штомпка П. Социология социальных изменений. М., 1996.

Яковлева А. А. Потребительский ретретизм: альтернативный стиль жизни в обществе потребления // Журнал социологии и социальной антропологии. 2011. Т. XIV, № 5. С. 192–201.

Ян Д. Технологии, которые подарят счастье: как искусственный интеллект изменит жизнь компаний. https://www.forbes.ru/tehnologii/372739-tehnologii-kotorye-podaryat-schaste-kak-iskusstvennyy-intellekt-izmenitzhizn(дата обращения: 29.09.2019).

Adler E. The Power of Ideology: The Quest for Technological Autonomy in Argentina and Brazil. University of California Press, 1987.

Aktaev N. E., Bannova K. A., Balandina A. S., Dolgih I. N. Optimization Criteria for Entry into the Consolidated Group of Taxpayers in order to Create an Effective Tax Mechanism and Improve the Social, Economic Development of Regions in the Russian Federation // Procedia — Social and Behavioral Sciences. 2015. No. 166. pp. 30–35.

Aslam A., Shah A. Taxation and the Peer-to-Peer Economy // IMF Working Paper. WP/17/187. 2017. https://www.imf.org/en/Publications/WP/Issues/2017/08/08/Taxation-and-the-Peer-to-Peer-Economy-45157 (дата обращения: 29.09.2019).

Bandura A. Self-Efficacy: The Exercise of Control. Freeman, 1997.

Bauman Z. Identity: Conversations with Benedetto Vecchi. Polity Press, 2004, pp. 12–13.

Bauman Z. Time and Class: New Dimensions of Stratification // Sociologisk Rapportserie. No. 7. Department of Sociology. Copenhagen, 1998. pp. 2–3.

Becker G. S. Human Capital. NBER, 1964.

Bell D. The Cultural Contradictions of Capitalism. Basic Books, 1978.

Bennet N., Lemoine G. J. What a Difference a Word Makes: Understanding

Threats to Performance in a VUCA World // Business Horizons. 2014. Vol. 57, No. 3. pp. 311–317.

Berber N., Đorđević B., Milanović S. Electronic Human Resource Management(e-HRM): A New Concept for Digital Age // Strategic Management. 2018. Vol. 23, No. 2. pp. 22–32. https://doi.org/10.1080/09585190802707235 10.5937/StraMan1802022B.

Berkelaar B. L., Buzzanell P. M. Online Employment Screening and Digital Career Capital: Exploring Employers' Use of Online Information for Personnel Selection // Management Communication Quarterly. 2015. Vol. 29, No. 1. pp. 84–113.

Birkner Chr. How Treating Employees Well Boosts Brand Value. Chobani and Starbucks Lead the Way. 2016. https://www.adweek.com/brand-marketing/how-treating-employees-well-boosts-brand-value-171409/ (дата обращения:15.09.2019).

Bloomberg J. Don't Trust Artificial Intelligence? Time to Open the AI Black Box// Forbes. 16.09.2018. https://www.forbes.com/sites/jasonbloomberg/2018/09/16/dont-trust-artificialintelligence-time-to-open-the-ai-blackbox/577a14153b4a (дата обращения: 12.09.2019).

Bögenhold D., Fachinger U. Berufliche Selbstständigkeit. Springer Fachmedien. Wiesbaden, 2016. S. 1–3. https://doi.org/10.1007/978-3-658-13283-5_1.

Bondarouk T. V., Ruel H. J. M. Electronic Human Resource Management: Challenges in the Digital Era // The International Journal of Human Resource Management. 2009. Vol. 20, No. 3. pp. 505–514. https://doi.org/10.1080/09585190802707235.

Bortagaray I., Tiffin Sc. Innovation Clusters in Latin America // Learning and Knowledge for the Network Society / eds. D. V. Gibson, M. V. Heitor, Al. Ib. Yunez. Purdue University Press, 2005.

Bostrom N. Superintelligence: Paths, Dangers, Strategies. Oxford University Press, 2014.

Boussour L. The Digital Economy Is Boosting Productivity — but Official Measures aren't Capturing the Benefits. 16.10.2019. https://www.brinknews.com/the-digital-economy-is-boosting-productivity-but-official-measures-arent-capturing-the-benefits/ (дата обращения: 29.09.2019).

Brynjolfsson E., McAfee A. The Second Machine Age: Work, Progress, and Prosperity in a Time of Brilliant Technologies. W. W. Norton & Company, 2014.

Bullock J., Stritch J., Rainey H. International Comparison of Public and Private Employees' Work Motives, Attitudes, and Perceived Rewards // Public Administration Review. 2015. Vol. 75, No. 3. pp. 479–489. https://doi.org/10.1111/puar.12356.

Caillaud B., Jullien B. Chicken & Egg: Competition among Intermediation Service Providers // Rand Journal of Economics. 2003. Vol. 34, No. 2. pp. 309–328. https://doi.org/10.2307/1593720.

Champenoisa C., Etzkowitz H. From Boundary Line to Boundary Space: The Creation of Hybrid Organizations as a Triple Helix Microfoundation // Special Issue of the Triple Helix Journal "Triple Helix Futures". 2018. Vol. 76–77. pp. 28–39.

Chapman D. S., Webster J. The Use of Technologies in the Recruiting,

Screening, and Selection Processes for Job Candidates // International Journal of Selection and Assessment, 2003. Vol. 11. pp. 113–120.

Clement R. Digitale Arbeitswelt am Beispiel des Crowdsourcings // ifo Schnelldienst. 2015. No. 10 (68). S. 6–9.

Comaford Chr. The Superising Link between Customer Experience and Employee Engagement. 2017. https://www.forbes.com/sites/christinecomaford/ 2017/07/08/the-surprising-link-between-customer-experience-and-employee-engagement/ 2bdfc372b512 (дата обращения: 12.09.2019).

Comes C.-A. Banking System: Three Level Lotka-Volterra Model // Procedia Economics and Finance. 2012. No. 3. pp. 251–255.

Connell J. P., Wellborn J. G. Competence, Autonomy, and Relatedness: A Motivational Analysis of Self-system Processes // Minnesota Symposia on Child Psychology. Vol. 23. Hillsdale, 1991. pp. 43–77.

Crandall V. C., Katkovsky W., Crandall V. J. Children's Beliefs in Their Own Control of Reinforcements in Intellectual-academic Achievement Situations // Child Development.1965. Vol. 36, No. 1. pp. 91–109. https://doi.org/10.2307/1126783.

Deci E. L., Ryan R. M. Intrinsic Motivation and Self-Determination in Human Behavior. Plenum Press, 1985.

Diah A. P., Meri E. P. S. An Analysis of Good Governance in the Public Service Sector of Batam // Journal of Techno Social. 2017. Vol. 9, No. 1. pp. 71–80.

Dixit P. Digitalisation — An Emerging Trend in Human Resource Practices // Imperial Journal of Interdisciplinary Research (IJIR).

2017. Vol. 3, No. 4. pp. 2134–2138. http://www.onlinejournal.in.

Faßauer G., Geithner S. Entgrenzung und Grenzarbeit in Co-Konfiguration: Eine tatigkeitstheoretische Perspektive // Industrielle Beziehungen. 2016. No. 23 (2). S. 92–112. https://doi.org/10.1688/IndB-2016-02-Fassauer.

Freeman R. E. Strategic Management: A Stakeholder Approach. Pitman, 1984.

Frey C. B., Osborne M. A. The Future of Employment: How Susceptible are Jobs to Computerisation? Oxford, 2013. http://www.oxfordmartin.ox.ac.uk/downloads/academic/The_Future_of_Employment.pdf (дата обращения: 29.09.2019).

Frey C. B., Rahbari E. Technology at Work: How the Digital Revolution is Reshaping the Global Workforce. 2016. http://voxeu.org/article/how-digital-revolution-reshaping-global-workforce (дата обращения: 07.06.2019).

Galeon D. Separating Science Fact from Science Hype: How Far off is the Singularity?// Futurism. 30.01.2018. https://futurism.com/separating-science-fact-science-hype-how-far-off-singularity (дата обращения: 29.09.2019).

Galport N., Azzam T. Evaluator Training Needs and Competencies: A Gap Analysis// American Journal of Evalution. 2017. Vol. 38, No. 1. pp. 80–100.

Gavett G. Workers are Bad at Filling out Timesheets, and It Costs Billions a Day // Harvard Business Review. 12.01.2015. https://hbr.org/2015/01/workers-arebad-at-filling-out-timesheets-and-it-costs-billions-a-day (дата обращения:29.09.2019).

Gibbs S. Uber Plans to Buy 24,000 Autonomous Volvo SUVs in Race for Driverless Future // The Guardian. 20.11.2017. https://www.theguardian.com/technology/2017/nov/20/uber-volvo-suv-self-driving-future-business-ride-hailing-lyft-waymo (дата обращения: 29.09.2019).

Goransson Bo, Brundenius C., Aguirre-Bastos C. Innovation Systems for Development:Making Research and Innovation in Developing Countries Matter. Edward Elgar Publishing, 2016.

Gorlick A. Media Multitaskers Pay Mental Price, Stanford Study Shows // Stanford Report. 24.08.2009. https://news.stanford.edu/news/2009/august24/multitask-research-study-082409.html (дата обращения: 10.09.2019).

Greene T. Google's AI Guru Predicts Humans and Machines will Merge within 20 Years // Tire Next Web. 10.11.2017. https://thenextweb.com/artificial-intelligence/2017/11/10/googles-ai-guru-predicts-humans-and-machines-will-merge-within-20-years/ (дата обращения: 29.09.2019).

Groshen E., Helper S., Mac Duffie J. P., Carson C. Preparing U.S. Workers and Employers for an Autonomous Vehicle Future (Report prepared for SAFE — Securing Americas Energy Future). Washington, 2018. https://avworkforce.secureenergy.org/wp-content/uploads/2018/06/Groshen-et-al-Report-June-2018-l.pdf (дата обращения: 29.09.2019).

Hagiu A., Wright J. Multi-Sided Platforms // International Journal of Industrial Organization.2015. No. 43. pp. 162–174.

Hayden F. G. Values, Beliefs, and Attitudes in a Sociotechnical Setting // Journal of Economic Issues. 1988. Vol. XXII, No. 2. pp. 415–426.

Hensel I., Koch J., Kocher E., Schwarz A. Crowdworking als Phanomen der Koordination digitaler Erwerbsarbeit — Eine interdisziplinare Perspektive // Industrielle Beziehungen. 2015. No. 23 (2). S. 162–186. https://doi.org/10.1688/IndB-2016-02-Hensel.

Hines A. Consumer Shift: How Changing Values are Reshaping the Consumer Landscape. Tucson, 2011.

Hood C. Public Management: The Word, the Movement, the Science // The Oxford Handbook of Public Management. Oxford University Press, 2007. https://doi.org/10.1093/oxfordhb/9780199226443.003.0002.

Hoßfeld T., Hirth M., Tran-Gia P. Aktuelles Schlagwort: Crowdsourcing // Informatik Spektrum. 2012. No. 35. S. 204–208. https://www.hbs.edu/faculty/Publication%20Files/15-037_cb5afe51-6150-4be9-ace2-39c6a8ace6d4.pdf(дата обращения: 29.09.2019).

Huws U. Labor in the Global Digital Economy: The Cybertariat Comes of Age. NYU Press, 2014.

Inglehart R. Cultural Evolution. Cambridge University Press, 2018.

Jarvi K., Almpanopoulou A., Ritala P. Organization of Knowledge Ecosystem: Prefigurative and Partial Forms // Research Policy. 2018. Vol. 47, No. 8. pp. 1523–1537. https://doi.org/10.1016/j.respol.2018.05.007.

Johns H. Digitalisierung der Arbeit und die Generation Y // Personal und Diversitat. Schriftenreihe zur interdisziplinaren Arbeitswissenschaft / A. Haunschild, G. Vedder (Hg.). Munchen u. Mering 2016. Bd. 5. S. 81–91.

Kaczorowski W. Die smarte Stadt — Den digitalen Wandel intelligent gestalten. Handlungsfelder Herausforderungen Strategien. Stuttgart, 2014. S. 28–30.

Kettl D. The Global Public Management Revolution: A Report on the Transformation of Governance. Brookings Institution, 2000.

Lambrecht A., Goldfarb A., Bonatti A., Ghose A., Gold Kurzweil R. The Singularity is Near: When Humans Transcend Biology. Viking Press, 2005.

Leopold T., Stefanova V., Zahidi R. The Future of Jobs Report 2018. Centre for the New Economy and Society, 2018.

Lepak D. P., Snell S. A. Virtual HR: Strategic Human Resource Management in the 21st Century // Human Resource Management Review. 1998. Vol. 8, No. 3. pp. 215–234. https://doi.org/10.1016/S1053-4822(98)90003-1.

Marler J. H., Parry E. Human Resource Management, Strategic Involvement and e-HRM Technology // The International Journal of Human Resource Management.2015. Vol. 26, No. 1. pp. 1–21. https://doi.org/10.1080/09585192.2015.1091980.

Martin G., Reddington M. Theorizing the Links between e-HR and Strategic HRM: A Model, Case Illustration and Reflections // The International Journal of Human Resource Management. 2010. Vol. 21, No. 10. pp. 1553–1574. https://doi.org/10.1080/09585192.2010.500483.

Measuring Productivity — OECD Manual: Measurement of Aggregate and Industry— Level Productivity Crowth. OECD, 2001.

Mehrotra A., Yetman J. Financial Inclusion — Issues for Central Banks //

BIS Quarterly Review. March, 2015. pp. 83–96.

Messenger J. et al. Working Anytime, Anywhere: The Effects on the World of Work. Publications Office of the European Union, 2017.

Moore J. F. Predators and Prey: A New Ecology of Competition // Harvard Business Review. 1993. Vol. 71, No. 3. pp. 75–83.

Mura A. HR and Talent Management in the Digital Era: Strategy and Challenges. 2018. https://blog.userlane.com/hr-and-talent-management-challenges-in-the-digital-era/ (дата обращения: 15.09.2019).

Nauert R. For Some, Multitasking May not Hinder Performance // Psych Central. American Academy of Pediatrics. 08.08.2018. https://psychcen tral.com/news/2014/10/13/for-some-multitasking-may-not-hinder-performance/76094.html (дата обращения: 10.09.2019).

Petechel T. A., Rekeda A. S. Tax Problems of E-commerce: International Experience and Russian Practical Activity // International Conference on Recent Trends in Marketing, Accounting, Business, Economics and Tourism. Amsterdam, 2017. pp. 25–34.

Peters B. G., Pierre J. Introduction: The Role of Public Administration in Governing// Handbook of Public Administration. Sage, 2003.

Peyton J. D. The Leadership Way: Management for the Nineties: How to Get Top Results in Managing and Supervising People. Davidson Manors, 1991.

Porter M. Clusters and the New Economic Competition // Harvard Business Review. 1998. Vol. 76, No. 6. pp. 77–90.

Prass J. The Concept of the Employer. Oxford University Press, 2015.

Reese B. AI will Create Millions More Jobs than It will Destroy. Here's How // Singularity Hub. 01.01.2019. https:// singularityhub.com/2019/01/01/ai-will-create-millions-more-jobs-than-it-will-destroy (дата обращения:29.09.2019).

Rhodes R. Recovering the Craft of Public Administration // Public Administration Review. 2016. Vol. 76, No. 4. pp. 638–647.

Rietsema D. What is HRIS? https://www.hrpayrollsystems.net/hris/ (дата обращения: 11.09.2019).

Rifkin J. The Zero Marginal Cost Society: The Internet of Things, the Collaborative Commons, and the Eclipse of Capitalism. Palgrave Macmillan, 2014.

Ros A. Gartner Warns Skills Shortage could Hamper Digital Transformation Efforts. 06.09.2018. https://www.information-age.com/gartner-skills-shortage-123474620/ (дата обращения: 19.09.2019).

Rotter J. B. Generalized Expectancies for Internal versus External Control of Reinforcement. Psychological Monographs. 1966. No. 80 (1). pp. 1–28. https://doi.org/10.1037/h0092976.

Schoenefeld D., Hensel I., Koch J., Kocher E., Schwarz A. Jobs fur die Crowds. Werkstattbericht zu einem neuen Forschungsfeld. Interdisziplinares Forschungsprojekt: "Koordination Selbststandiger Unselbststandigkeit. Erwerbsarbeit jenseits der Organisation im Internetzeitalter". Frankfurt (Oder),2017. www.borders-in-motion.de (дата обращения: 29.09.2019).

Schwab K. The Fourth Industrial Revolution. Crown Business, 1978.

Sherman E. AI is the New Face of Systemic (and Automated)

Inequality // Forbes. 11.10.2018. https://www.forbes.com/sites/eriksherman/2018/10/ll/ai-is-the-new-face-of-systemic-and-automated-inequality/#2ff86el91838(дата обращения: 29.09.2019).

Shultz T. Human Capital in the International Encyclopedia of the Social Sciences. The Macmillan Company and the Free Press, 1968.

Smale A., Heikkila J. P. IT-Based Integration of HRM in a Foreign MNC Subsidiary: A Micro-political Perspective // Handbook of Research on E-Transformation and Human Resources Management Technologies: Organizational Outcomes and Challenges. IGI Global, 2009. pp. 153–170. https://doi.org/10.4018/978-1-60566-304-3.

Snow J. Algorithms are Making American Inequality Worse // MIT Technology Review. 26.01.2018. https://www.technologyreview.com/s/610026/algorithms-are-making-american-inequality-worse/ (дата обращения:29.09.2019).

Stein D. G., Lewis R., Rao A., Sahni N., Yao S. How do Firms Make Money Selling Digital Goods Online? // Mark Lett. 2014. No. 25. pp. 331–341. https://doi.org/10.1007/s11002-014-9310-5.

Tansley C., Newell S., Williams H. Effecting HRM-style Practices through an Integrated Human Resource Information System // Personnel Review. 2001. No. 30. pp. 351–371.

Thorpe E. K. Gartner: By 2020, AI will Create More Jobs than It Eliminates // ITPRPO.05.02.2018. https://www.itpro.co.uk/automation/30463/gartner-by-2020-ai-will-create-more-jobs-than-it-eliminates (дата обращения: 29.09.2019).

Tikhonova A. V. Google Tax: How to Avoid Stepping back in the Near

Future? // Digest Finance. 2018. No. 23. pp. 411–418.

Toffler A. The Third Wave. London, 1981.

Uzawa H. Optimum Technical Change in an Aggregative Model of Economic Growth // International Economic Rewiew. 1965. Vol. 6, No. 1. pp. 18–31.

Vita-More N. Transhumanism: What is It? New Providence, 2018.

Vladimirova O. N., Malakhovskaya M. V. The Dynamics of Innovative Susceptibility of the Siberian Federal District Regions in the Context of the Russian Federation Innovation Development Rating in 2000–2013 // Журнал Сибирского федерального университета. Серия: Гуманитарные науки. 2016. Т. 9, № 11. С. 2599–2615.

Vodopianova N., Gofman O., Nikiforov G., Chiker V. Professional Responsibility of Labor Subjects // The Fifth International Luria Memorial Congress «Lurian Approach in International Psychological Science». 2018. pp. 906–920. https://doi.org/10.18502/kls.v4i8.3348.

Von Rottkay K. Arbeiten 4.0: Mehr Eigenverantwortung wagen // Das demokratische Unternehmen. Neue Arbeits- und Fuhrungskulturen im Zeitalter digitaler Wirtschaft. Freiburg, 2015. S. 249–262.

Welskop-Defaa E. M. Erwerbsverlaufe digitaler Nomaden Hybridisierung der Beschaftigungsmuster in der digitalen Transformation // Hybride Erwerbsformen. Springer Fachmedien. Wiesbaden, 2018. S. 107–129.

作者信息

阿布拉穆希娜·阿拉·康斯坦丁诺夫娜——税务顾问（德勤独联体股份公司）。

巴卡耶夫·马克西姆·亚历山大罗维奇——技术科学副博士，副教授（新西伯利亚国立技术大学）。

瓦西里耶娃·叶莲娜·亚历山大罗夫娜——社会学博士，教授（俄罗斯总统国民经济与公共管理学院西北管理学院分院）。

沃多皮亚诺娃·娜塔利娅·叶夫根尼耶夫娜——心理学博士，教授（圣彼得堡国立大学）。

戈夫曼·奥尔加·奥列戈夫娜——心理学副博士，体育运动、经济和技术学院讲师（圣彼得堡国立大学）。

叶杰姆斯卡娅·斯维特兰娜·叶夫根尼耶夫娜——学生（圣彼得堡国立大学）。

叶利谢耶娃·伊琳娜·伊里尼奇娜——经济学博士，俄罗斯科学院通讯院士（圣彼得堡国立经济大学）。

日德基赫·塔季扬娜·米哈伊洛夫娜——教育学副博士，体育运动、经济和技术学院院长（圣彼得堡国立大学）。

祖边科·娜塔利娅·谢尔盖耶夫娜——俄罗斯天然气工业股份公司供应有限公司人事招聘部主管。

伊万诺娃·阿尔苏·伊利沙托夫娜——经济学院研究生（圣彼得堡国立大学）。

卡拉宾娜·叶莲娜·格奥尔吉耶夫娜——经济学博士，教授（乌拉尔国立经济大学）。

卡拉佩强·鲁本·瓦尔塔诺维奇——经济学副博士，副教授（圣彼得堡国立大学）。

科布泽娃·利安娜·瓦列里耶夫娜——"大学作为创新空间创建中心"优先项目实施支持中心主任（托木斯克国立大学）。

马拉霍夫斯卡娅·玛丽娜·弗拉基米罗夫娜——经济学博士，教授（托木斯克国立大学）。

马蒂金娜·维多利亚·谢尔盖耶夫娜——学生（圣彼得堡国立大学）。

米涅耶夫·弗拉基米尔·谢尔盖耶维奇——技术科学副博士，副教授，体育运动、经济和技术学院教学方法和科研工作副院长（圣彼得堡国立大学）。

米宁娜·维拉·尼古拉耶夫娜——社会学博士，教授（圣彼得堡国立大学）。

作者信息

尼基福罗娃·奥尔加·亚历山大罗夫娜——社会学副博士，副教授（圣彼得堡国立大学）。

诺维科娃·伊琳娜·维克托罗夫娜——经济学博士，副教授，复杂系统数学研究所战略研究中心首席研究员，莫斯科经济学院经济和金融战略教研室教授（莫斯科罗蒙诺索夫国立大学）。

奥尔洛娃·娜塔莉娅·谢尔盖耶夫娜——经济学硕士（圣彼得堡国立大学）。

帕纳修克·约瑟夫·约瑟福维奇——销售、销售管理和市场营销领域独立专家。

波克罗夫斯卡娅·娜塔莉娅·弗拉基米罗夫娜——经济学副博士，副教授（圣彼得堡国立大学）。

西佐娃·伊琳娜·列昂尼多夫娜——社会学博士，教授（圣彼得堡国立大学）。

乌格尼奇·叶卡捷琳娜·亚历山大罗夫娜——经济学副博士，副教授（顿河国立技术大学）。

弗赖克·米哈伊尔·本西奥诺维奇——技术科学博士，教授，Rostvertol 直升机公司副总经理（顿河国立技术大学）。

图书在版编目（CIP）数据

数字经济中的劳动者：全新现实与社会挑战 /（俄罗斯）维·尼·米宁娜,（俄罗斯）鲁·瓦·卡拉佩强,（俄罗斯）奥·瓦·韦列久克编著 ; 刘淼译 . -- 北京：社会科学文献出版社, 2024. 12. -- (数字经济前沿丛书). -- ISBN 978-7-5228-4523-4

Ⅰ . F49

中国国家版本馆 CIP 数据核字第 2024VP2320 号

·数字经济前沿丛书·

数字经济中的劳动者：全新现实与社会挑战

编　著 /〔俄〕维·尼·米宁娜
　　　　〔俄〕鲁·瓦·卡拉佩强
　　　　〔俄〕奥·瓦·韦列久克
译　者 / 刘　淼

出 版 人 / 冀祥德
组稿编辑 / 恽　薇
责任编辑 / 颜林柯
文稿编辑 / 李铁龙
责任印制 / 王京美

出　　版 / 社会科学文献出版社·经济与管理分社（010）59367226
　　　　　 地址：北京市北三环中路甲29号院华龙大厦　邮编：100029
　　　　　 网址：www.ssap.com.cn
发　　行 / 社会科学文献出版社（010）59367028
印　　装 / 三河市龙林印务有限公司

规　　格 / 开　本：880mm×1230mm　1/32
　　　　　 印　张：10.125　字　数：198 千字
版　　次 / 2024年12月第1版　2024年12月第1次印刷
书　　号 / ISBN 978-7-5228-4523-4
著作权合同
登 记 号 / 图字01-2024-5674号
定　　价 / 98.00元

读者服务电话：4008918866

版权所有 翻印必究